思想政治教育教学创新研究

刘曙光◎著

线装书局

图书在版编目（CIP）数据

思想政治教育教学创新研究 / 刘曙光著. -- 北京：线装书局, 2024.1
　　ISBN 978-7-5120-5931-3

　　I. ①思… II. ①刘… III. ①高等学校－思想政治教育－研究－中国 IV. ①G641

中国国家版本馆 CIP 数据核字(2024)第 044829 号

思想政治教育教学创新研究
SIXIANG ZHENGZHI JIAOYU JIAOXUE CHUANGXIN YANJIU

作　　者：	刘曙光
责任编辑：	白　晨
出版发行：	线装书局
地　　址：	北京市丰台区方庄日月天地大厦 B 座 17 层（100078）
电　　话：	010-58077126（发行部）010-58076938（总编室）
网　　址：	www.zgxzsj.com
经　　销：	新华书店
印　　制：	三河市腾飞印务有限公司
开　　本：	787mm×1092mm　　　　1/16
印　　张：	15.25
字　　数：	345 千字
印　　次：	2025 年 1 月第 1 版第 1 次印刷
定　　价：	68.00 元

前　言

新时代高校思想政治教育治理研究从初步兴起到不断发展，逐渐成为高校思想政治教育研究的重要内容构成，是思想政治教育研究因事而化、因时而进、因势而新的发展结果，也是思想政治教育研究聚焦教育规律、思想政治工作规律、学生成长规律的发展结果。总的来说，遵循国家治理体系和治理能力现代化建设的战略部署，适应新时代思想政治教育治理理念政策的创新发展，回应思想政治教育实践的现实需求，是新时代高校思想政治教育治理研究兴起的重要因素。

首先，开展高校思想政治教育治理研究是遵循国家治理体系和治理能力现代化建设战略部署的必然要求。

其次，开展高校思想政治教育治理研究是适应新时代思想政治教育治理理念政策的创新发展，推动高校思想政治教育高质量发展的客观需要。

最后，开展高校思想政治教育治理研究是回应新时代高校思想政治教育实践发展的现实需求。

本书主要对高校思想政治教育治理的理论基础、对大学生思想政治教育的内容、机制、队伍建设和途径作了较为深入的分析并分别作了创新探索。本著作有三个方面特点：

一、鲜明的问题意识

笔者长期在高校工作，是高校思想政治工作队伍中的一名"老兵"，具有丰富的实践经验和理论自觉；熟悉高校思想政治工作现状，对高校思想政治工作中亟待解决的问题有着清醒的认识，对如何推进高校思想政治工作，落实好立德树人的根本任务有着系统思考。笔者遵循习近平总书记关于高校思想政治工作的一系列重要指示，直面高校思想政治工作在宏观与微观两个层面的"瓶颈"，在调查研究基础之上，运用马克思主义基本原理总结高校思想政治工作的长期实践和有效举措，形成了这部理论与实践相统一、问题导向与创新发展相结合的力作。这部著作不论是理论阐释还是实践探索，都渗透着清醒的问题意识和对党与人民事业高度负责的使命情怀。教育工作者要守土有责、守土负责、守土尽责，作者的责任担当在这本书中得到了充分诠释。

二、浓郁的人文关怀

古人云，"关乎天文，以察时变；关乎人文，以化成天下"。高校思想政治工作归根结底是做人的工作，必须坚持以文化人、以文育人，这既是中国共产党始终能够赢得广大青年的关键，也是新时代做好高校思想政治工作的内在要求。本书体现的人文精神和人文关怀既是中国教育的优良传统，也是现代教育的价值目标。本书的内容架构围绕学生、关照学生、服务学生，不论是理念建构还是行动指向都意在提高学生的思想水平、政治觉悟、道德品质、文化素养，这对提升高校思想政治工作的亲和力具有重要意义。只有浓郁的人文精神和强烈的人文关怀才能点亮学生的理想之灯，照亮学生的前行之路。

三、强烈的现实关照

高校思想政治工作的对象是青年大学生，青年的思想变动不居，青年的诉求变化多样，这要求高校思想政治工作的内容要广、形式要新变化要快。工作对象和工作特性决定了高校思想政治工作难度极大，很难有放之四海而皆准的统一模式。学校类型不同、生源素质不同、培养目标不同，决定了各高校必须立足自身的具体实际去探求符合时代要求和自身特色的高校思想政治工作方案。本书立足高校探讨新时代创新高校思想政治工作的有效途径，具有很强的现实性和针对性。

高校思想政治工作的创新是一项复杂的整体性工程，做好新时代的高校思想政治工作任重而道远。本书是一朵探求新时代高校思想政治工作创新之道的报春花，它的娇小和柔弱是必然的。希望广大读者和高校思政工作战线上的同仁们能够帮助他们提高，只有花开似锦，高校思想政治工作的铸魂育人功能才能够完善，新时代可靠的社会主义建设者和接班人才能够茁壮成长。作为中国特色社会主义大学中不可或缺的思政人，希望我们能够一起努力，为中国高等教育事业的发展做出积极贡献！

编委会

张丁月　周南南　买买提·阿克木
王晓毅　赵桂娟　彭银凤
冯晓莹　李建全　王建武
罗　晶　朱小语　齐国福
毛素芝

目 录

第一章 大学生思想政治教育概述 (1)
- 第一节 大学生思想政治教育的内涵与特征 (1)
- 第二节 大学生思想政治教育的地位与功能 (10)
- 第三节 思政课教学改革的基本原则 (12)
- 第四节 大学生思想政治教育面临的机遇和挑战 (20)

第二章 大学生思想政治教育的内容 (38)
- 第一节 大学生思想政治教育的基本内容 (38)
- 第二节 大学生思想政治教育的主导内容 (47)
- 第三节 大学生思想政治教育的拓展内容 (53)

第三章 高校思想政治教育的反思 (72)
- 第一节 学生干部队伍建设的思想政治教育反思 (72)
- 第二节 辅导员队伍建设的思想政治教育反思 (78)
- 第三节 班主任工作的职责和队伍建设反思 (88)
- 第四节 学校整体建设的思想政治教育反思 (92)

第四章 高校思想政治教育的改革与创新策略 (107)
- 第一节 高校思想政治教育现状 (107)
- 第二节 大学生思政教育改革创新策略 (116)
- 第三节 大学生思政教育新型教学模式 (118)

第五章 新时期高校思政育人体系建设研究 (139)
- 第一节 高校思政育人体系概述 (139)
- 第二节 高校思政育人工作的理论基础与政策依据 (146)
- 第三节 高校思政育人体系建设的时代特征与价值 (151)

第六章 新时代大学生思想政治教育队伍建设创新 (159)
- 第一节 高校思想政治教育工作队伍的内涵 (159)
- 第二节 高校思想政治教育工作队伍建设的现状 (163)

第三节　加强高校思想政治教育工作队伍建设创新的策略……………（165）
第七章　新时代新媒体与高校思想政治教育整合研究………………………（171）
　　第一节　新媒体环境下高校思想政治教育面临的机遇与挑战…………（171）
　　第二节　新媒体环境下高校思想政治教育的实践探索…………………（183）
　　第三节　新媒体时代高校思想政治教育的话语变革……………………（202）
参考文献……………………………………………………………………………（232）

第一章　大学生思想政治教育概述

第一节　大学生思想政治教育的内涵与特征

大学生思想政治教育是指一定的社会用一定的思想观念、政治观点、社会规范，对大学生施加有目的、有计划、有组织的教育影响，使他们形成符合该社会所要求的思想政治品德的社会实践活动。在我国，大学生思想政治教育是指教育者按照我国社会发展要求对大学生进行教育，使他们形成符合我国社会所要求的思想政治品德的社会实践活动。

一、大学生思想政治教育的理论指导及其依据

（一）坚持马克思主义科学体系

马克思主义是一个由一系列的基本理论、基本观点和基本方法构成的完整而科学的体系。它可以分为两大部分：一是马克思主义的基本原理，二是中国化的马克思主义。坚持马克思主义对大学生思想政治教育的指导，是坚持用完整、准确和发展的马克思主义来指导。只有完整、准确地把握好马克思主义，用发展的观点来把握好马克思主义，才是科学地把握马克思主义。只有科学地把握好马克思主义，才能使马克思主义对大学生思想政治教育的指导落到实处。

1.马克思主义基本原理

马克思主义基本原理主要由马克思主义哲学、政治经济学和科学社会主义三个部分组成。大学生思想政治教育以马克思主义基本原理为指导，主要是这三部分的指导。

（1）马克思主义哲学的指导。马克思主义哲学，即辩证唯物主义和历史唯物

主义。它是研究自然、社会和人类思维一般规律的科学，为我们提供了科学的世界观和科学的方法论，是马克思主义全部学说的基础，是一切学科研究的根本指导思想，也是思想政治教育和思想政治教育学研究的根本指导思想。坚持以马克思主义哲学为指导，就是要运用马克思主义唯物的观点、辩证的观点、实践的观点、群众的观点、阶级的观点、社会矛盾的观点，以及科学的方法为指导，来分析和解决大学生思想政治教育中的问题，来构建大学生思想政治教育的科学理论体系。

（2）马克思主义政治经济学的指导。马克思主义政治经济学揭示了资本主义的基本矛盾，论述了生产力和生产关系辩证统一的理论，阐明了经济关系和物质利益的原理，科学地解释了人们从事社会实践活动的物质动因。马克思主义的物质利益观要求大学生思想政治教育要与大学生的利益相结合而不是相分离。这就为大学生思想政治教育解决大学生的实际问题提供了理论依据。

（3）科学社会主义的指导。科学社会主义理论分析了资本主义生产关系，发现了剩余价值，从而彻底地揭示了资本主义的剥削实质及其产生、发展和灭亡的规律，科学地论证了社会主义代替资本主义的历史必然性，这就为大学生思想政治教育规定了根本的目的和任务。大学生思想政治教育要以科学社会主义理论为指导，引导大学生树立社会主义思想意识，坚持社会主义方向，牢固确立建设中国特色社会主义的共同理想和实现共产主义的坚定信念。这是大学生思想政治教育坚持科学社会主义理论指导的根本原因所在。

2.当代马克思主义中国化

当代马克思主义中国化，即毛泽东思想、邓小平理论、"三个代表"重要思想、科学发展观和习近平新时代中国特色社会主义思想。中国化马克思主义，是马克思主义基本理论和中国革命与建设实际相结合的理论成果，是中国共产党人领导中国人民创造的精神财富，是在中华民族传统文化基础上发展起来的先进文化，是我国获得独立与解放、建设与振兴的理论指南，是与时俱进的马克思主义。

要建设中国特色社会主义，开展大学生思想政治教育，不仅要用马克思主义基本原理指导，而且还应当用"具体的马克思主义"来指导。中国化的马克思主义对大学生思想政治教育的指导是系统而全面的指导，不仅包括对大学生思想政治教育的方向、目的、地位、任务、内容、范畴、功能、原则、对象、方法、创新的指导，也包括对如何加强大学生思想政治教育队伍的管理与建设、加强大学生思想政治教育的环境建设、加强和改善大学生思想政治教育领导的指导等等，这种指导的内容十分丰富。

(二) 大学生思想政治教育的理论依据

在完整、准确地学习、把握马克思主义科学体系的基础上，需要进一步把握与大学生思想政治教育密切相关的马克思主义的基本理论原理，这些基本理论原理主要有以下几个方面：

1. 社会历史发展总趋势理论

马克思主义从社会存在与社会意识的辩证关系出发，深刻地揭示了生产力和生产关系、经济基础和上层建筑矛盾运动等一系列规律，指出社会形态的发展是由经济基础和上层建筑的矛盾直接推动的，而经济基础和上层建筑的矛盾又是受生产力和生产关系的矛盾制约的，社会生产力的发展是社会形态更替的根本动力和根本原因。这为人们正确认识资本主义社会和社会主义社会、为人们从根本上认识大学生思想政治教育的目的提供了科学指导。

马克思主义关于社会历史发展总趋势的理论，从总体上决定了大学生思想政治教育的地位、作用、目的、任务、内容和效果。大学生思想政治教育是中国特色社会主义事业的重要组成部分，是为实现中国特色社会主义历史使命服务的，具有十分重要的战略地位。大学生思想政治教育的根本目的就在于帮助大学生树立中国特色社会主义的共同理想，坚定对社会主义的信念，培育一代又一代中国特色社会主义的建设者和接班人，保证中国特色社会主义的性质和方向。大学生思想政治教育的正确与否，都要以是否符合社会历史发展的必然趋势和要求为根本标准；大学生思想政治教育效果的好坏与大小，主要视其对大学生树立坚定的社会主义信念、增强大学生的历史使命感、提高大学生的思想政治素质所起的作用而定。

2. 社会存在与社会意识辩证关系原理

社会存在与社会意识辩证关系的原理，是唯物史观最根本的原理，它科学地回答了社会历史观的基本问题，揭示了唯物史观的实质。正确认识这一问题是解决其他社会历史观问题的前提和基础。

社会存在与社会意识辩证关系原理的基本内容是：社会存在决定社会意识，社会意识是社会存在的反映，社会存在的性质和变化决定社会意识的性质和变化。社会意识具有相对的独立性，对社会存在具有能动的反作用。进步的、革命的、科学的社会意识能够促进、加速社会存在的发展，落后的、反动的、不科学的社会意识对社会存在的发展变化起着阻碍、延缓的作用。

这一原理要求高校在大学生思想政治教育工作中正确认识两者的关系，既要认识到社会存在的决定作用，又要认识到社会意识具有相对独立性，对社会存在具有能动的反作用，要帮助大学生树立正确的社会意识，克服错误的社会意识；要反对割裂两者的辩证关系，既要反对片面夸大社会意识的能动作用、否认社会存在的决定作用，防止大学生思想政治教育"万能论"的错误倾向，又要反对否认社会意识能动性，防止和克服大学生思想政治教育"无用论"的错误倾向。

社会存在的多样性，必然会造成大学生思想的复杂性。开展大学生思想政治教育就必须考察大学生在社会生活中所处的地位、所处的政治环境、经济环境、文化环境、人际环境和身心发展的特点，以便把握其思想的形成、变化的外部影响因素，根据社会存在决定人们思想的规律，有针对性地开展教育活动，增强大学生思想政治教育的有效性和科学性。这一原理告诉人们，教育者的任务必须是通过教育活动发挥好社会意识的能动作用，向大学生传播先进的、科学的思想和理论，以此武装大学生的头脑，帮助大学生转变落后的、错误的思想认识，促进大学生健康成长成才。总之，社会存在与社会意识辩证关系的理论，为正确认识大学生某一思想的产生、发展的规律，认识大学生思想政治教育的本质，为确立大学生思想政治教育的地位、作用提供了科学的理论依据，是开展大学生思想政治教育的锐利武器。

3.人民内部矛盾学说

在社会主义改造基本完成以后，剥削阶级已被消灭，阶级斗争已不再是我国社会的主要矛盾，人民内部矛盾已成为我国社会生活的主要矛盾，严格区分和正确处理两类不同性质的矛盾就显得十分重要。

大学生思想与行为中的矛盾一般都是人民内部矛盾，因此，关于正确处理人民内部矛盾的学说，是确定大学生思想政治教育的方针、原则、立场、态度、方法的直接理论依据。对于大学生的思想认识问题，只能采取讨论的方法、说理的方法、批评和自我批评的方法去解决。在大学生思想政治教育工作中，只有符合正确处理人民内部矛盾要求的教育方针、原则、立场、态度、方法才是正确的；反之，则是错误和有害的。

4.人的本质学说

马克思主义科学地揭示了人的本质，认为人的本质在于人的社会性，是人区别于动物的本质属性。社会关系的内容是极其丰富的，有经济关系、政治关系、法律关系、文化关系、伦理道德关系、民族关系、家庭关系等等，其中，经济关系起主导作用，它是一切社会关系中的主要因素，政治、文化关系建立在经济关系之上，受经济关系制约。人与动物区别开来的主要标志是人们的生产劳动。

马克思主义关于人的本质理论，为正确认识大学生、科学开展大学生思想政治教育活动提供了理论指导。大学生思想政治教育的对象是大学生。大学生思想政治教育是帮助大学生树立正确思想的一种教育实践活动。科学地开展大学生思想政治教育活动，必须先要认识大学生，了解大学生，把握大学生的思想形成与发展的规律。研究和掌握人的本质理论有助于教育者正确认识大学生和把握大学生的思想形成与发展的规律。原因在于：

第一，大学生的思想是在一定的社会关系中，通过参加社会实践活动而形成、发展的，各种社会关系对大学生思想的形成和发展产生极其重大的影响，其中经济关系对大学生的思想影响是关键。在坚持人的本质在于人的社会性的前提下，通过考察各种社会关系对大学生的思想影响，有助于认识和把握大学生的思想形成的物质原因和社会根源。

第二，大学生的本质是变化发展的，这种变化发展必然导致大学生的思想的变化，研究人的本质变化、发展的理论，有助于科学地、动态地认识大学生思想的运动、变化的特点。

第三，大学生的本质是在一切社会交往关系中实现的。大学生的社会交往关系越丰富，大学生活动范围和接触事物的广度和深度就必然增加，大学生就能从中接收到丰富的信息和进行广泛的人与人之间的思想交往。例如，在教育活动中，大学生与教育者进行双向交往与互动，大学生就会受到教育者的引导和帮助，使自己形成新的思想政治品德。所以，在人的本质理论指导下，不仅可以认识大学生的思想形成的规律，而且能遵循大学生的思想政治品德形成规律，科学地实施教育活动。

总之，只有坚持以马克思主义人的本质学说为指导，才有可能科学地分析大学生的本质和思想特点，营造良好的育人环境，引导大学生树立正确的世界观、人生观、价值观，使大学生的成长成才与我国社会进步的发展方向相一致。

5.人的全面发展理论

马克思主义关于人的全面发展，是指个人劳动能力（体力和智力）多方面的、充分的、和谐的、自由的发展。这里所指的"个人"不是指个别人，而是指"每个人""任何人""全体社会成员"。人的全面发展是相对于人的片面发展而言的。人的片面发展是指私有制下的旧式社会分工造成的使人终身束缚于一种职能的畸形状态，这种片面发展的人，只是承担一种社会局部职能的局部个人。按照马克思主义对全面发展的人的论断，他们应该是"会做一切工作的人""具有尽可能广泛需要的人""高度文明的人"。

马克思主义关于人的全面发展的理论，是党和国家确定大学教育方针、目的和培养规格，确定大学生思想政治教育根本任务和目标的重要理论根据。

人的全面发展理论要求大学要为社会培养全面发展的人。为达此目的，大学必须施行全面发展的教育，全面发展的教育包括德育、智育、体育和美育，它们各有自己的特点、功能和规律，是相对独立的，对于实现人的全面发展又是缺一不可的，不能互相代替。同时，它们又是相互联系、相互制约的。大学生思想政治教育，即大学全面发展教育中德的教育，它是大学全面发展教育的重要组成部分，是大学生全面发展诸因素中的主导条件，关系到大学生成长成才的方向，对大学生的全面发展具有重要的保证、促进作用，是大学教育的根本问题。教育者的责任之一就是要教育引导大学生正确认识和处理好诸因素之间的关系，为培养全面发展的人才做出应有的贡献。

人的全面发展理论要求在大学生思想政治教育过程中，注重激发大学生的身心潜能，充分发挥大学生的自主能动性，引导教育大学生广泛培养兴趣、爱好，广泛发展大学生的社会交往能力，增强其创造意识，开发其创造能力。这是大学生的全面发展教育和提高民族素质的应有之义，也是增长大学生的本质力量、推动社会进步之需。

二、高校思想政治教育的基本特征

（一）开放性特征

全球化是当今时代的重要特征和必然趋势。全球化时代的高等教育是一种开放式教育，在这一背景下，大学生思想政治教育无论是环境、过程，还是内容的开放性越来越显著。突出地表现在：在中外政治、经济和文化交流活动日益频繁的形势下，不同国家的高校思想政治教育可以求同存异和相互借鉴；高等教育和社会之间的界限逐渐变得模糊起来，高校思想政治教育更加贴近社会实际生活；大学生自觉地把自己融入到社会中去，各种社会思潮在当代大学生身上都有不同程度的表现；高校的改革和发展必须接受市场的检验和选择，高校和社会之间共生互动的新格局正在形成。高校思想政治教育只有与全球教育发展的历史趋势相适应，与社会主义市场经济建设的进程相协调，与当代大学生的全面发展相结合，发扬与时俱进和求真务实的精神，才能永葆生机和活力。

高校思想政治理论课开放性教学的特征主要表现在以下几方面：

1.人本性

"人本性"是相对"物本性""神本性"而言的。"以人为本"强调人的价值高于物的价值和神的价值。从价值论视角看，坚持"以人为本"强调人的价值的至上性。马克思主义坚持以最广大人民即绝大多数人为本，坚持以解放全人类、促进每一个人自由全面发展为最终目标。高校思想政治理论课开放性教学是以马克思主义"人本论"为理论基础的。

高校思想政治理论课不同于一般的专业课程，它的主要任务是培养大学生的思想政治素质，增强大学生的主体性，这就决定它必须坚持马克思主义的"人本论"。高校思想政治理论课开放性教学的"人本性"主要体现在三个方面：第一，体现在它把"以学生为本"作为核心理念。"以学生为本"这一理念是构建高校思想政治理论课开放性教学的理论基石,是贯穿这一教学模式的中心线索,是渗透于这一教学模式的精神灵魂,是决定这一教学模式性质的精神实质。第二,高校思想政治理论课开放性教学的"人本性"体现为教学方法的人本性。它要求思想政治理论课教师在教学中要关心学生、爱护学生、尊重学生、体贴学生、帮助学生、引导学生,而不能压制学生,更不能打骂学生、贬低学生、损害学生。第三,高校思想政治理论课开放性教学的"人本性"还体现在教学是为了满足学生的精神文化需求,促进学生全面发展。

2.科学性

"科学"与"人本"是两种不同的价值取向,科学的价值取向是求真,人本则是求善;科学属于合规律性,人本属于合目的性。高校思想政治理论课开放性教学新模式不仅具有人本性,而且具有科学性,是求善与求真的统一、合目的性与合规律性的统一。高校思想政治理论课开放性教学具有科学性主要是因为它是以科学理论为依据,以科学实践为基础,以科学精神为指导,运用科学方法建构起来的。

第一,高校思想政治理论课开放性教学是在坚持科学立场的基础上建构起来的。科学立场即实事求是的辩证唯物主义立场。高校思想政治理论课开放性教学是建立在科学立场上的。它要求教师在思想政治理论课教学中,坚持一切从实际出发,按客观的教学规律办事,求真务实,做到"不唯书,不唯上,要唯实"。

第二,高校思想政治理论课开放性教学是以科学理论为依据的。马克思主义理论是人类历史上最科学的世界观和方法论,是追求真理、探索真理,揭示客观规律的行动指南。高校思想政治理论课开放性教学就是以马克思主义为理论基础的,马克思主义关于"以人为本"的思想是"以学生为本"这一新的教学理念的哲学基础。马克思主义既是科学的世界观,又是科学的方法论。高校思想政治理论课开放性教学就是以马克思主义为指导,运用马克思主义的科学方法论建构起来的。高校思想政治理论课开放性教学不仅以马克思主义为理论基础,而且批判地吸收了现代西方教学理论中的合理成分,比如人本主义教学论、建构主义教学论等都为思想政治理论课开放性教学提供了科学的理论依据。

第三,高校思想政治理论课开放性教学是一个完整的科学体系。它由"一个核心理念"与"三个基本要素"所构成,层次清楚,逻辑严密,具有系统整体性特征。离开了系统整体性,就不能成为一个科学体系。高校思想政治理论课开放性教学新模式是一个有机的整体,"一个核心理念"与"三个基本要素"有机结合,缺一不可。

第四,高校思想政治理论课开放性教学采用了科学方法。高校思想政治理论课开放性教学运用了马克思主义的科学方法论。唯物辩证法是分析问题和解决问题的最一般的科学方法论。这一教学模式正确处理了教师指导主体与学生学习主体的辩证关系、科学性与人本性的辩证关系、教学管理与人文关怀的辩证关系、校园内部环境与外部环境的辩证关系、传统教学手段与现代教学手段的辩证关系、传承科学文化与创新科学文化的辩证关系、传统思维方式与创新思维方式的辩证关系，充分体现了唯物辩证法的思维方法。此外，还采用了现代科学方法，比如系统科学方法、创新科学方法等。

3.和谐性

"科学性"的价值取向是"求真"，"人本性"的价值取向是"求善"，"和谐性"的价值取向是"求美"。高校思想政治理论课开放性教学的"科学性""人本性""和谐性"等特点，体现了其价值取向的多样统一性，实现了"真、善、美"的有机统一。高校思想政治理论课开放性教学具有和谐性的特点。

（二）社会性特征

高校社会化是高校回应市场经济发展的时代取向，也是彰显高校价值的重要途径。高校社会化不仅包括开放办学、事业发展、教育教学实践、社会服务、科学运作的社会化，而且包括高校后勤工作的社会化。其中，后勤社会化对高校思想政治教育的影响最大，使高校思想政治教育社会化的程度越来越明显。突出表现在：社会大环境与校园小环境之间呈现立体式的交叉渗透、动态式的交流合作的格局，尤其是校园周边环境对大学生的思想发展具有重要的影响；各种教育教学基地、爱国主义教育基地、社会实践基地等教育资源建立起来并发挥着积极作用，社会实践成为大学生思想政治教育的重要组织形式。高校思想政治教育只有自觉地融入到丰富多彩的社会生活中去，才能真正实现内容、方法、途径、机制和体制的创新，才能有效地促进青年全面健康成长。

高校社会化的出现，对大学生的生活方式、交际方式、思维方式和价值取向会产生重大而深刻的影响，使得高校思想政治教育比计划经济时代更加复杂。在高校思想政治教育社会化的过程中，要从大学生的思想实际出发，积极探索高校思想政治教育的新内容、新方法、新手段和新机制，力争在教育思想、教育宗旨、教育模式上有所创新和突破。要积极开展具有民族特色和地方特色的大学生社会实践活动，比如开展贯彻习近平新时代中国特色社会主义思想和增强共产党员先进性教育的宣传活动，以实际行动落实科学发展观的活动，积极开展具有区域和专业特点的大学生实践活动和青年志愿者活动、各种社会公益活动和勤工助学活动，通过实际体验增强践行习近平新时代中国特色社会主义思想的坚定性、自觉性和积极性。同时，在高校思想政治教育社会化过程中，要始终保持正确的政治意识、大局意识、核心意识、看齐意识。高校思想政治教育的社会性和阶级性是一致的。只有保持阶级的先进性，才能确保社会性的正确方向；只有回归到社会生活中去，才能使阶级性落到实处。

（三）信息化特征

人类已进入了信息化时代。信息技术使人类的物质文明、精神文明和政治文明已发生巨大而深刻的变迁。信息生活成为大学日常生活的重要组成部分，并全方位地改变着大学生的日常生活、生活方式、思维方式和价值观念，高校思想政治教育信息化是时代发展的客观趋势，也是高校思想政治教育创新的必然举措。突出表现在：教育信息的海量化和更新的快捷性，网络空间的信息资源远远超过了传统的资源，而且更新的速度惊人；教育载体的开放性和参与性，网络载体是一个高度开放的新兴载体，任何人在其中都可以平等地进行教育和接受平等的教育；教育实践的隐蔽性和人际情感的间接性，网络教育是一种非面对面的间接性教育，人们可以借助网络接受知识、获取信息、交流情感，避免了人与人之间面对面的接触。适应高校思想政治教育信息化的要求，传统思想政治教育必须实现与信息化的整合，探索新的教育模式。

针对高校思想政治教育信息化的新特点，一方面要用马克思主义的基本立场、观点和方法对网络文化的"双刃性"进行全面、科学、深入的分析，弘扬主旋律，提倡多样化，坚持高校思想政治教育社会主义方向不改变；另一方面要正确认识信息化的具体特点和功能，发挥信息技术的优势，提高大学生思想政治教育的技术含量和效益。在教育宗旨上，以造就社会人格为本位；在教育主题上，以弘扬主体性为旨归；在教育机制上，以构建网络阵地为重点；在教育方法上，以现代化为取向。在构建高校思想政治教育信息化教育模式的过程中，要正确处理信息化教育和传统教育、自律教育和他律教育以及全球化和民族性之间的关系。

（四）创新性特征

创新是历史进步和人类自身发展的永恒动力，创新精神是时代精神的集中体现。高校在全民族创新体系建设中承担着重要历史使命，大学生思想政治教育创新是高校创新的重要内容，创新性是新时代高校思想政治教育的重要特征。

大学生思想政治教育的创新包括观念、内容、方法、手段、机制等方面，通过上述方面的创新，目的是实现高校思想政治教育由传统向现代的全面转型。在教育观念创新上，要实现封闭式教育向开放式教育转变，由补救式教育向前瞻式教育转变，由隐性教育向显性教育转变，由模式化式教育向个性化教育转变；在教育内容创新上，要加强习近平新时代中国特色社会主义思想教育、全球化教育、创新素质教育、人文素质教育和个性化教育；在教育手段创新上，要充分利用现代教育技术发展的成果整合高校思想政治教育资源，实现高校思想政治教育的科技化；在教育方法创新上，要把灌输法和体验法相结合，他教法和自教法相结合，激励法和人格法相结合，传统教育法和现代教育法相结合；在教育机制创新上，要建立科学的管理机制、充分的保障机制、有效的激励机制和全面的评估机制。在高校思想政治教育创新过程中，要注意借鉴中国传统道德教育的精华，继承和发扬党的思想政治教育的优良传统，同时要辩证地汲取国外大学生思想道德教育的有益成分。

（五）人文性特征

现代化的关键是人的现代化，社会主义的本质是人的全面发展。以人为本的科学发展观的提出，标志着中国共产党对人类社会发展规律认识得更加自觉，这对新时代各项工作都具有重要的指导意义。高校思想政治教育已树立了以学生为本的观念，把教育学生和关心学生结合起来，把塑造学生和服务学生结合起来，把校园文化建设和学生的健康成才结合起来，紧密围绕学生的成长和成才来进行，这充分反映出对学生的人文关怀，体现出人文性的特点。

重视对大学生的人文关怀，必须从当代大学生的思想实际出发，树立民主、平等、沟通和协商的新观念，把高校思想政治教育工作做细、做活、做实。要结合全球化对我国意识形态挑战的复杂形势和全面建成小康社会对当代青年提出的新要求，引导青年树立正确的世界观、人生观和价值观，使其成长为中国特色社会主义事业的合格建设者和可靠接班人。要深入细致地研究当代青年思想中的热点、难点和疑点问题，提高他们的人文素质，培养他们的人文精神。要加大校园文化建设的力度，通过各种形式的校园文化活动营造健康、文明、向上的生活氛围。要不断延伸高校思想政治教育的覆盖面，使思想政治教育工作进公寓、进社团、进网络。要针对不同层次的学生开展不同形式的教育，力争使所有学生都能健康成才。要把党的建设工作和学生的思想政治工作结合起来，要做好在先进青年中发展党员的工作，实现高年级学生"支部建在班上"的目标。大学生思想政治教育一直是我国高校教育的重点内容，它可以引导大学生树立正确的世界观、人生观和价值观。大学生思想政治教育的内容、方法、对象特点等会随着社会进步而不断变化，因此只有保证时代性才能保证教育的有效性。

第二节　大学生思想政治教育的地位与功能

我国高职院校开设思想政治课是社会主义大学的本质特征，是对大学生进行思想政治教育的主渠道。思想政治课作为全国高职院校各专业的必修课程，对提高学生的思想政治理论和政治素养具有重要意义。鉴于高职院校大学生的思想特点及其所处的时代特点，需要对高职学生做出正确的引导，所以在高职院校中开设思想政治课就显得尤为重要。

一、新形势的需要

在世界多极化和经济全球化的大背景之下，中西方文化在多个领域发生激烈碰撞，我国传统的单一价值观受到西方现代多元价值观的强烈冲击；敌对势力企图利用所谓人权、平等、民主、自由和宗教等问题对我国实施"西化"，争夺我国青年一代。因此，开设思想政治课，无疑可以帮助当代青年学生提高其政治思想理论水平，坚定科学的理想信念，提高政治思想觉悟。

二、大学生成才的需要

青年学生是祖国的未来与希望，当今国与国之间的竞争主要体现在综合国力的竞争上，所谓综合国力的竞争，关键就是人才的竞争。时下，全面提高青年学生各项竞争力与综合素质，必须重视思想政治教育，以正确的思想为着力点，树立正确的世界观、人生观和价值观。由此可以看出，进行学生思想政治教育不仅是符合社会主义精神文明建设的内容和政策，也是确保党和国家事业兴旺畅顺的"希望工程"。在人的成长过程中，总会遇到各种问题，当代青年学生成长在这样一个特殊的环境，更是不可避免地会遇到各种困难，因此需要通过开设思想政治理论课对他们加以引导，帮助他们顺利成长。青年时期是一个人成长过程中最重要的阶段，这个阶段的成长发展对人的一生有着极为重要的意义，因此在高等院校阶段必须重视青年学生的思想政治问题，为他们的美好未来打好基础，让青年学生为国家社会的建设发展做好充分准备。

三、国家教育发展战略的选择

高等职业教育是我国国民教育体系中的一个重要组成部分，在高等教育大众化和培养高素质高级技术人才中发挥着重要的作用。当前大学生思想政治教育的重要任务究竟是什么？答案是：把理想信念教育作为教育的核心，把爱国主义教育作为教育的重点，把思想道德建设作为教育的基础，把人的全面发展作为教育的目标。思想政治课在我国高等教育中占有重要地位，是学校思想道德教育的主阵地。思想政治课也是对当代大学生进行政治教育的主要渠道，承担着对大学生进行系统的马克思主义理论教育的重要任务，在提高大学生思想修养及道德素质方面有着不可替代的作用。

因此，随着经济社会的不断发展、高校改革的不断深入，以及西方思想的不良影响和互联网的不断普及，大学生的思想政治教育出现了许多新特点和新问题。

相比之下，高职院校思想政治课教学滞后于社会实际和学生实际，与思想政治课应有的地位和作用远不相称。这一切都要求高职院校的思想政治教育工作者必须跟上时代的脚步，从"以学生为主体"的思想出发，重新审视、定位思想政治教学工作，摒弃传统的"接受学习、机械记忆、被动模仿"的模式，探索"促进学生发展"的创新教学模式，促成学生能力思维发展和个性人格发展，对传统的思想政治课教学模式进行必要的改革。

第三节 思政课教学改革的基本原则

推动高校思政课教学改革既是师生共同诉求，也是时势环境发展和教学质量建设的基本要求。教师主导、学生主体和教育环境影响是高等教育教学过程的三大基本要素，这三者之间也形成了一个三角循环的逻辑关系，它们之间相互作用、相互影响、相互制约，成为贯穿高等教育始终的教学三要素理论。高校开展思政课教学改革要紧密围绕教学三大基本要素，坚持立德树人根本任务，为培养德智体美劳全面发展的社会主义合格建设者和可靠接班人服务。

一、坚守政治立场

思政课是高校培养大学生形成正确政治观的主要途径，是培养大学生政治素质的主要平台。高校必须始终坚持思政课的政治属性，立足思政课的政治内涵，坚守思政课的政治导向，引导和巩固大学生坚定政治立场。

（一）坚持思政课的政治属性

政治性是思政课的第一属性，是思政课的本质所在。教师开展思政课教学，首要目的是传递马克思主义及其世界观、方法论，教育引导大学生学习马克思主义及其中国化的理论成果和实践经验，不断树立正确的世界观、人生观和价值观，学会运用马克思主义的唯物辩证法和方法论去理解和看待当前社会现象和问题。其次是引导大学生正确认知中国特色社会主义。中国特色社会主义是中国人民在中国共产党和几代领导人的领导下，不断努力、奋斗、实践所总结、提炼和发展出来的理论与实践成果，是马克思主义中国化的历史硕果，有必要将这些成果传授给当代大学生，使其更加清晰认知今日中国来之不易，未来中国更加值得期待。第三思政课是大学生政治生活的重要内容，思政课要为大学生提供丰富的政治营养、生动的政治案例、深刻的政治理论，丰富其政治生活，助力其政治成长，为党培养新兴政治力量。

（二）立足思政课的政治内涵

思政课是开展大学生政治教育的主渠道。思政课具有丰富的政治内涵，需要充分挖掘、阐发，供大学生汲取、助大学生成长。社会主义核心价值观是当前和未来思政课的核心内涵，是中国社会价值观的主导价值体系，是中国社会广大人民群众共同认可的价值判断，是大学生未来融入社会、贡献自我的思想和行为的价值基础。高校思政课必须将社会主义核心价值观讲授清楚，引导大学生开展具体实践，提高大学生的认知水平、深刻领会其内涵，才能促使大学生真学、真懂、真信、真用。马克思主义是思政课的理论基础和根基所在，马克思主义是世界观、方法论，是引领大学生走向政治成熟的关键。大学生普遍经过高考的洗礼，对马克思主义的经典理论和主要观点谙熟于心，但对于马克思主义的实践运用尚待提高，需要思政课发挥人才培养的重要功能，引导到学生运用马克思主义投身社会实践。"形势与政策"是思政课的发展契机。"形势与政策"是思政课的重要组成，体现了马克思主义在当代中国的最新实践，帮助大学生认清世界局势、中国发展，教育引导大学生全面认识、正确理解党和国家路线、方针、政策，具有非常强的时代性、实践性和综合性。"思想道德与法律修养"是思政课的社会接口。思政课归根结底要为政治生活和社会生活服务，"思修"课就是思政课与社会的接口，是为大学生提供社会生活基本道德标准、守则和法律意识、法治精神的教育阵地，通过"思修"课大学生可以接受到更为深刻的道德训练和法治教育，从而更好进入社会、融入社会生活。

（三）坚守思政课的政治导向

思政课要培养可靠接班人，是未来接班人的练兵场。这块练兵场，必须政治过硬，必须坚守底线，必须姓马（马克思主义）、认社（社会主义）、信党（中国共产党）。思政课是党和国家开展政治教育的主渠道，是高校宣传党和国家重要政治决定的主要平台，是夯实党的执政基石的重要法宝，只有将思政课建设好，大学生才能更加认同社会主义，更好认知党和国家的基本路线、方针和政策，更加认可共产党的领导。思政课要为地方发展和稳定夯实基础。思政课是国家的，也是地方的，思政课除了国家政治属性，还应该有非常强的地本属性。地本资源应该成为思政课的重要课程资源融入课程之中，为大学生提供丰富的精神营养。区域发展和稳定需要地方大学生的认可和支持，大学生认可地方发展方向、参与地方事业发展、贡献个人智慧力量，必会推进地方经济社会更好、更快发展。思政课要引导大学生树立信仰。培养和巩固大学生的政治立场，是思政课存在的核心价值。通过马克思主义、社会主义、中国近现代史、"思修"等为主要内容的思政课的教育引导，大学生的政治意识、精神必将得到强化，政治立场将更加坚实。

二、培养大学生政治信仰

有政治立场是前提，立政治信仰是关键。引导和培育大学生坚定政治立场是帮助其树立政治信仰的前提，是支撑其政治信仰从新生、发展到稳固的关键。培养大学生的政治信仰是思政课的目标和未来。

（一）大学生有政治信仰条件

大学生走过少年时的懵懂，进入青年的觉醒时期，个人的世界观、人生观和价值观初步形成，信仰基础逐步形成，具体表现：一是大学生心理基本成熟。进入青年时期，标志着大学生身体发育进入稳定和成熟阶段，心理也随着身体的发育进入基本成熟时期。二是大学生政治价值观逐渐稳定。经过十多年的学校和社会教育，大学生开始拥有比较扎实的政治理论知识和基本的社会实践经验，能够比较深刻地理解政治价值及其意义，比较客观地看待政治生活中的不同状态和问题，能够相对客观和公正地认识和处理政治问题，这体现大学生通过多年的政治生活实践开始形成比较成熟的政治价值观，能够运用政治价值观指导自己的政治生活和信仰建设。三是大学生政治信仰基础扎实。大学生从小接受爱党、爱国、爱社会主义的教育和熏陶，普遍都拥有少先队、共青团的政治经历，对共产主义信仰不陌生，对社会主义实践也有理解。这一方面说明大学生接受过相当长时期、比较系统的马克思主义的教育熏陶，并在一定程度上接受和认可；另一方面大学生拥有在这条信仰道路上继续前行的条件，未来可以成为马克思主义的信仰者。不少大学生通过几年的努力，经历积极分子、预备党员的历练最终成为一名中共党员，这都说明大学生在前期的政治学习中形成了扎实的政治信仰基础。

（二）培养大学生政治信仰

培养大学生的政治信仰是思政课的主要目标和关键使命。

1.为大学生提供政治信仰营养

思政课是核心是政治课，关键是要把政治理论、基本方法、核心价值观传授给大学生，并指导大学生运用这些理论、方法和观点开展实践。马克思主义、毛泽东思想、邓小平理论、"三个代表"重要思想、科学发展观、习近平新时代中国特色社会主义思想等是思政课的核心内涵，是大学生开展政治学习和培育政治信仰的核心养料，思政课要将这些养料深入浅出地传授给大学生，帮助他们理解、吃透、弄懂、会用。

2.引领大学生树立政治信仰

为大学生提供政治信仰养料，主要目的还是为了引导大学生树立共产主义信仰。要引导大学生树立政治信仰，就必须在课堂内外密切运用理论与实践经验，指导大学生开展政治思考,提高政治意识,增强政治修养,引导大学生深刻思考马克思主义的核心价值观与方法论,使其成为大学生的思想和行为指导,将马克思主义内化于心外化于行,真真正正的以马克思主义为其根本信仰。

3.巩固大学生政治信仰

信仰来而固之,则根深也。有了政治信仰,必须通过行动加以巩固,才能使其成为终身信仰。期初需要引导大学生增强使用马克思主义的世界观和方法论来认知和理解世界的能力,之后需要更加深度的推动大学生开展广泛深入的社会实践增强对现实世界的认知和领悟,还要加强实践与理论的互动发展,并最终成为奠定信仰的基石。有步骤、分阶段是大学生信仰发展的基本规律,高校要充分掌握和遵循这一基本规律,针对性地开展各类教育实践活动,帮助大学生巩固政治信仰。

三、发展政治力量

(一)中国发展进入新时代

这既是近代以来中国发展的最好时代,也是实现中华民族伟大复兴的关键时代。在这个时代中,广大青年既拥有广阔发展空间,也承载着伟大时代使命。大学生是青年的先进代表,要努力成为实现中华民族伟大复兴的生力军,肩负起国家和民族的希望,这是最大的人生际遇和考验。对于党和国家来说,培育优秀大学生加入中国共产党,成为党的生力军和新鲜血液,最终成长成为社会主义事业的合格建设者和可靠接班人,是高等教育的重要使命和关键所在。

(二)培养优秀大学生

"三个代表"重要思想认为中国共产党始终代表中国先进生产力的发展要求、中国先进文化的前进方向、中国最广大人民的根本利益,是党的立党之本、执政之基、力量之源。这说明三个问题:第一,共产党是先进的。先进的人才能加入中国共产党。大学生要成长成才,成为思想成熟、政治过硬、素质较高的优秀青年,才有可能成为党发展和吸收的对象。同时,大学生也要自动自发,努力成才,才有可能不断成长、更加优秀,成为党的未来力量,并为党永葆青春、永葆先进性奠定基础。第二,共产党是需要生力军和预备队的。任何一个政党都需要生力军和预备队,以为党的事业发展、生命持续奠定基础。党要发展生力军和预备队,就必须从优秀青年中寻找和培养潜在对象,大学生是优秀青年的集聚群体,从大学生中选拔、培养优秀青年作为党的生力军和预备队是关键。第三,大学生有成长发展需要。马克思主义认为人的全面发展是人的基本需要,大学生主观上追求全面发展,希望实现自己的人生价值。培养大学生成长成才是高校的主要职能之一，既满足学生个体成才需求，又满足社会人才需要，既能帮助大学生实现人生价值，又能使其具备实现社会价值的基本能力。

（三）发展优秀大学生党员

优秀大学生有自己的政治追求，在众多的政治选项中，共产党无疑是最能够代表中国人民利益和未来的，也是最能够帮助优秀大学生实现人生价值和社会价值的。第一，入党是优秀大学生的普遍追求。在高校，优秀大学生积极申请加入中国共产党是普遍追求。大学生希望在大学期间认真学习、努力表现，不断提升自我综合素养和政治素质，以拉近自身与党之间的距离，争取在大学期间实现入党梦想。优秀大学生在自我提升和相互竞争中，不断接近梦想，有的成为入党积极分子，有的成为预备党员，有的甚至成为正式党员，虽然比例渐次降低，但质量越来越高，牵引力越来越大，足以说明入党已经成为优秀大学生的普遍追求。第二，优秀大学生是未来希望。优秀大学生是各个政党都在争取和发展的对象，只有不断发展和吸收优秀大学生成为政党的新鲜血液，才能永葆政党的青春和事业的发达。共产党需要新鲜血液，需要优秀大学生作为新鲜血液入党。共产党可以借助普及化的思政课来传输马克思主义的基本原理、方法和观点，吸引优秀大学生关注和浸入其中，使其成为马克思主义的忠实信徒。通过思政课的教育引导，共产党就可以拥有更多追随者，可以吸收更优质的大学生，为将来事业发展奠定人才基础。第三，优秀大学生可以成为优秀共产党员。优秀大学生通过自身努力，可以从积极分子、预备党员进步成为正式中共党员，投身党和国家的伟大事业，实现人生价值的同时成长成为一名优秀的共产党人。这一过程既能成就自我，也能增强党的政治影响力，发展党的政治力量，推动党的进步和事业的发展。

四、巩固执政基础

执政是奋斗的结果，是历史的选择，也是光荣的使命。近代以来的中国，因为有了中国共产党才有了革命的胜利、国家的独立、民主的确立和经济社会的发展，人民才得以当家作主。因此，执政是革命起航时的目标，也是永续事业的基础。党要实现执政追求、永葆执政活力，就必须获得优秀大学生的支持、汲取优秀大学生的能量、发挥优秀大学生的作用，使其成为党执政之基。

（一）争取大学生支持

1.大学生处于朝气蓬勃的年龄

精力充沛，思维灵活，反应迅速，爱好广泛，生理发展基本成熟，心理进入快速成长发展阶段，有非常强的可塑性，教育引导得好，会成为党的坚定信仰者，反之则可能会受到其他思想影响走上其他信仰之路。

2.大学生开始思想独立

不再是过去的单一顺从、听教，而是带有一定的理解和批判来对待课程教学的内容。这就需要思政课教师进行更加周密的备课、更加精深的讲解、更加个性的引导，以获得大学生的认可，使大学生接受思政课的教学内容，即党的思想政治教育。这样才有可能赢得大学生发自内心的支持。

（二）汲取大学生能量

1.大学生是青年生力军，具有强大的能量

争取大学生支持，汲取大学生能量，是我们党未来发展的关键。汲取大学生群体能量，人多力量大，群众的力量是无穷的。

2.大学生作为当今中国非常重要的一个群体

有鲜明的群体属性，年龄上陆续进入可以承担和履行政治权利的阶段，知识扎实已经具备着手解决基础性、源头性甚至战略性的问题，追求崇高成为推动社会进步发展的强大力量。党可以通过教育引导大学生，使其将内在能量发挥在支撑党和国家的建设事业之上，发挥在巩固党的执政基础之上，这样的能量才会有比较重大的意义和价值。

（三）发挥大学生作用

虽然大学生尚未走进社会，未承担社会劳动，但大学生已经成为预备队，开始开展社会实践，了解国情、社情和民情，并在这个过程中受教育、长才干、作贡献。

（1）可以发挥他们的经济作用，一方面他们是消费群体，可以为国家的内需消费贡献力量，另一方面他们是未来劳动力，受过高等教育的大学生将来走上工作岗位可以创造更多的社会价值。

（2）可以发挥他们的政治作用，大学生是社会群体中的活跃力量分子，可以通过思政课教学教育引导他们在履行政治权利、肩负政治义务的实践中服务党和国家的事业大局，做党和国家各类政策、方针的宣传者、实践者和开路先锋。

（3）可以发挥他们的社会作用，社会矛盾集聚，疏导不畅、沟通不对称是主要原因之一，大学生可以作为调解员、疏导员、宣传员走上街头巷尾、站在矛盾场上，解决社会问题。

这些经济作用、政治作用和社会作用的发挥，都需要思政课助力，需要在课堂上开展针对性的教育引导，让他们掌握理论、学会方法、敢于前进，在不断的实践和发展中认可党、认可共产主义信仰，发挥大学生作用。

五、形式内容兼备原则

"00后"大学生成长于我国经济高速发展时期，物质生活条件较其父辈乃至"80后""90后"都有更大改善。有经济基础作为保障，其享受的教育资源、接受的教育形式、学到的文化知识都比以往有着较大的发展，学习目标和要求也在不断提升。这就要求高校在推进思政课教学改革时充分注意到"00后"的变化、特点与诉求。

（一）发展教学内容是关键

教学内容是影响思政课教学成效的关键，如果课程内容与学生需求密切相关，那么学生的关注度、投入度、满意度均会得到一定提升，反之学生则会忽视甚至会放弃课程。发展教学内容是学生需要，更是学校和政府需要，政府通过更新内容将自己的执政理念、价值判断和相关政策等传递给学生，学生也希望在课堂上听到更多关乎自己未来的内容。发展教学内容，要注重三个方面：

1.注重对学生的日常生活指导

这既是通过课程来呼应的人文关切，更是聚焦信仰育成的生活实践。关注学生的日常生活，如对学生的舍友关系、恋爱交友、旅游娱乐甚至沉迷网游等生活领域进行呼应、指导，使课程更加生活化、更有灵动感、更能接地气，更有人文气息才能获得学生更多认可、更加吸引学生关注和主动学习。

2.社会的时事热点响应

当前社会网络技术发达，信息无缝传递，一些突发事件会瞬间爆发，真假参半，反复无常，反响各异，大学生辨别意识相对较弱，思政课教师应及时补位挖掘分析相关事件的核心原因，引导学生有序思维，增强学生主观分析能力，帮助学生正确理解和看待相关问题。

3.政治内容的具体表达

思政课教师必须将教材体系向教学体系转化，用浅显易懂的案例来讲解生涩的政治理论，使理论内容简单化、易懂化，由浅入深、融会贯通。

（二）发展教学形式

1.针对"00后"学生性格特点变革教学

与"80后"独生子女、"90后"个性张扬有所不同，"00后"从小成长在"421"阵型的家庭之中，是中心的中心，习惯了所有人围着自己转，自我中心主义尤其突出，教学过程中要多留给他们表达和输出自我的空间，使他们感受到自己被尊重、有认可、受赏识。

2.针对"00后"成长背景设计教学

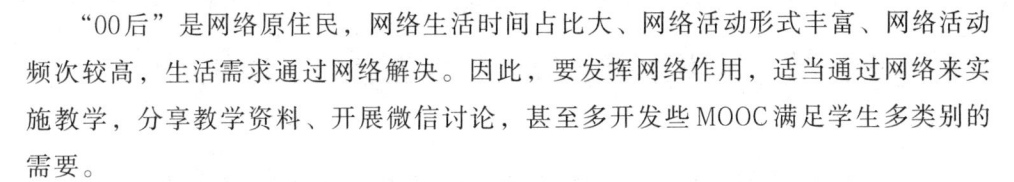

"00后"是网络原住民，网络生活时间占比大、网络活动形式丰富、网络活动频次较高，生活需求通过网络解决。因此，要发挥网络作用，适当通过网络来实施教学，分享教学资料、开展微信讨论，甚至多开发些MOOC满足学生多类别的需要。

3.针对课程内容来设计教学

教学活动中有多个要素，但教育对象和教学内容是核心，连接这两个核心的关键就是教学形式。一方面要根据教学对象的情况，如上述"00后"特点及成长经历，另一方面要根据实际的教学内容来设计教学形式，运用适当的教学形式可以将教学内容及其目标落到实处。

六、突出实践性原则

实践是检验真理的唯一标准。突出实践性，是高校检验大学生学习、促进大学生成长的重要教学原则。突出实践性，重点在于理论的实践性、实践的真实性。

（一）理论的实践性

1.理论要指导实践，用学习到的理论去分析、解读甚至运用于实践，学生在实践中感知理论、理解理论、发展理论

这一过程是理论与实践的互动过程，是理论的具体化、可视化、体验化的过程，学生在此过程中可以进一步感受理论的深度、厚度。

2.理论的生活化实践

理论不能挂在墙上，理论应该是可以用来生活化实践的，这个实践要有比较强的针对性和朴素性，易懂、易接受。

（二）实践的真实性

当前思政课的实践环节，依旧存在着理论占比高、实践质量低的问题，形式大于内容，真实性有待商榷。强调实践的真实性，要重视以下两个方面：

1.要实事求是

实践教学要引导学生走向实践，实践环节多数会涉及校外考察的联络、实践环境的设计等，相对课堂理论教学，繁杂程度可见一斑。虽然难度大，但是必须坚持实事求是的基本原则，开展实践教学，否则就会变成形式主义或者作假，负面效果显著。

2.要追求实效

实践在于设计，这是一种导向，但实践不应只是设计，更重要的是实效，如果实践停留在精心设计层面而忽视了实效，这个实践将失去意义，实效是实践的核心价值所在。

第四节　大学生思想政治教育面临的机遇和挑战

一、新时代高校思想政治理论课教学改革创新面临的机遇

新时代，国际国内社会各方面都取得了较大的发展。时代的发展给高校思想政治理论课教学改革创新带来了机遇，具体包括党和国家的高度重视、社会的快速发展、高等教育的改革发展等几个方面。新时代高校思想政治理论课教学改革创新面临的机遇为高校开展思想政治理论课教学改革创新创设了良好的条件。高校开展思想政治理论课教学改革创新要注意抓住时代机遇，把握发展契机，提高改革成效。

（一）党和国家的高度重视为高校思想政治理论课教学改革创新创设机遇

一方面，党和国家高度重视教育事业，重视人才培养。党和国家注重实施科教兴国战略、人才强国战略、创新驱动战略等，注重充分发挥人才的作用。新时代是知识经济的时代，也是人才竞争的时代。科教兴国战略、人才强国战略与创新驱动战略的提出，深刻反映了中国共产党对教育所处历史方位的科学把握，这为高校思想政治理论课教学改革创新提供了正确导向。当今世界各国的经济和科技竞争，是各国间综合国力的较量，归根到底是人才的竞争。1995年我国颁布《中共中央国务院关于加速科学技术进步的决定》，首次提出在全国实施"科教兴国"战略。自此以来，"科教兴国"战略就不断深入推进。

进入新时代，国际国内形势又有了新变化，人才问题显得更加重要。2021年，习近平总书记在中央人才工作会议上发表重要讲话，强调要坚持党管人才，坚持面向世界科技前沿、面向经济主战场、面向国家重大需求、面向人民生命健康，深入实施新时代人才强国战略，全方位培养、引进、用好人才，加快建设世界重要人才中心和创新高地，为2035年基本实现社会主义现代化提供人才支撑，为2050年全面建成社会主义现代化强国打好人才基础。新时代，随着经济全球化深入发展，科技进步突飞猛进，综合国力竞争日益激烈，人才资源成为国家竞争力的重要影响因素。当前我国正处于加快推进社会主义现代化的关键时期，人才培养过程中存在人才机构不合理，人才管理体制、运行机制与市场经济体制不相适应等问题。

新时代进一步实施人才强国战略、提升人才培养的质量和水平，具有重要性和必要性。新时代，要进一步全面推进社会主义经济建设、政治建设、文化建设、

社会建设、生态文明建设等各方面的建设，就迫切需要培养更多适合时代发展要求的人才，迫切需要高校充分发挥在人才培养、科学研究、社会服务等方面的功能，不断促进教育发展、人才培养。高校必须高举中国特色社会主义伟大旗帜，牢牢把握马克思主义在意识形态领域的主导权，在内部形成更加强大的凝聚力，对社会形成更加广泛的影响力，必须发展社会主义先进文化，大力弘扬时代精神、爱国精神、科学精神、人文精神等精神，培育和践行社会主义核心价值观，充实和创新高校思想政治理论课教育教学内容，发挥高校思想政治理论课的教育引导作用。

另一方面，党和国家高度重视思想政治理论课建设。历年来，党和国家都对思想政治理论课教学的成效和质量十分关注与重视，在社会发展过程中相继出台关于思想政治理论课教学的诸多文件，发布了一系列关于加强思想政治理论课建设、加强思想政治理论课教师队伍建设、加强马克思主义学院及学科建设等内容相关的政策。党和国家对思想政治理论课的重视有力地推动了思想政治理论课建设向前发展，加强了思想政治理论课改革创新的合力，促使思想政治理论课改革创新深入进行。

进入新时代，党和国家更加高度重视思想政治理论课教学改革创新，同时也对高校思想政治理论课教学成果提出了更高的要求。2019年3月18日，习近平总书记主持召开学校思想政治理论课教师座谈会并发表重要讲话。座谈会上，习近平总书记阐明了开好思想政治理论课的长远意义，分析了课程改革创新和教师队伍建设的关键等问题。习近平总书记的重要讲话为推进高校思想政治理论课教学改革创新指明了前进方向、提供了根本遵循。新时代，党和国家进一步强调了高校思想政治理论课的重要地位，进一步提出了高校思想政治理论课教学改革的时代要求，这为高校思想政治理论课教学改革创新创设了时代机遇。

（二）社会的快速发展为高校思想政治理论课教学改革创新创设机遇

新时代，我国社会发展进入了新的历史阶段，经济、政治、文化等各方面都取得较大的进展，这为高校思想政治理论课教学方法改革创新提供了强大动力。一方面，改革开放带来的巨大成就具有说服力、感染力。改革开放四十多年来，我国经济、政治等各方面都取得了较快的发展。通过改革开放，我国更深入地融入国际社会之中。在与国际社会联系紧密的同时，我国积极利用国际社会发展的有利条件，不断加强我国自身的改革创新，不断推动社会向前发展，在多方面特别是经济方面均取得了较大的成就。通过改革开放，我国利用经济全球化提供的良好外部环境积极参与到世界经济贸易的竞争与合作中。

我国改革开放四十多年的发展历史证明，改革开放是决定当代中国命运的正确选择，是发展中国特色社会主义、实现中华民族伟大复兴的必由之路，是推动我国社会主义事业向前发展的关键。我国改革开放的巨大成就增强了思想政治教育内容的说服力和感染力，对坚定大学生的理想与信念会产生极大的促进作用。同时，中国改革开放的巨大成就也带来了我国安定团结的政治局面，这为高校思想政治理论课教学改革提供了和谐稳定的环境。另外，新时代要求进一步全面深化改革，我国的改革开放是全面的、全方位的改革开放，是顺应了时代发展潮流的改革开放，这为高校思想政治理论课教学改革创新提供了强大动力。在中国共产党成立100周年之际，我国取得了全面建成小康社会的巨大成就，更加显示了我国社会主义制度的优越性和强大的生命力，也为思想政治教育和高校思想政治理论课教学改革提供了强大的物质基础和安定团结的政治环境。

另一方面，知识经济的迅速发展带来了改革契机。知识经济是与农业经济、工业经济相对应的一个概念，是一种新型的富有生命力的经济形态，是以知识为基础的经济。创新是知识经济发展的动力，教育、文化和研究是知识经济时代最主要的部门，知识和高素质的人才资源是最为重要的资源。

关于"知识经济"的思想，很多学者都作了探讨。英国伟大的哲学家弗朗西斯·培根指出："人类知识和人类权力归于一；因为凡不知原因时即不能产生结果。要支配自然就须服从自然；而凡在思辨中为原因者在动作中则为法则。"由此可见，知识是认识自然利用自然的条件，是人类完善自身的重要手段，是人们治理国家和进行社会变革的力量。马克思认为："固定资本的发展表明，一般的社会知识、学问，已经在多大的程度上变成了直接生产力，从而使社会生活过程的条件本身已经在多么大的程度上受到一般知识的控制并根据此种知识而进行改造。"德国经济学家熊彼特指出，资本主义发展的根本原因不是资本和劳动力，而是来自内部自身的创造性及创新。创新的关键则是知识和信息的生产、传播和使用。未来学家约翰·奈斯彼特认为："知识是我们经济社会的驱动力。"等等。

综合学者们的观点可以得出，知识具有十分重要的作用，知识对于人自身的发展、社会的发展变革都十分重要，人的素质和技能是知识经济实现的先决条件。改革开放以来，邓小平强调要尊重劳动、尊重知识、尊重人才，提出了"科学技术是第一生产力"的论断。2010年，中共中央、国务院印发的《国家中长期教育改革和发展规划纲要（2010——2020年）》指出，我国高等教育的功能是培养高级专门人才、发展科学技术文化、促进社会主义现代化建设。提高科学文化水平正在成为全民族的自觉意识，年青一代对享受优质高等教育资源的愿望更为迫切，这就为高等教育的改革、发展提供了良好的舆论环境和需求动力。知识经济时代，是知识、技术与经济结合得更紧密的时代。知识经济的核心是科技，关键是人才，基础是教育。重视教育、重视学习是知识经济时代重要的特征。高校作为人才培养的重要阵地，要不断进行教学改革，构建创造性教育模式，充分挖掘受教育者潜在的创造力，从而不断培养出适合时代发展要求的人才。知识经济的快速发展为高校思想政治理论课教学改革创新提供了机遇。

为了适应社会的发展要求，高校必须吸纳先进的教育理念，不断推进办学模式和人才培养模式的改革。大学生是学校生存和发展的决定性力量，在信息化网络化发展的时代，传统的课堂教学受到挑战，只有不断改革教学模式，创新人才培养方式，才能满足社会发展对人才培养的要求。高校思想政治理论课教学改革创新要更加注重把课堂教学同帮助大学生掌握最新知识结合起来，要将思想道德培养与哲学、政治经济学、科学社会主义等各学科知识培养结合起来。同时，当代大学生要积极主动掌握基本理论知识，提高专业素养，增强创新能力，提高自己的综合素质。

（三）高等教育的改革发展为高校思想政治理论课教学改革创设机遇

为了更好地适应人才培养的要求，我国高等教育也不断进行改革。高等教育改革主要指的是高校在开展教育的过程中，在教育管理体制机制、学科专业设置、培养门类分级、招生就业定位等方面进行的改革，是针对我国高等教育单位各环节各因素的调整和变革。随着我国高校招生规模的不断扩大，高等教育也需要不断进行改革。20与21世纪之交，我国新一轮教育改革启动。我国高等教育改革的目的在于促进我国高等教育办学模式向着适应社会主义市场经济体制的方向转变，适应新时代发展对于高等教育人才培养的要求。

新时代高等教育改革主要分为以下四个方面，并取得了不少进展：

第一，深化高等教育管理体制改革。高等教育改革过程中，通过教育管理体制的改革来优化教育资源配置，对于我国高等教育事业的发展具有深远的战略意义。中央和省级政府两级管理、以省级政府管理为主的高等教育管理新体制逐步形成。新体制调动了地方政府和社会各方面发展高等教育的积极性，密切了高校与区域经济社会发展的联系。同时，在高校管理体制上加强学校的自主权，允许学校在完成主管部门下达的计划并保证学校教学、生活条件的前提下，走联合办学的道路，多渠道筹集资金。同时，学校在聘任和晋升人员方面也有更多的自主权。

第二，深化高等学校内部管理体制和机制改革。目前，各高校在遵循"转换机制、优化结构、增强活力、提高效益"的原则下，不断转变职能，改革学校内部管理模式，改革和调整学校教学、科研管理的组织方式，深化人事制度改革，并逐步建立适合教师特点的分配制度、激励机制和约束机制。高校内部管理体制机制的科学改革有利于提升高校的办学效益。

第三，深化高校毕业生就业制度改革。高校毕业生就业制度的改革促进了毕业生就业的积极性、竞争性，提高了就业质量。毕业生就业过程中，实行用人单位与毕业生的"双向选择"，逐步建立起市场导向、政府调控、学校推荐、大学生和用人单位双向选择的毕业生就业体制机制。

第四，深化高校后勤社会化改革。近年来，高校不断深化后勤社会化改革。通过改革改善高校后勤保障条件，突出高校学生社区育人的作用，推动高等教育办学模式与办学观念的转变，促进了高等教育的可持续发展。高等教育改革和发展为高校教育教学改革，特别是高校思想政治理论课教学改革提供了历史性机遇。

二、新时代高校思想政治理论课教学改革创新面临的挑战

新时代，面对新形势新变化，高校在开展思想政治理论课教学的过程中存在着一系列有待解决的问题，比如学科建设基础薄弱、课程内容丰富性不足、教学方式方法单一、教师队伍数量素质有待提升等问题。高校思想政治理论课教学改革在面对机遇的同时也面临挑战，高校要勇于面对挑战，有针对性地开展思想政治理论课教学改革创新。当今时代，高校思想政治理论课教学改革创新面临的挑战主要包括以下五个方面：

（一）经济全球化对高校思想政治理论课教学改革创新带来挑战

经济全球化是历史发展不可抗拒的趋势，是当今社会发展过程中必然出现的社会潮流。经济全球化是一个资本扩张增值的过程，也是一个文化激荡碰撞的过程，以资本主义的扩展为背景。新时代高校思想政治理论课教学改革离不开经济全球化的社会大环境，受到所处现实环境的影响。

1.经济全球化的多重效应

全球化是在西方国家的主导下推动的，包括经济、政治、文化等各方面的"全球化"。全球化发端于欧洲，起源于工业化，是劳动分工和生产专业化扩张的产物，是现代化的必然结果。全球化首先是经济运行的全球性，也即是经济全球化。经济全球化给社会带来了多重的效应，具体体现在：

一方面，经济全球化使得各国间的联系越发紧密。马克思指出："资产阶级，由于开拓了世界市场，使一切国家的生产和消费都成为世界性的了。"经济全球化是一项历史进程，工业化的发展使得全球范围的经济得以转换，生产、消费、分配等经济环节实现了跨国家跨地区运行，现代国家体系得以形成。西方学者乌·贝克、尤尔根·哈贝马斯也指出："世界市场不再是一个欧洲共同体市场，而是一

个几乎包括整个世界的市场。"可见，经济全球化时代下的各国都处于世界大市场的运作当中，国与国之间都处于紧密的联系当中。经济全球化加速了社会上资本、人口等的流动，加强了全球中各国间的社会性联系。在全球化时代背景下，各国经济、政治、文化等方面的联系越来越紧密，各国在经济、政治、文化等方面的发展受其他国家的影响越来越大。马克思指出："单是大工业建立了世界市场这一点，就把全球各国的人民，尤其是各文明国家的人民，彼此紧紧地联系起来，以致每一个国家的人民都受到另一个国家发生的事情的影响。"在这里，马克思指出了工业化时代，世界市场建立之后，国与国之间的紧密联系和相互影响程度的提升。

另一方面，经济全球化使得各国面临不同文化的融合与应对。经济全球化时代背景下，各国在经济、政治、文化等各方面的联系不可避免地越发紧密，国与国之间在发展的过程中需要与其他国家发生各种各样的关系。由于各国的历史和国情不同，各国在与他国联系交往的过程中，也面临着各种政治文化方面的融合与应对的问题。马克思指出："每一历史时代的经济生活以及必然由此产生的社会结构，是该时代政治的和精神的基础；因此（从原始土地公有制解体以来）全部历史都是阶级斗争的历史。"在全球化的时代背景下，各民族都处在相互交往的大时代中，但各国由于经济情况、社会结构的不同，在全球化过程特别是经济全球化过程中表现出不同的政治、文化态度。在社会发展的过程中，当面对着一些社会问题，发达国家与发展中国家由于自身国家情况的不同，包括具体国情、文化传统等方面的差异，各个国家基于不同的国家利益会具有不同的反应。经济全球化过程中，需要各国在交往过程中注重国家间不同国情的融合，注重对相关问题的合理应对。

同时，由于全球化是由西方国家发起的。在全球化的过程中，西方国家一方面进行着资本的扩张，另一方面也加强对其他国家在政治、文化等方面的渗透，凭借其经济优势进行西方意识形态的渗透和价值观的引导。西方国家在经济全球化的同时，除了期待在经济上起到主导作用，也期待在政治、文化等方面进行扩张影响，进而实现其价值观的引导认同。在全球化的过程中，国与国之间在多方面都相互影响，各国都会受到本国之外的其他国家的相关因素所制约。在全球化大背景下，一个国家的经济、政治、文化等各方面都面临着融入国际大背景的境遇，能否维持本土特色，能否维持对本国的认同，不同国家都面临着一些现实挑战。

2.经济全球化与高校思想政治理论课教学改革创新

经济全球化的过程，是一个国与国之间联系更加紧密的过程，是一个各国间联系融合的过程。经济全球化对于高校思想政治理论课教学改革的进行带来了挑战。

经济全球化使得高校思想政治理论课教学改革创新面临困难。因为经济全球化使得国家间的联系更加紧密，可能引发大学生对国家、民族等的认同危机，这不利于高校思想政治理论课教学的开展。伴随着经济全球化的发展，国家间在经济、政治、文化等各个方面相互联系相互交融，在各领域的联系越来越紧密。在各国联系更加紧密的情况下，国与国之间的相互对比相互借鉴就更加明显与普遍。在通过与其他一些发达国家进行对比而看到其他国家某方面优越性的情况下，结合国内发展过程中存在的一些问题，大学生容易产生国家认同差异，容易因为看到其他国家的有利方面而对我国的道路、制度等方面降低认可度。高校思想政治理论课教学改革创新旨在通过对思想政治理论课教学的改革创新来提高教学成效，从而达到对大学生进行思想道德引领的目的，教育引导大学生以党和国家的要求为指引，树立践行正确的理想信念。而经济全球化过程中，国家间相互依存更加紧密，国家发展过程中面临的问题也来越多，大学生对于国家的看法、对于自身理想信念的树立受到很多因素的影响。经济全球化的过程中，社会成员看到的更多是西方国家的发达情况，看到的是西方国家的一些优势。经济全球化的过程中，除了经济领域，各国在政治、文化、社会等方面的相互影响程度越来越大，西方国家的各方面情况都对人们产生较大的影响。生活于当今时代的大学生，深受西方发达国家发展情况的影响，在对西方国家的经济、政治、文化等方面情况进一步了解和接触之后，价值观念也会受到西方思潮的影响，有的甚至比较认同西方一些思想观念，这对于高校思想政治理论课教学改革创新的推动是一种挑战。

（二）市场经济的特点对高校思想政治理论课教学改革创新带来挑战

1. 市场经济的现实特点

社会主义市场经济具有一般市场经济的共性。经济体制改革的核心问题是如何处理政府与市场的关系，如何使得市场在资源配置中起到决定性作用和更好地发挥政府作用的问题。市场决定资源配置是市场经济的一般规律，健全社会主义市场经济体制必须遵循这条规律，着力解决市场体系不完善、政府干预过多和监管不到位问题。我国社会主义市场经济制度正是遵循价值规律要求，适应供求关系的变化而采取的适合现实需要的经济制度，是一种针对原来的计划经济体制进行的改革。一般而言，改革过程涉及社会成员利益的方方面面，改革的进程是一个利益调整的过程。市场经济背景下的当今时代，社会成员情况各异，社会成员的利益需求具有广泛性、多样性和复杂性，人们多数会根据自身利益的实现程度来决定是否拥护相应的改革，把利益特别是个人利益的获取成效作为评判改革是否有效的根本标准。市场经济的时代，利益市场化是当今社会的特点。市场经济作为现代社会的经济运行方式，利益市场化对大学生是否接纳与参与高校思想政治理论课教学改革创新产生较大的影响。

现代社会是一种基于市场经济运作之上的社会，市场经济是现代化的重要表征之一。以利益为导向的市场经济，是一种以市场为主导的经济调控方式，也是一种以利益为衡量标准的经济运作模式。市场经济条件下，人们更加追求自身的利益，人们正确价值观念的形成更加受到挑战。现代市场经济条件下的社会，生产过程中更多的是立足利益需求，注重追求市场效益，追求物质利益最大化，以利益获取为根本衡量标准是市场经济的重要特点。现代市场经济条件下，人们的价值观念受到现实考量，在看待分析事物的时候，人们更多是以自我价值的认定为基准，以自我的利益为衡量依据。德国著名社会学家、哲学家尤尔根·哈贝马斯指出："神话消除之后兴起的第二种合理化动力激发了一种现代意识，其关键特征在于，具有各种不同特征的文化价值领域发生了分化。价值领域分化所导致的结果是信仰和知识的主观化。"受到市场经济的影响，人们对于客观事物价值的评价更多立足自我利益的主观评价，受利益至上运作逻辑的影响，在市场运作、利益为先的市场经济时代，人们正确价值观念的形成受到挑战。

2.市场经济与高校思想政治理论课教学改革创新

社会主义市场经济体制的实行对高校思想政治理论课教学改革创新带来国内社会环境的变化和挑战。社会主义市场经济体制体现了利益市场化的特点，利益市场化这一现实情况对大学生价值观念的形成产生了较大的影响。在当今市场经济条件下，大学生要注重结合国家发展实际，处理好集体利益和个人利益的关系，树立和践行正确的思想道德观念，端正自身对高校思想政治理论课教学改革创新的看法，主动参与高校思想政治理论课教学改革创新。

在市场经济为主导的现代社会，社会运作以市场资源配置为特征，注重利益的获取，人们正确思想观念的形成受到不利影响。一方面，社会主义核心价值体系影响力受到冲击。市场化的现代社会，人们更多的是追求自我价值的实现，更多的是从自我出发去思考问题，从社会集体的角度去看待问题的相对较少。另一方面，集体道德观念减弱。市场化的现代社会，宣扬的是个人自我价值，更多的是强调自我的利益与权利。现代社会中，集体道德观念日益淡薄。在现代化进程这样的境域下，社会更多的是注重利益性，对生活中事物的评判更多是立足自我利益的获取和自我价值实现的程度。在这样的社会境域下，大学生理性认知的形成受到不少挑战。社会主义集体主义是高校思想政治理论课需要培养大学生树立的正确价值观。

在市场经济环境下，使得个人利益逐渐凸显，市场经济与个人利益存在着一种内在的联系。社会主义市场经济背景下,市场经济中的竞争以个人利益为驱动力,个人利益的实现与否以及实现程度如何,也将通过市场竞争得以体现。在市场经济这种环境下,大学生要考虑的问题是如何增强自己在学校和未来社会上的竞争力,更多地会注重自身的专业能力而忽视内在的精神素养和综合素养,缺乏对他人、社会的责任感。在面对问题的时候,大学生更多的是立足自身利益而缺少立足国家、集体利益。利益市场化影响了大学生理性认知的形成,对大学生正确思想观念的形成产生了挑战。这使得高校思想政治理论课一直倡导的马克思主义世界观、人生观、价值观和社会主义的道德观等正确观念受到极大的挑战。高校思想政治理论课需要在教育教学改革的过程中引导大学生培育、践行社会主义核心价值观,引导大学生解放思想、更新观念,以一种良好的心态,在学习中成长和发展。

(三)价值多元化对高校思想政治理论课教学改革创新带来挑战

当今时代,是各种思潮相互交织的时代,是价值多元化的时代。价值多元化是当今时代发展的特点,具有必然性和客观性。英国哲学家约翰·洛克指出:"由于真理只有一个,通往天堂的路只有一条,而每一个宗教信仰对自身而言都是真的和正统的,所以别的宗教就都是假的和异端。这里存在着不可克服的矛盾,唯一的办法就是宽容。"约翰·洛克指出了价值多元的协调功能,指出了在不同宗教不同信仰并存的前提下,只有通过价值多元的方式才能得以协调。以赛亚·伯林认为:"自由的根本意义是摆脱枷锁、囚禁与他人奴役的自由。其余的意义都是这个意义的扩展或某种隐喻。为自由奋斗就是试图清除障碍;为个人自由而奋斗就是试图抑制那些人的干涉、剥削、奴役,他们的目标是他们自己的,而不是被干涉者的。"以赛亚·伯林指出了自由的意义所在,指出了人们对于自由的追求。英国哲学家、心理学家约翰·密尔也指出:"唯一名副其实的自由,就是只要我们不试图剥夺他人的这种自由,不妨碍他们获得这种自由的努力,就可以按照我们自己的方式追求我们自身利益的自由。无论是身体的健康,还是智力和精神的健康,每个人是其自身健康的恰当保卫者。人们如果容忍各自按照自己认为是好的方式去生活,那要比强迫每人都按照其余的人们认为是好的方式去生活,所获更大。"约翰·密尔指出了自由的意义以及取得自由的合理方式。可见,以赛亚·伯林和约翰·密尔都从自由的角度对于价值多元进行了阐释,指出了价值多元的现实性和客观性。在现代社会中,价值多元是客观存在的事实,是当今多元社会的客观而普遍的现象。生活于现新时代社会中的人们,其价值观念的形成越来越多元化。

社会上各种思潮并存,人们的思想观念具有多样性,价值多元化是当今时代的特点。当今社会,西方国家的各种思想存在于社会当中,社会思想呈现出价值多元的现实特点。新时代大学生生活的时代是价值多元化的时代，各种价值观念交织并存，各种思想交流碰撞，这对高校思想政治理论课教学改革创新带来了挑战。

1.价值多元化的现实剖析

(1) 价值多元化的现实特征

当今时代，是价值多元化的时代。生活于价值多元化时代下的人们，其思想观念具有多元的现实特征。马克思、恩格斯指出："生产的不断变革，一切社会状况不停的动荡，永远的不安定和变动，这就是资产阶级时代不同于过去一切时代的地方。一切固定的僵化的关系以及与之相适应的素被尊崇的观念和见解都被消除了，一切新形成的关系等不到固定下来就陈旧了。一切等级的和固定的东西都烟消云散了，一切神圣的东西都被亵渎了。人们终于不得不用冷静的眼光来看他们的生活地位、他们的相互关系。"随着社会生产的发展，社会关系也不断变化发展，人们的价值观念表现出多元化。社会存在决定社会意识，随着社会的变化发展，人与人之间关系发生变化，集体关系越来越弱化。加拿大哲学家查尔斯·泰勒指出："一个分裂的社会是一个其成员越来越难以将自己与作为一个共同体的政治社会关联起来的社会。这种认同之缺乏可能反映了一种个人利益至上主义的观念，而依此观念，人们终将纯粹工具性地看待社会。"在现代社会中，人们越来越多的是强调自我利益的实现，人们的思想更加趋于自我化和去传统化，人们间的集体关系越来越弱化，人们的价值观念也呈现出价值多元的特点，主要表现为以下两个方面：第一，集体观念越来越淡漠化。在现代社会中，人们的集体观念比较弱，对于集体的思考比较少，更多的是关注自我，强调个体与自我，更多的人把个体放在首位。第二，人际关系越来越个体化。现代社会，社会个体成员与组织的关系日益分化，个体成员与组织的关系不再像传统社会一样紧密，个体与外部社会体系之间越发分离，人与人之间更强调个体化。

(2) 价值多元的产生原因

价值多元化是现代社会发展的现实特点，其形成有着多方面的原因，具体表现为以下两个方面：第一，现代社会中身份的多元导致了价值的多元。经济全球化的时代，人们作为公民的身份也出现了多重现象，双重国籍或是多重国籍的公民不在少数，人们拥有多元的身份。英国著名学者马歇尔指出："今天的公民已被'剥夺了公民权'。"全球化时代下的人们，其公民身份具有了世界公民、国家公民、地区公民、联邦组织公民等多重身份，不同的身份使得人们具有多重的角色定位。而生活在现代社会中的人们，他们的思想、价值观念都是基于利益尤其是自身利益来考虑而形成的。由于多元的身份，人们思考问题的立足点也基于不同的身份具有多元化，不同的身份有不同的利益追求，呈现利益多元的特点。当今利益多元的时代下，利益的多元引发了价值的多元，人们的价值观念也更加多元化。

第二，现代社会的分化导致了价值的多元。价值多元化是现代社会分化的结果。在全球化的当今时代，社会越来越分化，各种跨国组织普遍存在，而且各种跨国组织的数量越来越多，国与国之间的联系越来越紧密，在各个领域的相互接触越来越多。德国哲学家尼采指出："人们受传统的约束越小，他们的种种内在动机也就越发蠢蠢欲动，因此他们的外在的骚动不安、他们相互间的交往和融合以及他们的种种努力的多重影响也就日益增强。"全球化时代下各国间的联系与竞争给人们价值观念的形成提供了多元的参考依据，人们的思想观念也受到价值多元的影响。随着社会的分化，人们的价值观念更加多元化。德国著名社会学家马克斯·韦伯在关于社会的研究中指出："所有这些领域均可按照完全不同的终极价值和目的取向来加以理性化。"在传统社会不断发展的情况下，现代社会呈现的是社会越来越分化，社会价值越发多元化的现象。可见，随着现代社会中人们身份的多元与社会的不断分化，人们价值观念也体现了多元化的特点。

2.价值多元化与高校思想政治理论课教学改革创新

价值多元化的社会对大学生价值观念的形成产生了较大的影响，这对高校思想政治理论课教学改革创新的进行产生了挑战。高校开展思想政治理论课教学改革创新，要结合大学生思想特点来进行，教育引导大学生树立正确的思想道德观念。

价值多元化影响着当代大学生的理性认知，高校思想政治理论课教学改革创新是立足提升大学生思想道德观念的改革创新。价值多元化带来的负面影响使得高校在开展思想政治理论课教学改革创新的过程中面临挑战。一方面，价值多元化容易导致大学生对党和国家相关政策产生认同差异。价值多元化使得大学生思考问题的立场具有多元性，对于各项事业的评价标准具有多样性，大学生容易产生对于党和国家相关政策的认同差异。大学生作为社会个体，有着不同的个体利益需求，在多元价值观念的引领下，对于党和国家各项事业的成就评判各异，对于党和国家各项政策的认可度程度不一。大学生作为社会个体，其利益需求具有广泛性和多元性，思想上容易受到多元价值观念的影响。同时，在对事物进行选择评判的过程中，在价值多元化的现代社会，大学生接触着各种思维观念，接触到社会上的各种观点看法。在面对各国、各地区、各领域的不同发展情况时，大学生在评判的过程中容易受社会上多元思想观念的影响而产生不科学的片面评判，容易把国内情况与西方国家某些方面进行不科学的对比，从而产生片面将其他国家发展成就作为评判本国国内改革成效的标准的情况。这样的不科学评判不利于大学生正确思想道德观念的生成。

另一方面,马克思主义的理论和信仰受到价值多元化的挑战。高校思想政治理论课的理论教育功能和思想政治教育功能就在于教育引导大学生掌握马克思主义的理论和思想,确定马克思主义理想信念。而改革开放以来,我国社会利益关系呈现出一些新特点,比如利益主体多元化、利益差距扩大化等。在我国改革开放新时期,经济、社会及阶层结构、利益群体都产生不小的变化,多层次的利益主体有着不同的利益诉求,社会思潮呈现多元、多变的特点,各种价值观念交织并存于现实中。与此同时,随着经济全球化和信息化的发展,加上国家间交往的日益频繁,国际社会上各种社会思潮比如拜金主义、个人主义等也涌入我国并影响着人们的价值观念形成。马克思指出:"如果从观念上来考察,那么一定的意识形式的解体足以使整个时代覆亡。"美国学者道格拉斯·诺斯也指出:"意识形态是种节约机制,通过它,人们认识了他们所处环境,并被一种'世界观'导引,从而使决策过程简单明了。"可见,意识形态具有十分重大的作用,要重视对大学生进行主流意识形态的教育引导。

随着改革开放的深入、现代科技的普及,高校在地理空间、信息交流、文化传播等方面与社会各界都更加紧密。高校是社会变革、政治思想、学术思潮的集散地,是各种信息的密集地,也是发展科学文化的重要园地。信息来源的日益广泛,极大地拓展了大学生的视野。价值多元化给高校思想政治理论课教学改革创新带来了挑战。高校思想政治理论课教学改革创新要审视价值多元的必然性和客观性,采取适合有效的措施来进行改革创新。当然,在价值多元化的社会中,高校思想政治理论课教学改革创新的有效进行,需要党和国家提供经济、政治等各方面的条件,提供得以开展的平台。

(四) 信息化网络化对高校思想政治理论课教学改革创新带来挑战

信息化时代,大众传播媒体作为媒介工具在人们的生活中发挥重要作用,具有重要的地位,对人们的日常生活产生深入的影响。作为思想政治理论课教学的重要媒介,对信息化时代下大众传播媒体的作用进行审视,是考量高校思想政治理论课教学改革创新问题不可缺少的方面。信息化时代,除了传统的传播媒体外,更有微信、微博、多媒体网络等新媒体,信息化时代下的这些大众传播媒体都深刻地影响人们的日常生活,影响人们思想的形成。

1.大众传媒的特点与作用

(1) 大众传媒的鲜明特点

大众传媒作为一种传播媒介,既具有一般媒介工具的特点,也具有自身特殊功能性特点,具体包括以下三个方面:

第一,大众传媒具有广泛性。在大众传媒体信息传播的过程中,广泛性体现在其影响范围、影响内容、影响手段等方面。"媒体便利跨越时空的互动、影响各人用来代理他人的方式、影响个人对他人作出回应的方式以及影响个人在接收过程中行动和互动的方式。"大众传媒影响着人们生活的方方面面,深入到社会大众当中,生活于现代社会的人们均深受影响。大众传媒影响范围大,涉及面广,具有广泛性。

第二,大众传媒具有迅速性。随着技术水平的不断提高,在科技发达的现代社会,大众传媒的信息传播速度很迅速,各种信息都能很快被传达。大众传媒在信息传播的过程中,迅速是其最突出的特点。信息传播的快速和信息传播的及时是新时代媒体的重要特点。信息传播的过程中,大众传媒快速地将各种信息向生活在世界各地的人们进行传播,人们能够第一时间接触和了解信息。

第三,大众传媒具有引导性。大众传媒的引导性,既包括政治的引导也包括文化的引导。一方面,大众传媒具有政治引导性。大众传媒在信息传播的过程中会为社会主导阶级所控制,运行过程中会与政治相连,具有社会意识倾向性。大众传媒具有导向性的特点,起到导向的作用,在信息传播的过程中,往往隐含着某种政治倾向、价值导向,会对社会成员的思想产生引导作用,影响社会成员思想观念的形成。另一方面,大众传媒具有文化引导性。大众传媒在各种信息传播的过程中会产生文化影响,对人们思维方式、价值观念的形成等方面都产生影响。大众传媒在信息传播的过程会形成一种信息文化氛围,通过各种信息的传达和各种形象的展现,赋予了文化的信息,影响着人们价值观点、思想观念的形成。

(2) 大众传媒的重要作用

大众传媒作为一种信息传播中介对于信息的传播起到重要的作用,在不同时期作为信息传播中介,以不同的形式对人们的生活、学习、工作等方面产生影响。特别在信息化网络化的现代社会,网络媒体已经成为现代人们生活不可缺少的一部分,其信息传播影响力远远高于传统媒介的作用。现代网络媒体、手机等媒介的普及,微信、微博、QQ等平台的运用,无时不在,无处不有,渗透人们生活的方方面面。美国学者凯尔纳指出,"媒介文化"的广泛使用,"意味着我们的文化是一种媒体文化,说明媒体已经拓殖了文化,表明媒体是文化的发行和散播的基本载体,揭示了大众传播的媒体已经排挤掉了诸如书籍或口语等这样旧的文化模式,证明我们是生活在一个由媒体主宰了休闲和文化的世界里。因而,媒体文化是新时代社会中的文化的主导性形式和场所"。当今时代是信息化的时代,大众传媒对个人和社会都会产生诸多影响。同时,大众传媒作为一种公共管理的重要媒介,是人们接收和反馈信息的重要载体,在政治调控、舆论导向等方面起到了重要作用。

2.信息时代化与高校思想政治理论课教学改革创新

在信息化时代的社会中，作为社会民众的重要成员，大学生的生活也受到大众传媒的影响，大学生价值观念的形成受到大众传媒深刻制约。信息化时代，大众传媒作为信息传播的媒介，对高校思想政治理论课教学改革创新带来了挑战。新时代大学生要注重合理利用大众传媒这一工具，发挥大众传媒的优势，端正自身的看法，科学看待思想政治理论课教学改革创新，积极主动参与改革创新，树立和践行正确的思想道德观念。

信息时代的大众传媒使得大学生思想容易受各种思潮影响而波动不定，影响其正确思想观念的形成，影响其对高校思想政治理论课教学改革创新的认可与参与。"在全球互联网时代，网络信息中的政治文化渗透不断冲击着青少年的世界观和人生观。青少年鉴别'精华'和'糟粕'的思维能力尚未完全成熟，思想观念正处于可塑期。他们深受全球网络传媒的影响，同时又受到不同社会群体或种族文化思想的影响。"一方面，大众传媒的工具性特点不利于大学生理性认知的形成。信息时代的大众传媒更多的是体现其工具性的一面，引导大学生形成理性认知的作用则相对较弱。大众传媒作为一种传播工具具有商业化倾向的特点，有时候还存在低俗化取向等情况，这些都对于大学生正确思想认知的形成产生不利影响。另一方面，大众传媒传播的迅速性与多渠道性等特点影响大学生正确认知。大众传媒具有传播速度迅速、传播渠道广泛等特点。在市场经济条件下，大众传媒更多的是去满足社会大众多样多变的各种需求，传递易变、流动的信息，一些传播媒介在主流价值引导的关注度方面存在不足。"在廉价的纸张、印刷、普及识字、交流便捷的时代，会出现各种意识形态，争取我们的认同。创造和宣传这些意识形态的，往往是一些比民族主义预言家们有更高的文化水平和宣传才能的人。"

在商业化市场化时代，大众传媒更多的是关注各种新奇信息，有些网络媒体存在缺少对主流信息的传播的情况，这对大学生的思想观念教育引导产生冲击，不利于对大学生树立践行正确思想道德观念教育引导的开展。同时，大众传媒的低俗化取向也影响大学生的价值判断，影响大学生正确思想道德观念的形成。另外，大众传媒信息传播迅速、便利的特点也为不良分子开展反面引导提供了条件。社会上一些不良分子通过利用大众传媒来传播一些不正确的信息、不正确的价值理念，这些都不利于大学生正确思想观念的形成。在信息化时代，一些负面信息会通过大众传媒的传播充斥大学生的思想，从而影响大学生的科学认识，影响大学生正确思想道德观念的形成。另外，大众传媒的运作使得信息传播无边界，全球信息呈现共享性，这使得大学生容易接触到来自国内、国际等各方面的信息。信息化时代，各种社会思潮充斥于人们的生活当中，大学生也受到来自社会上各种信息的影响，大学生正确思想观念的形成存在一定难度。

基于以上信息时代的特点，高校思想政治理论课教学在改革创新过程中，对于大学生正确思想观念的教育培养面临的挑战表现为：其一，社会主义核心价值体系的培育与践行受到挑战。富强、民主、文明、和谐，自由、平等、公正、法治，爱国、敬业、诚信、友善是我们倡导的社会主义核心价值观。构建社会主义核心价值体系，是社会主义意识形态的本质体现，决定着中国特色社会主义的发展方向。高校思想政治理论课正是通过对大学生进行系统的马克思主义理论教育，帮助和引导大学生坚持社会主义核心价值体系、培育和践行社会主义核心价值观。而在信息化的时代，不同的意识形态交织，爱国主义精神受到全球意识的挑战，社会主义文化受到西方文化侵蚀。随着经济全球化的深入发展，国与国之间的联系越来越紧密，超越国家和民族界限的全球性问题日益突出。西方国家也借此大力宣扬西方的各种思想。美国学者罗伯特·莱克指出："我们正在经历一场变革，这场变革将重新安排即将到来的世界经济和政治……每一个国家的基本政治使命将是应付全球经济的离心力，这种力量正在拆散把公民联系在一起的纽带。"而美国历来都宣扬自己的价值观，力图渗透到各国中去。这使得高校思想政治理论课作用的充分发挥受到了挑战。

其二，我国文化的传承受到挑战。全球化的进程，也是各国文化交锋、交融的过程。作为传承、创新文化的重要场所，高校有着推动文化发展的优势。高校思想政治理论课教学的重要任务就在于致力于民族文化的发展，增强民族凝聚力，培养大学生高度的文化自觉和文化自信，增强大学生对我国优秀文化的认同感。学者冯友兰指出："西洋文化之所以是优越底，并不是因为它是西洋底，而是因为它是近代或现代底。我们近百年来之所以到处吃亏，并不是因为我们的文化是中国底，而是因为我们的文化是中古底。"对待中西方文化，我们既要吸收西方优秀文化成果，又要继承和弘扬中华民族优秀传统文化，尊重文化在思想政治理论课教学中的地位，要引导教育大学生树立一种开放的文化心态和全球性的文化意识，自觉把民族意识与全球意识结合起来，把民族精神和时代精神统一起来，提高大学生文化创新的能力。

在全球竞争中，实现中华民族伟大复兴一直是我们的目标。信息化时代，网络综合了报纸、广播、电视、图书等媒体的优势，汇集了世界各国的政治、经济、科技、文化等各方面的信息，这些信息都容易被大学生在每天的学习生活中所接触，大学生能随时随地获知各种信息。针对大学生出现的国家意识淡薄、否定民族文化价值等现象，高校思想政治理论课教学改革创新要注重培育大学生的民族自尊心、自信心和自豪感，培养大学生树立为祖国的繁荣昌盛不懈奋斗的决心和使命感。

（五）大学生成长的新变化对高校思想政治理论课教学改革创新带

来挑战

当代大学生所生活的时代，是"百年未有之大变局"的新时代。作为充满年轻活力的新一代，其生活环境和思想特点都有了新变化。大学生成长的新变化和新特点，既给高校思想政治理论课教学方法带来了新机遇，又给思想政治理论课教学改革创新提出了新挑战。大学生在建设中国特色社会主义和实现中华民族伟大复兴中国梦过程中发挥着重要作用。教育引导大学生树立正确的思想道德观念，对他们进行理想信念教育显得具有重要性和必要性。

1. 大学生成长的新变化

（1）成长环境的变化

新时代大学生成长环境具有新特点。当前国际国内形势正发生深刻变化，生活于新时代的大学生，其理想信念的坚定树立受到了严峻的挑战。新时代是经济全球化、价值多元化、信息化、网络化的时代，大学生的思想关注点日趋宽泛，思想文化需求日趋多样。同时，网络已成为大学生获取信息的重要途径，社会上各种社会思潮交织并存并影响着大学生的思想，一些不法分子甚至煽动大学生反对中国共产党的领导，这都对大学生正确思想的形成产生不利影响。

第一，网络新媒体环境。当今时代是信息化网络化时代，网络新媒体的出现成为人们接收、传播、获取知识和信息的重要途径。互联网具有覆盖范围广、使用方便快捷、时空限制小等特点，迅速成为人们首选的社交手段和信息获取渠道。与此同时，由于互联网信息传播规模大、速度快、来源多，各种各样的网络信息充斥人们的视野。生活在当今时代的大学生也深受互联网影响，学习生活过程中离不开对网络新媒体的依赖，这都对高校思想政治理论课教学形成了挑战。一方面，大学生获取信息的渠道大大拓展。作为年青一代，大学生更热衷接受新事物，更容易接受网络新媒体，在生活学习过程中，对于网络新媒体的使用程度更大。微信、微博、QQ以及各种网络社交软件已经成为当前大学生学习生活过程中必不可少的社交手段和信息获取工具。另一方面，大学生甄别信息的能力有待提升。大学生是年青的一代，身心并没有完全成熟，由于社会经验不足、评判标准不全面等原因，信息辨别力有限，在信息的甄别过程中容易受到一些不良思想所影响。对于社会热点、敏感问题以及党和国家的大政方针，网络上会出现造谣者捏造、歪曲事实，制造网络谣言的情况，甚至发表不当言论，这都对大学生正确认识问题产生负面影响。

第二，多元文化环境。当今时代是价值多元化的时代，世界范围内各种思想文化交流交融交锋更加频繁。思想政治理论课如何发挥正能量，增强对重大理论和现实问题的阐释力，在多元中确立主导，这是面对多元文化环境所必须考虑的问题。多元文化环境有利也有弊，一方面，多元文化环境有利于各国文化的相互借鉴，增强对世界各国文化的学习；另一方面，多元文化环境下国外各种社会思潮都相互交织，在优秀文化涌入我国的同时腐朽文化也随着涌入。多元文化环境使得西方资产阶级腐朽文化渗入我国，有些甚至污蔑我国优秀传统文化，诋毁我国社会制度，这对我国主流文化和主流意识形态带来了不同程度的冲击，影响大学生思想认识，不利于高校对大学生思想政治教育的开展。多元文化环境下，大学生更加具有独立、自我意识，在知识学习上更加注重主观能动性的发挥，而不倾向于被动接受理论知识传授。同时，由于受多元文化生态的负面影响，大学生对我国主流文化和主流意识形态情感上的认同度会减弱。

（2）身心特点的变化

新时代的大学生作为年青的一代具有身心新特点，这对高校思想政治理论课教学改革创新提出了挑战。新时代，社会环境更加复杂，时代发展带来了很多新问题新情况。当代大学生处于变化发展的新时代，更处于人生成长的关键期，具有鲜明的身心特点。一方面，大学生具有自我意识强烈、灵活性创造性强、情感丰富等优点；另一方面，大学生又存在易受影响、经验不足、认识问题不全面等不足。当代大学生在面对问题的时候倾向于独立思考，不乐于接受他人的理论说教。而随着高等教育大众化进程的加快，当前高校的大学生群体规模日益扩大，大学生数量多、来源广，大学生群体的思想政治观念越来越多样。大学生身心特点新变化具体表现为：

第一，思想多元且易受影响。由于生活在当代社会，大学生通过互联网接收到来自四面八方的信息，受各国社会思潮所影响。作为年青一代，大学生正处于身心发展关键期，思想更加前卫更加时代化，受信息多元的社会所影响思想也呈现多元化。我国的优秀传统文化和西方国家的思想文化都对大学生的思想产生影响。当代大学生具有好奇心大、易于接受新事物等特点，同时大学生的接受能力和学习能力都较强，但由于社会阅历和生活经验的不足等原因，大学生的思想容易受影响，对于事物的接受程度也不尽相同。在当前价值多元化的时代，大学生容易受到不良思潮或网络不良思想影响，对于错误的思潮难以做出正确的判断，对于正确思想难以做出抉择，有的甚至存在对党和国家相关方针政策的认同危机的情况。因此高校思想政治理论课教学改革创新要重视加强对大学生的思想引导。

第二，追求发展却缺乏动力。自新中国成立以来特别是改革开放以来，我国经济、政治、文化、社会等各方面都取得了较大的发展。生活在新时代的大学生，一直享受着生活的美好。当前大多数大学生，更多注重自我实现，注重追求自身的全面发展。但由于当代大学生生活经验不足、抗挫能力不强，在追求自身发展的同时又缺乏奋斗的动力。有些大学生自尊心强但意志薄弱，心理承受能力、抗压能力、耐挫能力不强，踏实努力的劲头不足，碰到困难的时候容易退缩。另外，由于当前社会是市场经济的社会，有些大学生容易受社会环境所影响而出现急功近利、追求眼前利益等情况，没有踏实求学的心态，难以静下心去好好学习，更没有为国家为社会的使命担当意识。

2.大学生成长的新变化与高校思想政治理论课教学改革创新

当代大学生是高校思想政治理论课教学的对象，其成长的新变化对高校思想政治理论课教学改革创新带来了挑战。

一方面，大学生所处环境的新变化给高校思想政治理论课教学改革创新带来了挑战。网络化的时代，大学生可以通过网络新媒体获得很多知识和信息，包括思想政治理论课相关知识。大学生对于知识的获取不再依赖思想政治理论课教学的传授。而网络上一些错误思潮或不当言论对大学生正确认识问题产生负面影响，影响了大学生对思想政治理论课课程内容的认可。同时，多元文化环境影响大学生思想认识，不利于高校对大学生思想政治教育的开展。由于受多元文化生态的负面影响，大学生对我国主流文化和主流意识形态情感上的认同度会减弱。大学生对于高校思想政治理论课的学习兴趣会减弱，对高校思想政治理论课课程内容认可度会降低，学习的积极性主动性不足，这些都对高校思想政治理论课教学改革创新产生冲击。高校思想政治理论课教师只有关注学生需求、改进教学方法、提高课堂吸引力，才能提高大学生课堂学习的兴趣，才能提升教学成效。

另一方面，新时代大学生作为年青的一代具有自身身心新特点，呈现出思想多元且易受影响、追求发展却缺乏动力等特点，这对高校思想政治理论课教学改革创新提出了挑战。高校思想政治理论课是传播马克思主义理论的核心课程，马克思主义理论涉及诸多学科和领域，具有丰富的知识内容。

而与此同时，当代大学生存在理论知识储备和认知能力不足、对思想政治理论课重视度不足等情况，这对于高校思想政治理论课教学改革创新提出了更高要求。高校要针对大学生成长的新变化有针对性地进行教学改革创新，才能切实取得教学改革创新成效。

高校思想政治理论课教育教学方法的改革，要密切联系国内外形势的发展变化，更要紧密联系当代大学生的思想实际、心理状况、成长特点和生活实践，关注当代大学生的需求，了解当代大学生的特点，帮助大学生解决思想困惑，提高思想认识，正确处理生活中可能遇到的矛盾和问题。只有深入了解大学生的思想实际、心理状况和生活实际，思想政治理论课的教学才有针对性和说服力。高校要用新视野和新思路来推进思想政治教育教学改革，正确认识和处理高校思想政治理论课教学与当代大学生成长发展的关系，应对各种现实挑战，才能取得新的进展和成效。

第二章 大学生思想政治教育的内容

大学生思想政治教育内容是影响大学生思想政治教育实效性的重要因素之一。大学生思想政治教育内容的确定是理论与实际的统一。思想政治教育是培养高素质人才的生命线,是高校的中心环节。思想政治教育其内容十分的广泛、丰富,在新世纪,大学生思想政治教育内容要变得更具人性化。

第一节 大学生思想政治教育的基本内容

基本内容是指社会的基本要求、做人的基本品质,它涉及生活的各个方面,贯穿一个人的一生,是大学生思想政治教育中最起码的内容,是基础部分,具有基础性、广泛性和持久性等特征。主要包括以下方面的内容。

一、中华民族传统美德教育

(一)自强不息教育

"自强不息"这个词语最早出现在《周易》中:"天行健,君子以自强不息",它是从中国古代"天人合一"的宇宙观和朴素的人文思想中孕育发展出来的人民群众的心理素质和精神状态,它根植于中华民族的文化传统之中,是中华儿女发奋图强,自立于世界民族之林,实现民族伟大复兴的精神动力。从历史角度来看,人类的发展,文明的进步,是永远不会终结的;而人对自然、社会发展的认识,以及在此基础上形成的永无止境的向上努力、自重自信自强的精神,成了最适应现代社会发展需要的民族精神的突出表现。对大学生进行自强不息教育的目的,就是要使大学生志存高远、刚健有为、不怕困难、积极向上、奋发图强。

（二）忧患自省教育

忧患意识可以说是一种责任意识，它是个体履行应当承担的社会责任并努力维护社会正常运行的信念和意志。这种意识是个体在社会分化和社会整合中必须拥有的，要求人们在市场经济发展过程中敢于承担风险、敢于再创辉煌，把国家、民族的生存发展放在心上，还要求他们树立以天下为己任的历史使命感，维护国内安定、发展、团结、进步的稳定局面，保持积极进取、艰苦奋斗的昂扬斗志，以自身的行动去实现社会发展和民族振兴。

中华民族的优良传统远远不止这些，物物相依的集体精神、不畏强权的抗争精神，还有生生不息的变革精神、经世致用的实用精神、正道直行的廉洁精神、大公无私的奉献精神，等等，都是祖先遗留给我们的珍贵的精神财富，加强对大学生进行这些中华民族的优良传统精神教育，会在不同的层次、不同的侧面锻炼他们的意志，完善他们的人格，提升他们的精神境界。

（三）中国革命传统教育

中国革命传统主要是指中国共产党在领导中国人民进行长期的革命斗争的过程中产生的，并在我们党大力提倡和培植下形成并发展起来的事迹、思想、作风、道德、信仰，等等，它是共产党领导下的中国革命斗争实践的产物，是我党克敌制胜的传家宝，这一优良传统有着极其丰富的内容。

第一，中国革命历史和革命者英勇奋斗的事迹是革命传统教育的基础，革命者的事迹、中国革命的历程虽然不能直接等同于革命传统，但却是革命传统的载体，是进行革命传统教育的基础。

第二，中国革命产生和形成的思想、道德和作风，是属于精神上或者是思想意识上的，是革命传统精神教育的核心和重点内容。

第三，在中国革命中形成和确立的纪律和制度，也是革命传统教育的重要内容。

在高校进行革命传统教育的过程中，要结合不同的形式，依靠不同的载体，培育和强化大学生追求真理、矢志不移的奋斗精神；全心全意为人民服务、甘为孺子牛的公仆精神；大公无私、先人后己的牺牲精神；紧紧依靠群众、永不脱离人民的团结精神；不唯书、不唯上，一切从实际出发的求实精神；勇于自我批评、严于解剖自己的自律精神，等等。通过这些革命传统的教育，使大学生的思想境界得到升华和净化，促使他们成为一个高尚的人，一个有道德的人，一个有益于人民的人，并在奋斗、奉献中使自己的人生价值得到升华和实现。

二、理想信念教育

理想是人们在现实实践基础上形成的有实现可能的对未来发展前景的设计和想象。信念是为了实现这一理想而在内心形成的高度认同和持之以恒的内在动力。理想分为个人理想和社会理想，不管是个人理想还是社会理想以及由此而形成的信念，都能为人指明前进的方向，提供强大的精神动力，鞭策人们奋发图强。大学生是青年人的代表，是青年中拥有现代科学知识的群体，是建设社会主义现代化国家的中坚力量。大学生的成长成才离不开正确的个人理想信念的确立和社会理想信念的指引。只有了理想信念的支持，大学生才能在国际社会纷繁复杂的环境中保持正确的政治方向，才能不断地激发出更多的建设热情，才能更好地为社会发展贡献力量。在我国现阶段，建设中国特色社会主义，把我国建设成为富强、民主、文明、和谐的社会主义现代化国家是我国各族人民的共同理想，实现共产主义是最高理想。而中国特色社会主义共同理想和共产主义最高理想的确立建立在马克思主义对人类社会一般规律的认识和把握基础上，要使大学生深刻认识共同理想和最高理想，必须学习马克思主义基本理论，坚定马克思主义信念。

（一）马克思主义信念

马克思主义信念的确立建立在对马克思主义理论体系的学习和认同基础上。马克思主义理论体系包括三大组成部分：马克思主义哲学、马克思主义政治经济学和科学社会主义。马克思主义哲学是辩证唯物主义和历史唯物主义的统一，是对自然界、人类社会、人的思维领域的一般规律的揭示，是无产阶级的世界观和方法论。马克思主义政治经济学揭露了资本主义生产关系的实质，分析了资本主义经济危机的周期性，揭示了生产关系一定要适应生产力发展的规律，得出了资本主义必然灭亡、社会主义必然胜利的结论。科学社会主义是在批判认识空想社会主义理论的基础上，根据历史唯物主义的观点创立的符合社会发展规律的关于无产阶级革命和建设的科学理论体系。对马克思主义基本理论知识的学习能使大学生深刻认识马克思主义经典著作分析人类社会发展规律的缜密逻辑思维，能加深对社会发展规律的理解，能坚定马克思主义信念，能更好地理解和自觉践行中国特色社会主义的共同理想和共产主义的最高理想。

（二）中国特色社会主义共同理想

中国特色社会主义是我们的共同理想。这是我们在长期的革命和建设实践中得出的结论。民主革命时期，帝国主义、封建主义、官僚资本主义三座大山牢牢压在中国人民身上，民族资产阶级探寻发展资本主义道路的尝试一次次失败。这表明，资本主义道路在中国行不通。十月革命的一声炮响给中国人民送来了马克思主义。中国共产党领导中国人民进行了伟大的新民主主义革命，建立了中华人民共和国。社会主义道路是我们在当时的历史条件下唯一正确的选择。1956年底，社会主义制度在我国基本确立。经过几十年的奋斗，我们逐渐认识到虽然我们的社会主义建设取得了一定的成果，但我们建设的社会主义还是处于不发达阶段的社会主义，是社会主义的初级阶段。对于这个阶段的认识，我们必须把握两点：一是中国社会已经是社会主义社会，我们必须坚持而不能离开社会主义；二是中国的社会主义还处在初级阶段，我们必须从这个实际出发，而不能超越这个阶段。社会主义是一个漫长的历史过程，人们对社会主义的认识和实践要有一个探索的过程。共同理想的教育能引起大学生对社会主义教育的共鸣、能加深大学生对社会主义初级阶段的认识，并能引导其充分发挥推动现代化国家建设的作用。

（三）共产主义远大理想

共产主义是马克思主义伟大导师在深入考察了人类社会变化发展的规律后形成的人类未来社会的蓝图，在那里，每个人的自由发展是一切人的自由发展的条件，每个人的才能都能得到自由而全面的发展。社会主义是走向共产主义社会的过渡阶段，这个阶段采取的各方面的政策，都是为了发展社会主义，为了将来实现共产主义。大学生是社会主义现代化的建设者，是共产主义事业的奠基人，积极引导大学生追求共产主义理想，是高校思想政治教育的内在要求。高校思想政治教育实践中，应注重先进性和广泛性的结合，首先引导大学生中的先进分子树立共产主义远大理想，由其示范作用引导整个大学生群体树立共产主义远大理想。

（四）个人理想信念

大学生的个人理想是大学生在规划自己的生命活动中，建立在现实基础上的、符合社会发展规律的、有现实实现可能的对未来发展目标的设计和想象。个人理想的确立要求个体必须对人类社会发展规律有一定的认识，对自身发展状况和社会对个人提出的要求有深刻的认识，对自身发展需要有清醒的认识。大学生有小学、初中、高中阶段知识的积累，对社会发展规律和自身发展要求已形成一定认识，具备了确立符合社会发展要求的个人理想的条件。因此，教育者要引导大学生深入思考自己的需求和兴趣，进一步明确社会发展趋势，尽早确立个人理想，并能为这一理想的实现而不懈努力，形成坚定信念。

中华民族的伟大复兴需要几代人的不懈努力，理想信念就是指引一代又一代人前进的明灯。高校思想政治教育必须高度重视大学生理想信念的确立。马克思主义信念的确立是大学生正确世界观、人生观、价值观的反映，中国特色社会主义共同理想的确立是大学生正确认识社会主义初级阶段、积极跻身于社会主义现代化建设的表现和动力，共产主义远大理想是大学生崇高政治理想的最高表现，个人理想信念的确立和实践是社会理想的有力支撑和具体体现。

三、道德规范教育

（一）道德规范教育的作用及特点

道德规范教育是帮助大学生了解正确处理个人利益与他人利益、个人利益与集体利益关系的行为准则的教育，并在这些行为准则的指导下，将这些准则外化为实际行动和道德习惯。道德规范教育是一种养成教育，它实质上是教导一个人如何成为一个真正的"人"，如何安身立命，这是一种最基本的教育，只有在这一教育的基础上，才谈得上其他的教育。道德规范教育是政治教育、思想教育的起点，只有搞好基本的道德教育，才有可能培养具有正确政治思想、科学世界观的社会主义新人。正如儒家所倡导的"修身、齐家、治国、平天下"，只有自己有了很高的道德修养，才谈得上报效国家，造福社会。

道德规范教育的基础地位是由道德规范的特点决定的。

1.稳定性强

社会意识形态都具有相对稳定性，但道德比其他意识形态变化更慢，表现出更大的稳定性。经济关系和政治制度的变革，固然使旧的道德失去了存在的客观现实依据，但由于旧道德已经在漫长的岁月中逐步演变成为人们的传统习惯和风尚，而且这种传统习惯和风尚往往与人的信念、情感、民族的社会心理结构整合在一起，因而具有更大的稳定性。

2.渗透性强

道德规范是从现实利益关系的角度，特别是现实生活中个人对待社会整体利益和其他个人利益态度的角度，去调节人们的各种社会活动和社会关系的。也就是说，凡涉及现实利益关系，特别是个人利益和他人利益、集体利益的关系和活动，都属于道德规范调节范围。所以，道德规范涉及人们社会生活的各个领域，与人们的日常生活紧密联系、息息相关。

3.自律性强

与法律规范不同，道德规范提倡"应当怎样""不应当怎样"，而不是"必须怎样""不准怎样"。它通过社会舆论、传统习惯和人们的信念来维持，通过劝诫、说服、示范等方式起作用，不是靠国家强制力维持。

从以上道德规范的特点我们可以看到，由于大学生的日常思想行为大量地表现为道德品质和行为的调适，道德规范可以成为他们正确处理与他人关系的行为指南，因此，道德规范教育与其他思想政治教育内容相比，与大学生日常生活最为贴近，具有其他思想政治教育内容所没有的基础优势。而且，由于道德规范的稳定性和自律性，它对指导大学生正确处理个人与他人、集体之间的关系上具有持久的效力，这增加了道德规范教育作为思想政治教育基础的牢固性。

（二）道德规范教育的内容

我国社会主义思想道德规范体系的基本框架，即以为人民服务为核心，以集体主义为原则，开展道德规范教育。

1.以为人民服务为核心的教育

把为人民服务作为社会主义道德建设的核心，是中国共产党人在伦理思想上的一大贡献。毛泽东同志在《为人民服务》一文中就精辟地阐述了为人民服务的光辉思想。我们党把为人民服务作为党的根本宗旨，明确写进了党的章程。在改革开放的新的历史条件下，以邓小平同志为代表的共产党人从最广大人民的根本利益出发，坚持把三个"有利于"作为衡量一切工作的标准，把"人民拥护不拥护""人民赞成不赞成"作为制定各项政策的出发点和归宿，受到了广大人民群众的衷心拥护。经过共产党人的长期实践和倡导，为人民服务不仅仅是共产党员始终坚持的根本宗旨，而且已经逐步成为大多数社会成员普遍接受和认同的一条基本道德原则。

为人民服务也是公民应尽的义务。对他人提供必要的帮助和关心是公民应尽的责任和义务，也就是说，我们在接受他人和社会给我们的服务时，也应尽自己的所能为他人和社会服务，并在服务他人、服务社会的过程中实现自己的个人利益和人生价值。在新的形势下，必须继续大张旗鼓地倡导为人民服务的道德观，把为人民服务的思想贯穿于各种具体的道德规范之中。要引导人们正确处理个人与社会、竞争与协作、先富与共富、经济效益与社会效益等关系，提倡尊重人、理解人、关心人，发扬社会主义人道主义精神，为人民为社会多做好事，反对拜金主义、享乐主义和极端个人主义，形成体现社会主义制度优越性、促进社会主义市场经济健康有序发展的良好道德风尚。

2.集体主义原则的教育

集体主义是社会主义道德的根本属性，体现在社会主义道德规范体系各个方面。在社会主义初级阶段，集体主义包含着以下三个层次的道德要求：

（1）从个人和小集体利益出发，兼顾国家和社会整体利益；

（2）从国家、集体利益出发，兼顾个人利益；

（3）在三者利益发生矛盾时，自觉牺牲个人和局部利益，以维护国家和整体利益。

这三种层次体现了由低到高的三种道德境界，与社会主义初级阶段的现实相适应。在三者利益发生矛盾时，自觉牺牲个人和局部利益，以维护国家和整体利益是集体主义的最高境界,是社会主义道德的核心。集体主义原则是适应社会主义政治、经济制度发展规律而提出的道德原则,加强思想政治教育必须要贯穿集体主义原则的教育。

3.公民基本道德规范教育

道德规范是人们根据一定社会的道德要求所制定的具有普遍约束力的行为规则与标准。道德规范是在人们的道德活动与道德意识的基础上形成与概括出来的,它源于对人们道德行为的指导,又指导着人们行为的道德化。公民道德是我国社会主义道德体系的基础,是社会主义道德大厦的基石。中共中央在2001年颁布的《公民道德建设实施纲要》中所指出的"爱国守法、明礼诚信、团结友善、勤俭自强、敬业奉献"的公民基本道德规范,是对每一个公民提出的最基本的道德要求。

四、爱国主义教育

大学生是国家和民族的希望,是实现全面建设小康社会的主要力量,他们爱国情感的强弱,将直接关系到社会的进步和发展,关系到整个国家和民族的前途和命运。因此,必须强化爱国主义教育,以增强他们的民族自豪感、自尊心、自信心和自强精神,增强他们的爱国热情和报国决心,在实现中华民族的伟大复兴中贡献力量。

(一)爱国主义教育的作用

爱国主义教育在思想政治教育中有重要的作用。第一,有助于大学生培养高尚的道德情操。爱国主义是一种高尚的道德情感,这种情感集中表现为对祖国的山河、同胞、物质财富和精神财富的无限热爱;对祖国历史、文化、语言和优良传统的高度的自豪感;对祖国前途、命运的无比关心;将个人的前途命运与祖国的前途命运紧密联系在一起,为祖国的独立富强而宁愿奉献一切的志愿。爱国主义又是一种道德规范,它要求人们把爱国、报国、救国、兴国、强国看成崇高的美德,而把卖国、辱国、祸国、乱国、叛国视为对祖国和民族的丑恶行为。第二,有助于大学生坚定中国特色社会主义的信念。今天我们讲爱国主义,不仅仅表现为热爱祖国的山河、历史和文化遗产,而且更重要的表现为热爱我们的社会主义制度,热爱中国共产党及其领导下的各族人民,热爱社会主义现代化建设,维护国家的团结统一。在当代中国,爱国主义与爱社会主义在本质上是一致的。爱党、爱国、爱社会主义是统一而紧密联系的整体。在改革开放与现代化建设的新时期,建设中国特色社会主义是爱国主义的必由之路,在大学生中开展爱国主义教育可以使大学生更加热爱社会主义,热爱中国共产党,有助于使大学生把个人的前途命运与祖国的前途命运紧密联系在一起,为国家的独立富强尽心尽力地付出与奉献。

（二）爱国主义教育的内容

爱国主义教育的内容主要包括以下四个方面。

1.中华民族发展历史

历史是不能割断的，只有懂得历史才能正确地了解现在和展望未来。我们要讲中华民族发展史中的曲折，更要讲近百年来我国的屈辱史，讲现代中国革命史，讲中华人民共和国的艰苦创业史，使人们懂得，特别是使青少年懂得，新中国来之不易，社会主义建设成就来之不易，让人们知道我们国家有今天，多少先烈付出了鲜血和生命，亿万人民进行了多么艰巨的劳动。还应当注重讲杰出人物个人的历史，讲杰出人物、英雄模范的奋斗史、贡献史。因为这样的史料最真切、最实际，也最感人，同时又包含着这些人物的世界观，也最容易引人效法、学习，具有潜移默化的作用。学习革命先烈为了共产主义的实现而不惜抛头颅、洒热血的精神，学习新时期各条战线上涌现出来的先进人物和事迹，能够使大学生更好地认识过去，立足现在，展望未来。

2.中华民族优秀传统文化教育

中华民族是一个有着五千年悠久历史的伟大民族，我们的祖先通过世世代代的辛勤劳动创造出了光辉灿烂的历史文化，这是我们中华民族的历史瑰宝，是对大学生进行爱国主义教育的重要内容。古老的《书经》中，周武王在《泰誓》里就提出"民之所欲，天必从之"的思想，强调要尊重人民的意愿和要求。古老的《周易》和《老子》充满辩证思想，至今为世界许多国家所研究和运用；而《孙子兵法》和我国古代其他许多兵家的著述，至今被许多国家的军事学院定为必读书，而且被广泛应用于企业和市场竞争，显示出它们的无限生命力。在近代，我们落后了，但在中华人民共和国成立不久，我们自力更生制造出"两弹一星"。我国在尖端科学、尖端医学等方面，有许多重大突破，居于国际领先地位。在当代，随着全球化浪潮的兴起，具有不同历史传统和民族特色的文化之间的碰撞和交融将更加广泛、更加频繁、更加激烈、更加深入。一个国家在全球化浪潮中能否保持其优秀民族文化，不仅关系到本民族文化的生存与发展，还关系到国家的命运和前途。特别是一些西方国家借全球化之际，凭借其雄厚的经济实力和信息高科技优势，打着"文化全球化""文化一体化"的旗号，大肆推行文化殖民主义，以达到损害别国本土文化的目的。因此，我们引导大学生继承和发扬中华民族优秀文化传统，培养大学生对民族文化的热爱和认同，增强大学生的民族自尊心、自信心和自豪感，使大学生在西方文化霸权主义面前，自觉保护和弘扬本民族文化，维护国家的利益。

3.国家安全教育

当前世界形势动荡不安，地区冲突、局部战争此起彼伏，恐怖活动日益猖獗，给世界和平带来了诸多不稳定因素。在新时期必须加强大学生国防意识教育和国家安全教育，并将此作为爱国主义教育的重要内容。爱国主义教育与国家安全教育有着十分密切的联系，爱国主义教育是国家安全教育的核心和灵魂，国家安全教育是最生动、最实际、最有效的爱国主义教育。国家安全、国防意识，从本质上来说也体现着国家意识、国家观念。没有国家安全意识也就没有真正的国家意识，也就很难产生真正的爱国主义情感；没有国防观念，也就很难从理性的高度把握科学的国家观念，因而也就很难使朴素的爱国主义情感向科学和理性的层面升华。随着经济全球化的不断深入，国家安全的内涵与以往相比也有了很大不同，不仅包括政治、军事安全，而且更突出了经济安全，同时又包含科技、文化、信息安全。因而，我们应顺应时代要求，提升与拓展国防教育，树立大国防观念，进行大国防教育，培养科学的国家安全意识。

4.民族平等团结教育

中国是一个多民族国家，对大学生进行深入的民族平等团结的教育对维护民族团结和国家稳定是非常重要的。我们国家共有56个民族，虽然各民族的人数有多有少，并不均衡，但是各民族之间相互依存，不可分割，并无高低贵贱之分，每个民族都享有相同的权利，履行相同的义务。在进行这一项教育的过程中，首先要让他们明白56个民族都是优秀的、勤劳的、富有智慧的民族，民族之间没有优劣之分、贵贱之别，谁也离不开谁，各民族都享有平等的权利、履行相同的义务；还要让他们明白只有加强民族团结，才能消除民族隔阂和民族歧视，真正地实现平等。民族团结也是实现国家统一的前提和保证，要让他们了解到民族平等和民族团结是社会稳定、国家昌盛和民族共同繁荣的基础，中华民族是一个同呼吸、共命运的整体，合则兴，分则衰。其次，对大学生进行民族区域自治制度教育，旨在对他们进行民族基本制度教育，在国家的统一领导下，少数民族在聚居的区域内设立自治机关，自主地管理本民族本地区内部事务，行使自治权，从而体现其主人翁地位，发展平等、团结、互助的社会主义民族关系。民族区域自治制度是实现民族平等、民族团结和各民族共同繁荣的制度保障。再次，对大学生进行各民族共同繁荣的教育，要让他们认识到民族地区的现代化与全国其他地区的现代化、民族地区全面小康的实现与全国其他地区全面小康的实现是密切联系、相互促进的，各民族的繁荣将使中华民族立于世界民族之林，各民族地区的繁荣将使整个国家的社会主义现代化实现；要让他们认识到各民族共同繁荣是指各民族在政治、经济、文化和社会等各方面得到全面发展进步，而不单单指某一方面；要使他们认识到经济发达地区帮助少数民族和民族地区发展经济文化事业是责无旁贷的义务，从而实现共同发展。

总之，弘扬爱国主义精神是中华民族的光荣传统，也是每个中国人的责任与义务。高校除了要做好爱国主义课堂教学工作外，更应当利用网络媒介建立爱国主义教育示范基地，积极宣传爱国主义精神，面对社会发展多样化的趋势，引导学生坚定自己的社会主义立场。以先进的思想政治教育理念代替落后的思想，使爱国主义精神成为推动祖国走上繁荣富强道路的巨大力量。作为高校思想政治教育体系的重要内容，爱国主义教育体现了社会主义精神文明建设的主旋律，具有划时代的历史意义。

第二节　大学生思想政治教育的主导内容

一、三观教育

（一）世界观教育

世界观教育主要是进行辩证唯物主义和历史唯物主义教育，核心是实事求是的观点和方法的教育。

1. 树立彻底的唯物主义态度和观点

看问题一切从实际出发，绝不用主观意志和幻想代替实际和事实，尊重客观规律性，坚持从调查研究中得出结论，并坚持用实践检验和发展真理。

2. 树立真正的辩证法思想

核心是联系和发展地看待问题，坚持联系的观点，就是要联系地看问题，不要孤立地看问题；要全面地看问题，不能片面地看问题。坚持发展的观点，就是要历史地、变化地看问题，不能静止地、僵化地看问题。将矛盾，特别是事物的内在矛盾作为事物发展的动力，善于在矛盾动力推动下，不断通过量变达到好的质变，在曲折中实现事物不断前进。

世界观作为关于世界的根本观点，是对认识世界和改造世界的根本看法。只有这个问题解决好了，我们才能有一个待人处事的正确态度、观点和方法，才能建立起正确的人生观。马克思主义的创始人以解放全人类、实现人类全面自由的发展为己任，并以此为核心建立起了科学的世界观。我们进行世界观教育，就是要进行马克思主义世界观的教育，这其中包括辩证唯物主义教育、历史唯物主义教育和马克思主义认识论的教育。

（二）人生观教育

人生观是人们对人生的价值、生活的目的和意义的根本看法和观点，是世界观在实践中的体现和运用。人生观具有鲜明的阶级性，什么阶级有什么样的人生观。共产主义的人生观就是无产阶级的人生观，它的核心是大公无私、先公后私和公而忘私。同无产阶级人生观相对立的还有资产阶级、小资产阶级的人生观。资产阶级人生观的核心是为自己、损人利己。小资产阶级人生观虽然同剥削阶级人生观有所不同，但在本质上都是个人主义的。我国大学生思想政治教育的一个重要任务，就是教育广大学生树立无产阶级的人生观，克服形形色色的资产阶级和小资产阶级的人生观。

（三）价值观教育

价值观教育主要是让教育对象搞清楚"什么是有价值，怎样才能有价值"。价值观的核心是价值观念、价值判断、价值选择等。科学的价值观认为，对社会、对国家、对民族、对人类、对他人有积极作用，就是有价值，反之就是无价值。积极作用越大，价值就越大。科学价值观提倡人们在满足社会、满足民族、满足人类、满足他人的进步需要中满足自己，实现自己的价值。价值判断必须坚持社会、民族、人类等价值优先的准则，只有这样，社会才能有一个相对统一的价值判断标准。科学的价值选择要求人们在人生奋斗过程中首先最大限度地实现社会的价值、民族的价值和人类的价值。

社会主义核心价值体系集中体现了社会主义意识形态的性质和方向，是社会主义思想道德建设的理论基础，是激励全民族包括大学生在内奋发向上的精神力量。因此，当前价值观教育的重点是让大学生深入理解社会主义核心价值观的科学内涵和重要意义，使他们将社会主义核心价值体系作为自己的价值诉求，并用其指导思想和行动。

二、思想理论教育

思想理论即指导思想和基本理论，我们所说的思想理论是马克思列宁主义、毛泽东思想和中国特色社会主义理论体系，在思想政治教育中起着基础性的、导向性的作用。

马克思主义是无产阶级认识世界和改造世界的世界观，同时也是方法论。它属于无产阶级的意识形态，是科学的思想理论体系。马克思主义是社会主义主流价值观的灵魂，是中国共产党的理论基础，同时它还是中国特色社会主义建设的指导思想。

马克思主义理论教育既包括马克思主义哲学、马克思主义政治经济学和科学社会主义理论的教育，又包括毛泽东思想、邓小平理论、"三个代表"重要思想和科学发展观的教育。我们始终坚持理论联系实际，实事求是，具体问题具体分析的方法，科学地将马克思主义同我国具体实践相结合，进而形成了一系列马克思主义中国化的理论成果，包括毛泽东思想、邓小平理论、"三个代表"重要思想和科学发展观。这些体系是一脉相承又与时俱进的科学体系。毛泽东思想是被实践证明了的中国革命与建设的理论与经验总结，是马克思列宁主义在中国的运用与发展，作为中国共产党的指导思想，是中国共产党集体智慧的结晶，是中华民族最为宝贵的财富。毛泽东思想活的灵魂，是贯穿于毛泽东思想各个组成部分的立场、观点和方法，它们有三个基本方面，即实事求是、群众路线、独立自主。其中，实事求是是毛泽东思想的精髓，群众路线是中国共产党的根本路线，独立自主是中国革命和建设的基本立足点。以邓小平为代表的中国共产党人在坚持毛泽东思想的基础上，创立了建设有中国特色社会主义理论，开辟了马克思主义在中国的发展，即邓小平理论。邓小平理论是科学的理论体系，它第一次比较系统地回答了中国社会主义的发展道路、发展动力、发展阶段、政治保障、外部条件、根本任务、战略步骤以及党的领导、依靠力量和祖国统一的问题。"三个代表"重要思想是对马列主义、毛泽东思想以及邓小平理论的继承与发展，是我们党的立党之本、执政之基、力量之源。"三个代表"重要思想是推动中国特色社会主义事业发展的强大的理论武器，反映了当代世界和中国的发展变化条件下党和国家的工作要求。

习近平新时代中国特色社会主义思想，以"八个明确"和"十四个坚持"为核心内容和主要依据，对习近平新时代中国特色社会主义思想作了全面系统的阐述，有助于学生更好理解把握这一思想的基本精神、基本内容、基本要求，更加自觉地用以武装头脑、指导实践、推动工作。习近平总书记强调："培养什么人、怎样培养人、为谁培养人是教育的根本问题，也是建设教育强国的核心课题。"深入做好新时代大学生思想政治教育工作，事关党的事业和社会主义现代化强国建设，具有重要意义。党的十八大以来，以习近平同志为核心的党中央高度重视加强大学生思想政治教育工作，习近平总书记在全国高校思想政治工作会议、学校思想政治理论课教师座谈会发表重要讲话，在不同场合多次强调思想政治教育的重要性，为新时代切实做好大学生思想政治教育工作指明了前进方向，提供了根本遵循。当前，大学生思想政治教育工作呈现出持续加强改进、不断向上向好的态势。新征程上，我们必须清醒认识思想政治工作的长期性艰巨性，把大学生思想政治工作进一步抓实抓细抓好。

三、法纪教育

（一）民主法制教育

民主法制教育是大学生思想政治教育的重要内容。它既是和谐社会的标志、条件和构建和谐社会的推进器，也是消除社会不公平和社会矛盾、促进社会公平正义的根本保障。提升国民的民主法律素质，特别是对大学生进行民主法制教育是构建民主法治的社会主义和谐社会的关键。

大学生是和谐社会的重要实施者和建设者，其民主法律素质直接关系到社会主义和谐社会建设的进程。对大学生进行民主法制教育，必须将两者结合起来。民主、法制是辩证统一的，民主是出发点，是法制的基础和价值体现，法制是民主的保障和手段，是民主的体现。同时，要以培养民主精神为主线，体现平等、助人和自由精神以及以法律信仰为核心，使自己懂法守法。在社会主义社会建设中，民主是实现社会和谐的重要条件，社会主义民主是社会主义和谐社会的制度之源，法制是社会和谐的基本保障。民主法制意识对大学生的政治观、价值观、行为模式的养成具有现实的指导作用。青年学生只有在提高文化素质的同时，提高民主法律素质，增强民主法制观念和社会责任感，提高民主决策和监督管理的意识，培养体现民意、保障民权的观念，提高依法办事、遵守纪律、清正廉洁的素质，才能成长为具有民主作风、法制观念和清廉之风的新一代后备力量。

（二）权利义务观念的教育

权利和义务是从法律规范到法律关系再到法律责任的逻辑关系的各个环节的构成要素。权利和义务是法律规范的核心内容。权利义务的规定性是法律内容的主要表现，它规定人们可以做什么，必须做什么，不能做什么。加强大学生权利义务教育，可从通过理论说服教育和行为规范教育来进行，通过思想政治理论课的法律专题教学，有针对性地对大学生进行正确的权利义务教育，培养大学生理性的权利和责任意识，教育大学生履行遵守法律、法规、学校的管理制度、行为规范、社会公德及尊敬他人、努力学习、缴纳学费等义务。我国现行法律和新修订的《普通高等学校学生管理规定》等不仅规定了大学生的权利，也规定了大学生应承担的义务和责任。如明确规定了缴纳学费及有关费用，按时偿还国家或学院为其提供的贷学金及助学金等义务，未按学校规定缴纳学费的不予注册（家庭经济困难的须办理手续后注册）等。

大学生树立正确的权利义务观，有利于良好行为习惯的形成，从而推动文明学风和校风建设。正确地认识权利、义务可使大学生懂得自己与他人、集体与社会的关系，认识到自己享有权利的同时也承担着对他人、社会和国家的义务，而享受权利的前提是履行义务，只有尊重他人的权利，自己的权利才能得到尊重和实现，认识到社会稳定发展与自身发展的关系。

（三）人人平等观念的教育

法律面前人人平等是我国宪法明确规定的基本原则之一，也是社会主义法治观念的核心内涵之一。大学生价值观中，平等观念非常强烈，具体体现为平等竞争、平等就业及教师对待学生的平等意识，教师要尊重学生的主体意识等。人人平等，是社会进步的标志；追求平等，保护平等是每位大学生的职责；树立平等意识是人文精神的重要内容；平等观念也是维护人与人和谐共存的前提。

四、民族精神和时代精神教育

（一）民族精神

中华民族精神源于五千年的文明发展史，在建设美好家园、抵御外来侵略和克服艰难险阻的奋斗中，中华民族不断培育和发展着自己的民族精神。我们在引导大学生正确认识民族精神科学内涵的基础上，还要教育他们以创新、开放的态度看待民族精神，为民族精神增添新的时代内涵。一方面，要教育大学生根据新的实践和时代的要求，吸收和借鉴世界各民族的民族精神的精华，对传统民族精神加以创新，实现民族精神的继往开来，与时俱进；另一方面，要教育大学生珍视、继承我国在五千年的历史中形成和发展起来的伟大民族精神和我们党领导全国人民在长期实践中形成的伟大时代精神。

1.团结统一

它是新时期爱国主义精神的一个重要方面，其时代要求就是要形成一种对社会主义中国、对中华民族的一种强大的向心力和凝聚力，要使中国的56个民族亲密无间，各阶层的广大群众同心协力，全国人民同心同德、精诚团结，以此构筑我们建设中国特色社会主义事业、和平统一祖国的强大精神支柱。"民族的团结""国家的统一"是中华民族在历史经验中培育的民族精神，也是我们建设中国特色社会主义事业、和平统一祖国的强大武器和精神支柱。

2.爱好和平

爱好和平的民族精神是指一个民族在同其他民族的交往中，平等相待，友好相处，求同存异，团结和平，为了维护世界和平、促进共同发展而努力贡献的精神。它是中华民族以汉族为主的多民族长期共同生活和社会实践的文化积淀和结晶，成为中华民族的性格，在中华民族精神中有着特殊的地位。以和为贵是中华民族在为人处事中的一个基本准则。在各民族之间，强调要友好相处，要"和衷共济""和睦相亲"；在人和人的交往和相互关系中，强调要"和气致祥""和气生财"；在社会生活中，主张"政通人和"；在国与国的关系中，主张"协和万邦""和平共处"，反对一切形式的侵略战争，反对"以强凌弱""以众暴寡"，主张国家不分大小，都应当平等相待。爱好和平是中华民族的优良传统。我们爱好和平，不等于害怕战争。我们不会侵犯别人，但如果有人侵犯我们，把战争强加在我们头上，那我们就会奉陪到底，直至把侵略者赶走，恢复和平。正如毛泽东所说，我们中华民族有同自己的敌人血战到底的气概，有在自力更生的基础上光复旧物的决心，有自立于世界民族之林的能力。这些是我们民族爱好和平精神中的应有之义。

3.勤劳勇敢

勤劳勇敢是指中华民族为了自身的存在和发展，在改造客观世界的过程中，勤勤恳恳、战天斗地的精神。它是中华民族在漫长的历史中，在艰苦的自然条件和严酷的社会斗争中锻炼和培育出的一种吃苦耐劳、艰苦奋斗、不畏艰险、勇于攀登、俭朴勤奋的不屈不挠精神。勤劳勇敢不仅贯穿于中华民族一切劳动和社会生活的各个领域，也体现在中华民族德行的各个方面。中华民族依靠这种勤劳勇敢的民族精神，创造了一个又一个的人间奇迹。坚持和发扬这一精神，就能够在极端困难的条件和环境下，迎着困难而勇往直前、顶着逆流而百折不挠，直到取得最后的胜利。在全面建成小康社会的新时期，弘扬"勤劳勇敢"的精神，有着尤其重要的意义。

弘扬和培育中华民族精神，要适应时代的呼唤，积极促进中华民族精神的新发展。人类社会不断向前发展，民族精神也应随着历史的前进和时代的进步而不断丰富和完善。所谓"弘扬"，就是要继承和发扬中华民族五千年来形成的以爱国主义为核心的民族精神。所谓"培育"，就是要在弘扬的基础上，吸纳体现社会发展方向的时代精神，赋予民族精神以时代内涵和时代特征。要把弘扬和培育中华民族精神纳入国民教育的全过程，不仅要把民族精神教育贯穿到各级各类学校中去，尤其要重视少年儿童的中华民族精神教育，做到从娃娃抓起，还要运用社会教育对全体国民进行民族精神教育。要把弘扬和培育中华民族精神纳入社会主义精神文明建设全过程，渗透到形式多样的群众性精神文明活动之中。要吸收和借鉴世界各国人民创造的先进的文明成果，积极进行文化创新，不断充实、丰富和发展民族精神的内涵。

（二）时代精神教育

时代精神是一个时代特有的、反映社会进步发展方向、引领时代进步潮流的精神，是一种超脱个人的共同的思想观念和行为方式，是时代文明（物质文明、制度文明和精神文明）内在、深层的精髓与内核，是对现代文明最高层次的抽象，它决定于代表历史前进方向的时代文明的客观的、本质的潮流和发展趋势，并积极推动时代政治、经济和文化发展。当前，我国的改革已进入攻坚阶段，改革的任务将更加繁重，改革的矛盾将更加凸显，支持改革、拥护改革应成为当代受教育者的自觉行动。因此，必须树立与改革相适应、与时代相契合的思想观念。当今世界，创新已成为一个国家不断发展、在国际竞争中取得主动地位的重要因素。习近平同志指出："我们要坚持创新是第一动力、人才是第一资源的理念，实施创新驱动发展战略，完善国家创新体系，加快关键核心技术自主创新，为经济社会发展打造新引擎。"因此，要进行时代精神教育，必须培养大学生的创新精神和创新能力。

大学是培养人才的摇篮，是开发人才资源的基地。大学生思想政治教育担负着培养创新人才的重任，尤其是要培养大学生自强不息的创新进取精神，使他们具有明确而坚定的目标、强大而持久的精神动力、顽强而刚毅的意志；具有不畏艰难困苦、不怕挫折失败的勇气与精神。

第三节 大学生思想政治教育的拓展内容

一、创新教育

（一）创新教育的重要性

1. 时代发展的需求

创新型国家，科技是关键，人才是核心，教育是基础。要进一步营造鼓励创新的环境，努力造就世界一流科学家和科技领军人才，注意培养一线的创新人才，使全社会创新智慧竞相迸发、各方面创新人才大量涌现。创新型国家需要创新型人才，创新型人才的培养在高校，因而高校思想政治教育的一项重要工作在于培养大学生的创新意识。建设大学的创新文化，首先必须明确大学的使命。《中华人民共和国高等教育法》明确规定："高等教育的任务是培养具有创新精神和实践能力的高级专门人才，发展科学技术文化，促进社会主义现代化建设。"从这个意义上说，高校要服从于建设创新型国家的需要，就必须担负起培养创新型人才的时代责任和历史使命，这是高校创新文化的根基。所谓创新教育，就是指以培养人的创新精神和创新能力为基本价值取向的教育实践。其内涵是创新意识、创新思维、创新技能、创新情感和创新人格的培养。创新教育以全面提高学生的能力为根本目的，以尊重学生主体和主动精神、注重开发人的智慧潜能和形成人的健全个性为根本特征，创新教育是高等教育发展的必然趋势。

2.高等教育改革的需求

高等教育要培养创新型人才，关键就是要注重培养大学生的创新精神和创新能力。传统教育重视传承理论知识，轻视实践能力的培养，潜在地压抑了学生创新素质的发展。高校必须通过教育启发学生的创新意识，塑造学生的创新人格，锻炼学生的创新能力，营造良好的创新环境，促进知识经济时代大学生创新能力的培养，突破传统教育模式的束缚，深化高等教育改革。

3.大学生成才的需求

知识经济时代，要求我国大学生具有更高的创新能力，具备更高水平的独立思考能力、应变能力和创新能力。对大学生来说，这是挑战也是实现自我全面发展的机遇，大学生只有具备了较高的创新素质，才能实现报效祖国的美好愿望。

（二）大学生创新教育的现状

1.对创新教育的重要性认识不足

目前，人们对经济的认识还局限在商品与市场的竞争上，忽略了知识经济时代最激烈的竞争是创新型人才的竞争。由于创新能力教育至今尚未形成社会共识，创新教育地位不高，很多高校对创新教育的重要性也认识不足，忽略了对学生创新精神和创新意识的培养，导致了学生创新能力的缺乏。

2.现有教学方式存在的弊端

在教学方式上，我国当代教育在创新教育方面存在的弊端主要体现在课程教学内容和课程结构两方面。在课程教学内容方面，部分课程教学内容陈旧、老化，不能反映科学文化发展的最新成就；在课程结构方面，课程结构不合理，文理分科过细，导致学生知识面狭窄，阻碍学生创造性能力的发展。这种以教师讲授为主的灌输性教学方式忽视学生主体性、积极性和创造性的发挥，不利于学生创新素质的养成。我国现有的教学模式，应试成分过重，在教学实践中强调知识的汲取、学习的方法高度统一，不提倡学生发散思维。长期以来，高校评价学生的标准主要是考试分数，这种考试往往只检查学生对知识的记忆程度，而不检查学生对知识的创新能力，导致学生片面追求成绩，忽视其他能力的培养，致使部分学生"高分低能"或"高分无能"。

3.缺少创新型教师队伍

创新型人才需要培养创新型教师队伍，创新教育的主导是创新型教师队伍。目前整个教师队伍的素质有待提升。教师的创造性不强，影响学生创新能力的发展。教师需要在传统教学技能的基础上掌握现代教学技能，需要把自己从专科型的教师转为通识型的教师，把知识的传递转为知识的引导，把知识的复制转为知识的创造。这是知识经济时代对教师综合素质的要求。

4. 实践教学环节薄弱

高校的教育偏重于理论知识的积累，容易忽视实践能力的培养。虽然近年来许多高校安排了更多的社会实践，增强了学生的实践能力和动手能力，但少有科学探索性的尝试。大多数大学的实验室没有对本科生开放，科研课题研究没有吸收本科生参加，缺乏创业实验区，大学生参加社会实践受到诸多因素的困扰等，因而大学生的创新能力得不到进一步的提高，或停留在口头上。由于存在这些问题，目前我国高校创新人才的培养处于相对滞后状态。

（三）创新教育途径

1. 转变教育观念，树立创新意识

在 21 世纪，综合国力的核心是创新能力。我国由于自身教育体制的发展的原因，国民整体素质与发达国家的相比还有很大差距。英国历史学家汤因比研究过 21 种在历史上曾经出现过、后来相继消亡的文明得出的结论是：这些文明消亡的原因，无一例外，都不是他杀，而是自杀。他们失去了创新的活力，被历史淘汰出局。创新教育是教改的趋势，树立创新教育观念是大学生创新教育的第一步。高校教育工作者要把学生当作学习的主体，将教育观从陈旧的传统的知识型教育转到先进的学习研究创新型上来，以人为本，建立创新型的价值观、学习观、人才观、课程观、教学观和评价观，以培养具有创新意识、创新思维、创新技能的大学生为教育目标，培养有创新能力的大学生。

2. 重塑学科体系，打造创新人才

（1）注重教育的综合性和完整性。突破专业壁垒，改变过去专业设置过细的现象，建立文理相结合的专业，培养学生适应时代发展的能力素质。通过课程教学改革，确立有弹性的教学管理制度，大量开设选修课、社会实践课，让学生自由地选择课程。建立开放式课堂，允许学生跨专业、跨年级学习课程。引入灵活的学习方式，把自考和成人高考的学习方式引入大学生培养当中，允许学生自学参加考试获得相应学分。

（2）高校创新教育要改革传统的考试制度，建立科学的招生、考试制度，使这种制度有利于选拔、培养个性突出、有创新意识和创新思维能力的优秀人才。要建立以测评学生创新能力发展为核心的教育评价机制。考试方法要灵活，把口试、笔试、平时发言、案例分析、做论文、科学实验、社会实践、第二课堂等结合起来，既考核学生对理论知识的掌握，又考核学生分析问题、解决问题的能力，充分发挥学生的主观能动性。学生综合素质测评体系应包括专业基础知识、思想道德修养、身心健康水平、文化技能特长和组织活动表现等各个方面。

3. 改进教学方法，培养创新思维

传统教学方法，单方面强调教师在教学过程中的主导作用，忽略学生在学习过程中的积极主动性。学生学习知识是单方面被灌输。学生学习的核心问题不是掌握知识，而是运用掌握的知识解决相应的问题。大学生创新教育发展要更新教学内容，改进教学方法，由知识"灌输"转向能力掌握，转向问题解决。如果按照过去的教学方式，创新教育只能停留在纸上。创新教育可以采用启发式和讨论式教学，采用发现教学法、问题教学法、讨论教学法、开放式教学法等，引导学生独立思考，培养学生的创新思维。创新型教学方法的特点是教师和学生角色的转变，由教师"满堂灌"转变为通过情景创设、问题研究、协作学习、意义建构等以学生为主体的过程，达到培养学生创新意识、创新精神和创新能力的目的。要把创新教育与教学过程、学科教学、课堂教学充分结合起来，把课堂教学作为实施创新教育的主渠道。

4.强化师资队伍，增加硬件投入

创造性人才的培养需要创新型的教师。创新型教师队伍应具有创新精神，有较强的创新能力，乐于在教学中从事创造性的活动，并能随机应变，深入掌握教材的内容，探索恰当的教学方法，达到教学过程最优化。创新型教师了解学生是创新教育的主体，他们创造条件，帮助学生发展创新意识、创新精神和创新能力。教师把大纲的要求与学生特点结合在教学过程中，因材施教，鼓励学生勇于质疑，培养学生的创新思维。高校扩大招生，使得高校现有的教学科研等硬件设施不能满足学生的需要，如学生晚自习因教室不够不得不占座，因实验室不足实验课不得不排到周末。教学科研设施包括教学设施、实验室装备和实践基地，还包括校园网、电子图书馆、多媒体教室等。要不断增加硬件投入，激发学生的创新灵感，通过实践教学环节培养学生的创新能力。要加强校园网络和图书馆的建设，使学生能快速、广泛地获取大量最新的信息资料。加强校内外实践基地建设。要更新实验设备，减少验证型实验，增加综合性、设计性、创新性实验。

5.改革教学模式，加强实践教学

实践教学是相对理论教学而言的，其侧重点在于知识运用能力的培养，内容包括实验、实习、实训、社会实践、课程设计、毕业论文（设计）、军训、创新创业活动、社会调查、科技制作、学科竞赛等。实践教学是高校教学改革的重点。一方面，高校应审视传统的实践教学方式，对原有的实践教学方式做出相应的改革；另一方面，高校应积极拓展新的实践教学渠道，通过校企合作、校际合作等方式，创新实践教学。实践是创新的源泉，它能激发学生的创新潜能，应加强实践教学环节，增加课外学时和实践教学的内容，形成实践教学的完整体系。建立实验基地，鼓励创新性社团的活动，激发学生的创新潜能。鼓励学生积极参与课外科技活动，对学生的创造发明成果，学校要给予扶持和奖励。

二、就业与创业教育

(一) 树立正确的择业观与创业观

1.坚持正确的择业与创业原则

职业选择是青年人进入社会阶层、成为社会成员的选择，也是实现个人人生理想的基本环节。大学生要以社会需求为基点确立择业目标，正确评价自我，走出择业误区。树立正确的择业观与创业观要依据下面的原则来进行。

(1) 社会需要原则。作为单个人，在社会历史进程中，不可能绝对自由地实现自己的意向和愿望。这是因为，每个人的意愿不仅取决于个人本身，更主要的是取决于他们所处的社会生活条件。个人与社会相互依存，个人作为社会的一个成员，有他个人的需要；社会作为无数个人的集合体，也有社会的需要。所谓社会需要，广义地讲就是社会生存和发展的需要，如共存需要、储备需要、信息需要、生产需要、发展需要等。其中，生产需要最为重要，贯穿在各种社会需要之中。个人对职业的选择不可能脱离社会需要这个现实。显然，我们不能选择那些社会不需要或目前不存在的职业。择业者要从大局出发，服从国家需要。这是职业选择的第一原则，也是职业指导的任务之一。

(2) 发挥特长原则。所谓特长，是指一个人区别于他人的特殊才能。一个人的特长是实现自身价值的资本，也是为社会做贡献的前提。发挥特长原则与社会需要原则并不矛盾，越是社会需要的岗位，越能为发挥个人特长提供条件和机会。特长最能反映一个人的职业能力，发挥特长是满足社会需要、为社会做贡献的最有效途径。

(3) 可行性原则。选择职业仅考虑社会需要和发挥个人特长还不够，因为既符合社会需要又能发挥个人特长的职业并不表明个人就能从事和胜任。从事职业和胜任职业还受到许多其他主客观因素的影响，如就业政策、职业岗位、竞争程度、地理环境、职业信息、个人的生理条件、信念与毅力等。在现实生活中，人们面对诸多职业却不能实现自己的职业愿望，最直接的原因大致有以下三个方面：①职业期望值过高；②对就业环境缺乏全面了解；③个人的择业素质不足。

2.正确创业观的基本内涵

(1) 积极创业的思想准备。激情是一种催化剂，它能调动大学生创业的综合素质与各方面的潜能，在创业过程中得以充分发挥。

(2) 创业的勇气。创业需要有信心，只要经过充分的论证，选准了的事情就要咬定不放，不动摇、不犹豫，勇于面对前进中的曲折和磨难；创业需要有恒心，要持之以恒，不怕各种挫折，失败了爬起来再干，终有一天会成功；创业需要有耐心。创业不是一帆风顺的，必然要经历一个长期积累、长期发展的过程，在不断熟悉社会、适应市场的过程中，才能驾驭创业的航船乘风破浪；创业更需要有知识，特别是高科技知识。创业最能体现人生价值和个人能力。创业不是坐享其成、因循守旧、因人成事，而是个人才智最大限度的发挥，把人的所有潜能都挖掘出来。创业有时候需要孤军作战，不被亲朋好友所认可，不被社会所认可。挫折、焦虑、愤怒、自卑、怀疑……种种感受像打翻了的五味瓶，什么都得品尝，什么都得体验。

（3）要提高创业能力。创业是一个系统工程，它要求创业者在企业定位、战略策划、产权关系、市场营销、生产组织、团队组建和财务体系等一系列领域有一定的知识积累。大学生有了好的项目或想法，只是代表"创业的长征路"刚跨出了一步。很多大学生，认为凭一个好的想法与创意就代表一定能创业成功，而在创业准备时对可能遇到的问题准备不充分或根本就没有思考对策与设计好退出机制，所以对来自各方面的反面因素浑然不知，从而导致一开始便遇到各种各样的难题，使创业还没有走出多远，即以失败告终。所以创业者不是全才，但要着眼于全才。

（二）创业教育的途径和方法

1.建立完善的创业教育课程体系

实施创业教育在课程体系的设置上应遵循一个原则，即各学科相互渗透，有效互补。一方面，除开设专门的创业教育课程外，更多的是结合现有的教学，在现有的课程中挖掘、开发、渗透创业教育的内容，从而加强对大学生创业意识的培养；另一方面，专业教育要与专业、学科优势相结合，可以以"挑战杯""创业大赛"等全国大学生课外科技竞赛为契机，把创业活动和专业、学科优势紧密结合起来。

2.建立创业教育实训环境

创业教育实训环境是围绕创业教育而建立起来的不仅关注对大学生创业理念的培养和教导，更多的是指导他们如何创业、提高其创业技能的硬件环境或载体。

（1）成立创业社团，开展各种创业计划大赛等活动。创业社团可以通过举办"创业论坛""创业沙龙"活动，成立"创业者俱乐部"，开展学术报告、创业交流、创业教育课程讲座等活动形式，为培养学生的创业能力搭建活动平台。

（2）建立学校创业园。创业园是指为大学生提供的、帮助其自主创业的专门活动场所。斯坦福大学所在的"硅谷"就是典型的孵化器，硅谷中60%~70%的企业是斯坦福大学的学生和教授创办的。闻名遐迩的雅虎公司，其创办者杨致远就是斯坦福大学的学生。创业园具有现代性、高新技术性和创新性等特征，通过提供基本的商务服务、中介增值服务和资本运作服务等营造良好的创业环境,来吸引高校中具有技术创新能力和科研成果的师生来开拓创业。高校可通过举办各种创业计划大赛选取优秀的获奖作品进入学校创业园。创业园是学生创业者将其创业计划变为现实的业务平台。学生先要提交一份商业计划书和一份完整的意向书来说明其创业计划并展现自己的创业能力,通过审核后可以获得一块创业场地,使用时间可以规定为一个学期。同时为每队配备一名指导教师来协助企业的运行和发展。另外,创业园内需要两种支持组织,即智囊团和种子基金。其中智囊团可由杰出的创业者,风险投资家,法律、管理、会计专家等组成,目的是在学生寻找创业机会时为他们提供咨询和辅导,并协助学生发展创意,确定商业模式和战略。种子基金可以为学生创办的企业提供初期资金,建立企业原型、网络安全设计、支付法律费用及吸引其他潜在投资者。有志于创业的创业团队都可申请到一定金额的创业基金。这样既为大学生运用所学知识、提高创业能力提供了条件,也为将来真正创业积累了必要的经验。

(3) 把企业引进校园,为学生提供创业实训场所。大学生创业,不单单是高校和大学生之间的教与学行为,还应将企业请到校园中来,创新校企联盟的机制和形式,利用校企各自的资源和优势为大学生搭建一个创业实训的平台。现在很多高校也将企业家请进高校与大学生交流创业经验,如"企业家课堂"等,但多是局限于理论层面。而我们这里所说的"企业进校园"是指企业以多形式、多渠道的途径进入校园,可以充当大学生创业的指导者、培训者、评估者、激励者的角色,在项目和资金的支持下甚至可以做大学生的"老板"。高校可以把企业家请进学校做学生的"老师",从理论和实践上指导和培训大学生;高校也可以把企业家请进校园做学生的"评委",来评估学生的作品;高校还可以把企业家请进校园做演讲、办讲座,充当学生的激励者与榜样;当然高校也应该为企业家提供有利的政策与措施,大力鼓励企业家进校园办企业,这样企业可以获利,大学生也拥有了便利的创业实训机会,为大学生搭建了一个创业实训的平台。这样做的主要目的就在于让大学生获得企业在项目运行、财务管理、人力资源培训与管理、市场调研、产品开发等多方面的实际操作能力。

3.建立创业支持系统

建立创业支持系统是指社会、学校以及与学校有密切联系的能为学生创业提供帮助或服务的支持体系。政府出台的各种优惠政策、企业的积极支持、各种创业基金、创业中心或协会、创业咨询服务、方便学生创业的教育体制等。

三、生命教育

（一）生命教育的含义

生命教育有广义与狭义两种：狭义的生命教育指的是对生命本身的关注，包括个人与他人的生命，进而扩展到一切自然生命；广义的生命教育是一种全人的教育，它不仅包括对生命的关注，而且包括对生存能力的培养和生命价值的提升。

生命教育的内容包括：

（1）生存意识的教育。正确理解生命、生存和生活的内涵，也就是尊重生命、珍惜生命的教育。具体又包括生命安全的教育、生活态度的教育以及死亡体验的教育；

（2）生存能力的教育。主要在于对环境的适应能力、抗挫能力以及安全防范和自救能力的提高；

（3）生命价值升华教育。要重视培养大学生端正人生态度，认真生活，快乐学习和工作，还要注重大学生的审美教育，让大学生在审美的过程中体验人生的价值和意义。

生命教育属于思想政治教育的范畴，然而，在我国大学生思想政治教育工作中它却一直是一个盲区。随着我国市场经济体制的建立和迅猛发展，近些年来，大学生在学习、就业、情感、人际关系等方面出现了众多问题，犯罪、自杀现象时有发生并有上升趋势，大学生心理问题日渐凸显，人们开始对生命教育的认识引起重视。如何有效地在大学生中开展生命教育是学校教育特别是大学生思想政治教育的一项崭新课题。对大学生进行生命教育，目的是帮助大学生学会尊重生命，欣赏生命，珍惜生命，提高生命质量，创造生命价值，并将自己的生命融入社会主义现代化建设事业之中。

（二）大学生的生命困境

生命不是以突兀的形态存在的，她需要一个永恒的归宿点，使其得到安歇；她需要一个向善的理由和可能性，以摆脱生命价值的虚无；她需要一个良好的导引机制，以使其能顺利成长。对大学生生命困境的各种情形进行归纳，可以归结为生命价值观的偏离、生命抗压能力的脆弱、生命情感世界的危机等。

1. 生命价值观的偏离

生命观主要包括生命价值观、生命质量观、幸福观、死亡观等内容，其中，生命价值观是生命观的核心要素。只有树立了正确的生命价值观，人们才会正确地看待人生中的诸多问题。我国大学生对生命的主流价值观基本上是正确和积极的。但实际上又存在着不容忽视的价值观偏离现象，如对人生目标模糊、生命幸福感偏低、生命神圣感缺失、生活缺乏乐趣和意义、生命价值取向功利化、生命交往趋向封闭,对其他生命体缺乏信任、对未来缺乏信仰、自我中心主义严重,等等。

大学生生命价值观的偏离,很大程度源于大学生自我同一性建构的缺失。自我同一性是指生命个体将"理想的我"和"现实的我"、"主观的我"和"客观的我"相统一的过程,表现为个体的生命主观感受和外界客观评价相一致的程度。人的一生都在寻求这种同一性,这种寻求即不断"自我追问"的过程。大学生正处于自我同一性形成的关键时期,如果这一时期自我的同一性不能恰当地统合和构建,就非常容易产生自我的迷失感,甚至失去人生的动力和奋斗的目标。自我同一性对生命价值观的形成和正确生命行为的择取具有统合和引导作用。因此,如何才能引导青年大学生形成正确的自我同一性是生命教育的重要内容。为此,需要引导大学生确立人生理想,尝试各种可能,积极与人沟通,寻求支持系统,并保持自我发展的开放性和灵活性,从立体和多维的角度看待个体生命行为的绵延。

2.生命承压能力的脆弱

大学生的压力与焦虑产生的最直接渊源便是人生的挫折。人生不如意之事常十之八九,每个人在人生的道路上总会遇到这样或那样的挫折。大学生面临的人生变化和选择相对较多,因而挫折感也更加强烈。不同的人经受同一强度的挫折,会有不同的反应。就像巴尔扎克所说的,挫折就像一块石头,对弱者来说是绊脚石,让你却步不前;而对强者来说,却是垫脚石,使你站得更高。这与他们抗挫折能力有关。挫折承受力是指个体适应挫折、抵御和对待挫折的一种能力。挫折承受力低的人,往往一遇到挫折就会陷入不良情绪的困扰中不能自拔,而不是积极地排解失败感,寻求解决的途径。大学生抗挫折能力普遍比较低。一些无足轻重的小小的挫折和打击,在他们眼里往往成为洪水猛兽。他们无力应对,难以承受,精神崩溃,意志消沉,自暴自弃,有的甚至对人生失去信心,误入歧途而放弃生命。因此,大学生的挫折承受力会影响他们对生活的体验和信心,从而影响他们健康生命观的建立。

3.生命情感世界的危机

首先,情感具有两极性,即人们在一定情境中表现出的情感具有对立性———积极性和消极性。积极的情感能够激励人们去顽强拼搏,创造辉煌,而消极的情感则使人的意志消沉,对生活失去信心,降低人的正常活动能力。其次,情感具有稳定性。情感不是一种被动的内心体验,而是主动地调节积极和消极情感而达到一种稳定的平衡状态。长期处于一种过于亢奋或消沉的不平衡状态中并不利于人的正常发展。大学生已经有能力去调节自己的情感以使其保持稳定。

再次，情感具有社会性。大学生情感可分为社会情绪和社会情操两部分。社会情绪是指大学生对社会现实和社会现象带有共同倾向的态度和行为反应，是大学生的感性认识；社会情操则是大学生在其社会化过程中逐步形成的对社会的深层次的情感体验，是大学生的理性行为。最后，情感具有感染性。

情感危机指当个体的高级需要长期得不到满足、突然被撤销或客观事物虽满足了个体的某种需要却与另一需要相矛盾，而造成个体一段时间内的混乱或不平衡的一种心理危机。大学生的情感需求可概括为爱与被爱（对父母的依赖、对教师的依赖、对异性的交往需要）和在社会中得到尊重与自我实现的需求，所以，个体情感体系包括亲情、爱情、友情、师生情和自我实现的情感。大学生情感危机是一个综合的概念，体现了大学生情感体系的无序和混乱状态。调查显示，大学生情感问题体现为亲情比较淡漠；渴望友情，但不会珍惜；责任感缺失；心理承受能力较弱。所以，大学生情感危机的内容可概括为亲情危机、爱情危机、友情危机、师生情危机和自我实现的危机等。此外，还有自卑、闭锁、抑郁、虚荣等心理问题既是容易导致大学生情感危机的原因，又是其表现。

（三）加强大学生生命观教育的对策

1. 汲取家庭和社会资源，打造生活教育课程

生命来源于也归根于生活，生命教育就是一种生活教育。日常生活的世界是大学生们充分展现其生命活动的场所，也是他们体验生命存在价值和寻求生命意义的舞台。大学生的日常活动场所包括家庭、学校和社会，由于大学生已经长大成人，走出家庭并逐渐走向社会，因此，社会生活对大学生生命教育的影响越来越深刻。大学生作为家庭、学校以及社会的一分子，必须在群体生活中找到自己的位置，在社会实践活动中追寻生命的价值，不断增强自己的社会责任感和使命感。因此，家庭生活和社会生活都是大学生生命教育最广泛的课程资源。大学生生命教育必须积极开发家庭生活和社会生活中的教育资源。如果大学生生命教育课程局限于学校封闭或半封闭的状态，脱离外部的实际环境，将无法满足生命主体的实际需要。所以，生命教育需要学校、家庭和社会形成三位一体的格局和育人模式，其中任何一方都无法唱"独角戏"。

（1）校本资源的设计与开发。生命既是一个完整的统一体，又是各具特色的个体。生命课程既要从生命的整体需要出发，设计共性的课程；又要适应生命的个性化需要，设计多样化的生命教育课程。学校是学生生活、学习和活动的主要场所，相对于生命课程系统而言，它是一个大的生态系统，相对于家庭和社会庞大的生命教育体系而言，它又是一个小的生态系统。因此，学校生命教育系统具有中介系统和转化系统的性质，连接着社会的宏观需求和学生的微观世界，它过滤和整合来自家庭和社会生活的资源信息，开发适合自身需求的校本课程，最终作用于学生的生命成长。因此，学校才是汲取家庭和社会尤其是社会资源的主体。因此学校可以因地制宜开发适用于所有学生的统一课程，不同学科专业可以根据自身的实际情况，开设具有本专业特色的生命教育课程。我国城市和农村、东部和西部在经济、文化等方面存在显著差异，各个学校的社区环境、办学条件以及师生文化等方面也存在差别，因此，学校需要对影响课程实施的各种因素进行全面的、系统的思考，合理高效地利用社会资源，实现大生态系统内的各个生态因子的协同发展，关注课程生态系统的整体利益。

（2）家庭资源的互动与配合。生命教育不同于其他学科的教育，它更多的是一种综合性的教育活动。生命来自家庭并回归家庭，家庭伴随生命一生，不离不弃；家庭给生命以温暖和慰藉，是生命赖以存在和发展的亲情土壤和温情环境。家庭是最直接、最深刻、最丰富的和最触动心灵的生命教育资源。家庭教育可以使人更直接地体验亲情与责任，是人的个性和人格形成的首要条件和重要因素。因此，家庭与学校的积极互动与密切配合是很重要的，引导家庭参与生命教育，在家庭中营造生命教育氛围，可以巩固学校生命教育的成果。学校生命教育课程内容的选择应该是结合学生生命个体独特的家庭生活经历，与学生的日常生活建立直接的联系，理解学生的心路发展历程，从而引导学生超越家庭的自然亲情，正确理解生命共同体的内涵，做到由人及己和由己及人。大学生生命教育应重视家庭生命教育的力量，加强与学生家庭的沟通和联系，及时反馈学生成长的相关信息，从家庭寻求学生生命发展问题的根源因素，共同营造生命教育的氛围，做好生命教育的家校衔接，保护学生生命安全，促进其健康发展。

（3）社会资源的支持与保障。任何个体的发展离不开社会环境。大学生生命教育同样离不开社会大环境的支持，很多国家的生命教育最初都是先由社会或宗教团体推动建立的。社会人士的热心参与和积极介入是生命教育得以发展的重要推动力。

2. 开发生命教育人力资源，形成生命教育对话机制

教育是人与人的精神契合，是人对人的交流活动。生命教育是生命对生命的理解，更是生命对生命的碰撞。因此，与所有教育形式一样，生命教育典型地体现了教育"人为"和"为人"的属性。因此，生命教育内容的实施、课程的开发、实践活动的开展，离不开生命教育人力资源，即生命教育者（在学校表现为教师队伍）的投入。没有生命教育者的执着追求和坚定信念，就不会有生命教育的显著成效。生命教育者和受教育者之间，只有形成平等和谐的对话关系，才能触动生命的灵魂，激发生命的光彩，因此，生命教育的对话机制是生命教育顺利实施的重要保障。

(1) 生命教育师资队伍的建设。目前，由于生命教育在我国教育领域还是一个新生事物，它的教育对象众多，内容涉及面广，方法灵活多样，所以要在高校开展生命教育，需要一定数量、相对稳定的教师队伍。同时教师的专业素质直接影响到生命教育的成效，因此，必须建立一支高素质、具有人格魅力的生命教育师资队伍。

当前，学校开展生命教育，研究得多，实施得少，喊得多，做得少；对生命突发事件和生命乱象，依赖心理学分析的多，依靠生命教育的少，批评的声音多，建设性的言论少。因此，在学校里，生命教育教师基本上呈现出匮乏的状态，没有形成专门的师资队伍，即便有，也是兼职，其知识体系和能力结构都无法满足实施要求，这就急需培养生命教育的师资队伍。首先，建立生命教育师资培训机制。对专业任课教师、生命教育相关学科教师和学生管理人员，除了进行专业培训之外，还要进行生命教育基本理念和实践意义的培训，使他们具有生命意识、生命智慧和生命关怀等思想，并将之融入课程教学和学生管理的各个环节，实现教育的生命化。其次，参照心理咨询师的培训、考核和认证的方式，建立生命教育教师专业资格认证制度，培养和培训出更多的高水平生命导师。

(2) 形成生命教育的对话机制。生命只有在不断地碰撞交融中才能激发出新的活力，才会有一种不断再生的充盈的生存状态。生命间的对话能极大地拓展人的精神生命的空间，使人回到本真的生命状态，给人的生命样式提供多种多样的规定性和可能性。

教育是人与人精神的契合，是人对人的主体间交往活动。教师与学生是不同性质的个体，具有各自不同的生活背景、情感体验、知识结构和认知水平，也会有不同的价值取向和伦理规范，并各自与周围的环境构成生存的小环境。因此，教师与学生、学生与学生之间总会发生形式各异的冲突，阻碍教学的顺利开展和师生关系的和谐生成，只有展开师生平等对话并在此基础上共同体验、理解和实践，才能在生命培育上形成合力，不断构建新的生命意义，实现生命的共同成长，进而建立一种整体和谐、充满人性的人际生态环境。

因此，从生命的角度来看课程实施中的教师，是以课程实施为途径对自身生命及学生生命进行创造的主体。教师应致力于将生命教育课程变成生命与生命对话的过程，引导生命关系走向完整、和谐的过程。

3.推进教育管理方式的变革

开展好生命教育，我们需要为生命教育活动做好各项支撑性工作，需要紧密融合教化的内在精神，实现管理育人，以具有生命关怀情结的管理方式实现对生命秩序的调控。

(1) 提高管理者的素质。首先，管理者与教育者要尊重学生的个性，在教育管理过程中，要注意引导生命、感化生命，以良好的观念、态度服务于学生成长活动。其次，在管理制度和教育教学制度的制定中，要充分融合生命教化的思想，实现管理制度育人的功能，而不是通过对生命的压制实现对生命的控制，不能为了所谓的秩序、管理效率而抛弃了对生命的人文关怀。在大学生思想政治教育过程中，"人性化"制度最终要代替"枷锁式"制度。再次，管理者需要在学校文化和社会文明建设中，塑造包括课程、礼仪等内容的生命依托要素，使生命教育在日常生活中，以潜移默化的形式发挥作用。最后，管理者需要建立畅通的沟通机制，实现与教育对象的沟通交流，不断完善改变生命教育中的不足，促进教育者向引导者、倾诉者和合作者角色的转变。

（2）规范教学管理。在以知识为核心的课堂中，教学目标、教学程序都是预设的，教师在教学中倾向于采用结构化、封闭化和权力化的控制方式。生命教育尊重学生，充分意识到学生生命的本质特征，提倡教学民主，提倡师生的互动和对话。这样就打破了传统的秩序和控制，从而成为开放的、动态的、生成的教育。学校应当积极设计生活化、融入式的生命教育课程，包括教材、活动及资源等，积极推进探索性或研究型教学；积极改变传统的以教师为主体的单向灌输式教学，转向以学生为主体的参与式教学；改变传统的程式化、群体式教育而忽视个体教育的模式，采取个体教育，把群体教育与个体教育结合在一起进行。

（3）加强实践活动。生命的逻辑展开不是理论性的，而是实践性的，生命自身不会呈现意义、实现价值的，只有通过自身的体验、感悟，才能认识到生命的意义与价值。因此，教育管理者要让学生更多地走进生活、走向社会，变"封闭管理"为"开放管理"，通过实践才能思考、判断和体验，使生命获得感动、震撼。

四、廉洁教育

（一）大学生廉洁教育的意义

对大学生进行廉洁教育是全民廉洁教育的一部分，其目的在于培养大学生的廉洁意识，提高大学生的素质，自觉抵制腐败并举报腐败，从而使腐败无处藏身。

1. 有利于净化社会环境

一个廉洁的社会的构建，既需要公职人员廉洁自律，也需要社会其他成员遵守道德规范，严格要求自己。

干部廉政教育对抑制公职人员的腐败动机具有重要作用。一些公职人员拥有一定的权限，面对种种诱惑，极易走向腐败堕落。在众多腐败案件中，不健康的社会关系等外部因素是加剧领导干部思想蜕变的重要原因。腐败交易通常存在需求和供给两方面，而且两者之间经常互相激发。所以，只对公职人员进行廉洁教育是不够的，还应从社会环境的净化入手，在全社会树立以贪为耻、以廉为荣的社会氛围，提升整个社会的免疫力。

高校是社会环境的重要组成部分，大学生是未来廉洁社会的主要建设者。在大学生中进行廉洁教育，意义尤其重大。没有廉洁的社会，清廉政治、廉洁政府也就无从谈起。

2.有利于高校培养目标的实现

人才对于一个国家来说是最宝贵的资源，是保持一个国家综合国力和核心竞争力的决定性因素。高素质人才甚至决定一个组织、一个国家、一个民族的兴衰。我国历来重视人才的培养，为了不断加强和改进大学生的道德教育，提高其道德素质，把他们培养成为合格建设者和可靠接班人，我国政府把大学生的培养及高等教育改革提到了重要的议事日程。对大学生开展廉洁教育是我国政府综合分析国际、国内形势，为培养全民的廉洁意识所做出的重要决策之一。

高校着力培养德智体美全面发展的社会主义新型人才，要求在校大学生不仅要有健康的体魄，还要有优良的心理素质和道德品质。要实现这个目标，一方面要求大学生要掌握好扎实的专业知识；另一方面要求大学生要自觉砥砺自身品质，不断提高自身素养，自觉抵制社会不良现象的侵蚀。

3.有利于大学生健康成长

大学生正处于世界观、人生观、价值观形成的关键时期，其思想容易受到外界不良社会现象的侵蚀。尽管当前大多数大学生把对人类和社会的贡献作为衡量自身社会价值的标准，具有崇高的理想，积极规划人生道路，不断提高自己、完善自己。但也有一些大学生看到贪腐给一个人带来的眼前的、短浅的利益，思想观念出现扭曲，内心崇尚这种不正当的牟利手段。所以，高校要通过廉洁教育使大学生深刻认识腐败的危害性、国家对腐败的打击力度，使大学生形成正确的价值观，扫除自身信仰上的迷茫、理想信念上的模糊。

具体到大学生的日常学习生活，也存在一定的腐败隐患，如论文抄袭、迟到旷课、考试舞弊、毁坏图书资源、偷窃公私财物、借钱高消费、违反校规校纪等不诚信现象等，这些现象成为侵蚀大学生品质的不良因素。

大学生要走向社会，成为党政机关、企事业单位的有用人才。对大学生进廉洁教育，是大学生思想政治教育不可或缺的内容。

当前，大学生廉洁教育在思想政治教育中还处于薄弱环节，高校廉洁教育还没有形成体系，进行廉洁教育的经验还较少，廉洁教育活动还应进一步开展。所以，高校一方面要重视廉洁教育的作用；另一方面要开展廉洁教育理论研究，逐渐丰富完善大学生廉洁教育的内容体系，组织社会实践活动，提高教育的实效性。

（二）大学生廉洁教育的主要内容和途径

大学生廉洁教育的内容既要有别于公职人员廉洁教育，又要有别于社会廉洁教育。大学生的廉洁教育应主要集中在了解腐败的有关理论，了解我国反腐倡廉的治国方略、大政方针，了解中外的反腐经验以及《联合国反腐公约》等法规条约，认识社会发展趋势，培养廉洁意识和服务人民的思想，主要包括四方面的内容。一是有关腐败的基本知识和理论，如腐败的概念、腐败产生的根源、腐败的类型、腐败的危害等。二是中国及外国防止腐败的有效经验。通过中外反腐经验的比较，可以找到我们反腐工作中的优缺点，从而为改进我们的工作服务。大学生是社会的知识精英，他们毕业之后，很有可能在公共管理部门、工商部门和事业单位工作，有的甚至会成为各个部门的领导者。所以，在大学阶段掌握预防腐败的措施对他们今后的工作有帮助。三是有关全球合作反腐问题。随着经济的全球化，腐败不再是一国问题。只有全球联合起来，才能建立一个廉洁的社会、廉洁的地球村。四是要通过腐败理论知识的学习来加强大学生的自身修养，这是进行大学生廉洁教育的最终目的。要把廉洁教育的内容落实于行动，要思考以后的职业选择，要思考整个国家和民族的命运，要遵守规则和程序，不仅自己不能通过不正当手段谋取利益，同时还要积极主动地监督公职人员的行为。换句话说，大学生廉洁教育的目的在于教育大学生不但要管好自己，避免成为国家廉政建设的阻力和负担，而且还要成为反腐败的带头力量。

与上述目的相对应，高校廉洁教育的内容应当侧重于腐败及反腐败战略理论等方面的知识学习。在内容设计方面，应尽可能地把国内外有关反腐或廉政方面的共同知识等作为廉洁教育的内容，从而建立起既有鲜明中国特色，又能与全球接轨的大学生廉洁教育体系。高校在利用这个教程进行大学生廉洁教育的同时，可开展其他廉洁教育实践活动与之配合。可采取下列活动形式，如参观纪检监察、检察院等部门，参加研讨会、辩论、演讲以及政府、私营企业、学者和大学生共同参与的会议、反腐报告会等。各专业院系还可从实际出发，结合本专业特点，开展有声有色的活动，如土木工程学院、设计学院、建筑学院、电气学院、机械学院等工科院系可开展"腐败与工程建设"研修活动；新闻学院可开展"腐败与新闻界"研修活动；政治与公共管理学院可开展"腐败与政府"研修活动；财经类院系和工商管理学院可开展"腐败与工商企业"研修活动；法学院可开展"腐败、法制与法治"研修活动；文学院可开展"腐败与文化"研修活动；其他院系可开展"腐败与学术"研修活动，等等。

五、人际交往

人是社会中的人，人的生存和发展离不开和他人的交往。大学生生活在大学校园里，必然地要和周围的同学、老师等发生各种交往关系。这种人际交往关系会直接地影响大学生为人处世的态度，甚至影响大学生的世界观、人生观、价值观。所以，大学生和谐人际关系的确立对于大学生的发展来讲至关重要。引导大学生确立正确的人际交往准则，树立正确的友情观、爱情观，是大学生思想政治教育的重要内容。

（一）人际交往的准则

良好的人际关系能促进大学生生理、心理的健康发展，而良好人际关系的确立有赖于大学生在人际交往中遵循尊重、诚信、宽容的准则。

1.尊重

社会主义国家，人与人之间的关系是平等的，相互之间是独立的。每一位大学生都是以独立的个体出现，处于平等的社会地位。基于这种人格平等的尊重他人是建立良好人际关系的前提。尊重他人，即尊重他人的人身权利、自尊心、感情，不干涉他人隐私。尊重他人实际上是尊重自己的一种体现，只有在人际交往中尊重他人的人才能获得他人的尊重。

2.诚信

诚实守信，是一种美好的品德，它能很好地促进人与人之间的交流，推动人与社会的良性互动。现代社会，诚信是一种无形资产。只有在人际交往中"诚而有信"，才能得到他人或组织的支持、鼓励，更好地体现自身价值。诚信，首先要诚实，要本着事物的本来面目，而不弯曲夸大；诚信，要讲信誉，就是要守信，言行一致，说到做到。大学生在与他人交往过程中，必须坚持诚信原则，为社会诚信意识的回归树立榜样。

3.宽容

宽容指心胸宽广，善解人意，不计较个人利益得失。大学生在人际交往中，如果在原则性问题上不存在矛盾冲突的情况下，即使存在某些交往中的摩擦，也要以宽大的胸襟体谅宽容对方，做到宽以待人，关心人，理解人。一个人若有宽广的胸怀，就会把他人对自己的不公正待遇当作一种磨炼，在逆境中坚持正确的道德认知，不放弃个人修养，以平和的心态对待他人的伤害，自强不息，成就人生。学会宽容，要能够做到即使别人不友好时也能以德报怨，得理让人。

（二）人际交往的艺术

大学生一般都有与人友好交往的内心愿望，掌握一定的人际交往艺术，能使这种愿望插上理想的翅膀，能使人与人之间的交往更加和谐。

1.寻找共同语言

任何人都是一个多元性的综合体。人与人之间总能从知识、能力、职业、文化、民族、地域、年龄等方面找到某些共同语言。这些共同语言的存在，为人与人的成功交往提供了前提。大学生在与他人交往中要善于寻找双方共同的话题、共同的体验或共同的情感。共同语言的交流是大学生成功与人交往的关键。

2.向对方有限度地敞开心扉

大学生在人际交往中，要吸引另一方的注意力，要激起对方交往的热情，可以在一定的范围内有限度地向对方敞开胸怀，取得对方的信任和理解。大学生的这种敞开心扉，要根据交往对象性质，确定敞开心扉的程度。

3.换位思考

成功的交往者总能善解人意，站在对方的立场上思考问题，考虑对方的需要、情感、利益和爱好，善于理解对方的想法，总是能设身处地为对方着想，减少给对方带来的麻烦。大学生在人际交往中要本着多为别人考虑的思想，为自己赢得更多的友谊。

4.学会倾听

人在生气、愤怒、陷入困境或兴奋、激动时，总是希望有人能倾听他的诉说，而倾听诉说的人无形之中就成了他心目中值得信赖的朋友。耐心地听他人的倾诉，尊重倾诉人的情感和态度，体现了对倾诉人的关心和理解，能获得更多的信赖和尊敬。大学生不妨学会倾听，在倾听中获得更多的友谊。

5.学会幽默

幽默是一种能力。幽默可以让人在愉快的笑声中结束尴尬的气氛，可以让人在紧张的工作中获得轻松。俗话说，笑一笑，十年少。大学生在平时的学习中要试着培养自己的幽默感，如果能培养起一定的幽默感的话，在很多情况下能巧妙地处理人际交往中遇到的尴尬局面。

(三) 友情观

友情是人们在社会交往过程中形成的一种在心理上相互认同、相互依赖的美好而亲密的感情。拥有这种美好感情的人相互间称为朋友。友情观是人们对友情问题的根本看法和态度。大学生处于生理心理发展的特殊时期，期待一份纯洁感情的出现。这使得大学期间成为人们获得终身认可的友情的集中期。这个阶段建立的感情有成人般成熟的感情选择，同时又远离社会利益因素的影响，所以比较稳定，对人的一生影响深刻。

1.友情是朋友之间感情的凝结

友情涉及的不是一个人的感情，而是缔结友情的人相互之间共同凝结的感情。友情不排他，拥有同一份友情的可以同时是两个人，也可以是两个以上的人。这些人之间由于共同的生活经历、共同的兴趣、共同的志向或者其他的共同点走到一起，彼此都把对方看作是自己最亲密的人，他们的感情是相互之间认可并努力去维持的。大学生必须认识到友情是双方感情的付出，要为获得友情而做出自己的努力。

2.朋友间应有高尚的志趣

拥有友情的人在交往过程中会潜移默化地影响对方，并接受着对方的影响。所以大学生选择朋友应该选良友、益友。良友、益友应该是有高尚道德追求的人，应该是有高尚志趣的人，只有这样的友情才能促进个人积极向上。

3.朋友间要能相互扶持

友情是一种特殊而美好的感情，是建立在心理相容基础上的互相依恋。这种感情在人身处逆境时，能给予慰藉和帮助。大学生在朋友遇到困难时，要从心理上给对方以鼓励，支持对方走出困境。

4.朋友间要充分信任

共同经营友情的人相互之间是把对方当作自己感情的寄托，希望能够从对方那里获得安慰、鼓励，把对方当作自己倾诉的对象。友情中的一方往往会把他藏在心里不愿意向他人（包括父母）倾诉的思想感情和秘密向另一方袒露，作为朋友的另一方在不违背社会道德和法律前提下必须为对方保守秘密。相互之间的信任是友情持续的保证。如果一方失去了另一方的信任，那么双方之间的这种亲密感情将很难维系。所以，大学生在与朋友交往中要尊重对方的隐私权，要给对方以充分的信任感，这样友情才能久远。

（四）爱情观

爱情是男女异性间产生的依恋、亲近和渴望对方成为自己终身伴侣的强烈感情。爱情是人类社会永恒的话题。爱情观是人们对爱情的根本看法和态度。大学生处于生理发育的特殊阶段，性器官和第二性特征发育显著，萌生了爱的欲望，渴望获得异性的钦慕，并产生了追求异性的冲动。在这个阶段引导大学生树立正确的爱情观，正确对待恋爱关系，理性处理恋爱中出现的问题是非常必要的。

1.大学生不宜过早恋爱

大学生基于生理心理的成熟，对爱有了原始的冲动，但大学生毕竟涉世未深，对自己应当承担的社会责任、扮演的社会角色没有形成足够的认识，对爱缺少成熟的理解，且还有学习这一艰巨的任务。谈恋爱是需要时间和精力的，所以大学生不宜过早恋爱。这是对自己、对家庭、对对方、对社会负责任的一种表现。

2.爱情是恋爱双方的自愿选择

爱情是男女双方交往过程中相互间产生的强烈而执着的感情，是恋爱双方在正视自己感情的基础上进行的自觉自愿的选择。恋爱双方都应该尊重对方对感情进行选择的权利。如果一方在交往过程中认为双方的交往并不是自己理想的爱情，他（她）有放弃这段感情的权利，放弃前应取得对方的理解。如果大学生在恋爱中遇到对方提出分手的要求，必须以理智的心态处理双方的关系。

3.爱情具有排他性

爱情涉及的是两个人的感情。恋爱关系一旦确立，恋爱双方都应该专一于对方。同时拥有多个恋爱对象的人是不道德的，是对自己感情的不负责任，是对任何一个恋爱对象的不尊重，是要受到社会道德谴责的。大学生必须认识到爱情的排他性，以专注的态度对待这份神圣的感情。

4.恋爱双方要承担相应的责任

处在恋爱阶段的男女除了双方强烈的感情付出外，还应该考虑到双方应该承担的责任。一是对对方承担的责任。大学阶段，学习是学生主要的任务。恋爱中的双方要考虑到彼此的交往不能影响双方的学业，双方的感情应该要有助于双方的学习，为彼此提供学习的动力，而不是起反作用。二是对双方所在集体的责任。很多大学生一旦恋爱，就成了游离于集体的人，天天和恋人黏在一起，集体活动很少参加甚至根本不参加。这些大学生恋人完全漠视了作为所在集体成员应该承担的责任。三是对社会的责任。这主要是指一些大学生恋人无视社会道德，挑战社会的道德底线，在公开场合出现不文雅行为，造成了不好的社会影响。

5.爱情不是生活的全部

拥有一份美好的爱情是令人羡慕的，但一个人活着仅有爱情是远远不够的。大学生谈恋爱，社会不反对，但大学期间的时间全部用于谈恋爱，则是为人所不齿的。已进入恋爱阶段的大学生应该把爱情作为自己进一步奋发图强的动力，处理好爱情和学业之间的关系，争取学业有更好的发展。未进入恋爱角色的大学生不要盲目跟风，大学不一定非得谈恋爱，抓好学习，提高个人能力才是最重要的。失恋的大学生不要自暴自弃、怨天尤人，逝去的爱情说明它不适合你，一定要抓紧时间提升自己，真正适合你的爱情一定在前方等着你。

人际交往能力是现代人在变化万千的社会联系中保持和谐人际关系的重要保证。大学生准确理解人际交往准则、掌握人际交往的技巧能使其人际关系更加融洽，而确立正确的友情观和爱情观无疑会使其在感情的道路上走得更顺畅。除上述创新教育、就业与创业教育、生命教育、廉洁教育和人际交往五个方面的教育内容外，高校应该根据时代发展的实际需要，增加创新意识、服务意识、效率意识、竞争意识、规则意识、合作意识、开放意识等教育内容，实现大学生思想政治教育的与时俱进。

第三章 高校思想政治教育的反思

第一节 学生干部队伍建设的思想政治教育反思

一、学生干部的选拔与培养

青年学生是民族的希望，祖国的未来。随着我国改革开放的深入，经济建设的高速发展，社会越来越需要既有科学文化知识又有领导和管理才能的人才。因此，高等学校不仅是为社会培养既有较高思想觉悟和道德修养，同时具有较高科学文化知识和专业技能的建设人才，还要为社会培养有较强组织领导能力的领导和管理人才。而高等学校的学生干部队伍是这种人才的主要来源。

学生干部作为学生中的骨干，大多数是政治素质过硬、责任心强、谦虚好学、品学优良的学生。他们是党、团组织和辅导员联系学生的纽带和桥梁，是各项教育管理工作的具体参与者和实施者。学生干部可以把学生紧密地团结在一起，配合学校及辅导员开展各种思想政治教育工作和丰富多彩的第二课堂活动，使学校呈现出勃勃生机。同时，学生干部群体也是学校各项教育管理工作延伸的主要网络。所以，学生干部成为了解学生思想动态，掌握学生学习、生活规律的信息来源之一，为制订出正确的教育管理措施提供依据。因此，抓好学生干部的教育，一直是高校德育工作中的一个关键，也是搞好学校教育管理工作的需要。

（一）科学合理地选拔学生干部

1.选拔标准是关键

要提高学生干部队伍的质量，关键是选拔高素质学生。要把那些品学兼优、作风正派、有热情、有能力、愿为同学服务的学生选到干部队伍中来。对于那些虽有能力但思想素质差或不愿意为同学服务，或者拉帮结派的学生是不能选拔的。学生干部，尤其是核心干部，更应该选那些光明磊落，敢于坚持原则，德才兼备的学生，只有这样的学生干部，才能得到学生的信任和支持，才能保证各项工作的顺利进行。

2. 注重德才兼备，以德为先

在选拔标准上，概括起来是"德"和"才"，而"德"是最重要的。我国古代在人才的培养上就有"德者，才之帅也；才者，德之资也"的标准。江泽民同志在第三次全国教育会议上的讲话中指出："要说素质，思想政治素质是最重要的素质，不断增强学生和群众的爱国主义、集体主义、社会主义思想，是素质教育的灵魂。"选拔培养学生干部，首先就是要看是否具有这种"德"。即把政治上是否要求进步，有无崇高的理想、坚定的信念，端正的工作态度，是否乐于为广大同学服务作为考察的对象。其次是"才"，即才能和智慧，对广大学生干部来说就是指工作能力和专业素质。才能是资本，是实现"德"的工具。总体而言，"德才兼备"才是高质量学生干部合适的人选，两者是统一的整体，不能偏废。

3. 采用聘用制方法

即每学年的开始，由班级推荐较为积极、进步和优秀的学生，由班主任审核后上报系学工办。对团员、学生干部的竞选采取"三试制"。即第一试是考核学生干部管理的硬性条件，如需是班级学生干部、积极参加院系活动，且有突出成绩者，学习成绩优秀或优良，无不及格成绩者。第二是组织应聘者在公开场合进行竞选演说，一方面使应聘者的表现公开化、公平化；另一方面也是考察应聘者其语言表达等各方面的素质；第三是根据应聘者所应聘部门，让其写出工作计划和工作想法，再由各部部长开始逐层审核，直到系学工办的最后考核通过。

经过三试后进入团、学组织的学生干部仍有一个试用考察期。通过考察期可以更进一步在工作中考核和考察其工作能力和各个方面的表现，使学生干部选拔机制更加科学合理。经考核后最终留下来的学生干部，颁发聘书并签订聘用期限。期限满后还要进行新一轮的选拔。聘用制旨在合理科学地规划用人机制，杜绝部分学生干部一劳永逸的思想，使其有危机感和责任感。

4. 解放思想，不拘形式招揽人才

平时要留意和发现具有各种人才和才华的学生。如专业水平较高，有各种特长的学生。对于具有这样特殊才能的学生。要解放思想，摈弃一些陈旧的思想观念，适当放宽对这类学生的要求，并根据学生的特点来培养学生，使其能更好地发挥特长，为院、系做更多的贡献。

（二）学生干部培养

1.抓紧思想政治建设不松懈

思想政治教育是德育和学生干部培养的主要内容。思想政治教育的内容既要继承传统，又要赋予其新的时代特点。坚持用马克思列宁主义、毛泽东思想、邓小平理论和"三个代表"重要思想为指导，努力用先进的思想、科学的理论构筑学生会组织以及学生会干部的强大精神支柱，最大限度地培养、激发他们的爱国热情。同时，也要加强学生会干部的思想建设，使他们坚定理想信念，树立正确的世界观、人生观、价值观。加大党课培训在学生干部中的力度和比例，使学生干部队伍的政治素质过硬，思想觉悟不断提高。只有思想政治建设好了，学生干部才能有好的组织纪律性和忘我的工作热忱。这也为其日后工作创造了条件。

首先，从基层组织生活着手，做好学生思想政治工作。团总支对各个专业各个班基层团支部实行硬性规定：即每周必须开展团支队活动，每月必须开展以某些内容为主题的主题团队活动，并邀请其他专业兄弟支部参观。只有基层生活过好了，组织好了，学生的积极性才能真正地调动起来。

其次，开展各种特色活动。为了强化学生和学生干部的真正思想建设，要经常开展有针对性的特色活动。如党团知识竞赛、各种思想观念、价值观念讨论会和征文活动、学雷锋日、"一二·九"主题活动等等。通过这些活动有针对性地加强学生和学生干部的政治觉悟和组织纪律性及全局观念。

最后，加强学生干部党员教育。学生干部的大部分是入党积极分子。学生向党组织递交入党申请书，是为了得到更好的培养和发展机会。通过对学生入党积极分子的培养，采取理论政策学习、不定期谈话、谈心等形式，提高他们对党的认识，坚定对党的信念，不断提高自身的政治觉悟与素养。

2.要求学生干部加强专业知识学习

作为一名学生，学习永远是第一位的，尤其是作为一名处处要起到模范带头作用的学生干部来说，好的学习态度与成绩更是不可缺少的。有些学生干部为了工作常常忽视学业，导致成绩落后。为了避免这种现象的产生，就要始终把学生干部的学习成绩放在重要的位置上。对在团总支、学生会内任职的学生干部，可采取学习成绩一票否决制的方式，即每学期有两门不及格者就自动离职。给学生干部学习"加压"，使其不放松学习，在同学中充当学习的表率。

3.建设学生活动平台，提高学生干部的实践能力

古人云："纸上谈兵终觉浅，要知此事需躬行。"培养学生干部至关重要的一点就是要懂得如何放手让他们自己去做事情，在工作中、在实践中、在切身的体会中提高自己的为人与处事的能力。为了更好地锻炼学生干部，一些小型的活动采取完全放手，让他们独立去做；在大型活动中，教师只是扮演"旁观者""裁判员"的角色,在必要时候给予指导,比如一些原则的事项。通过独立开展各种活动平台,让学生干部得到更好锻炼,使其迅速成长。

学生干部作为学工办和党团组织工作的得力助手,起到了和广大同学联系的桥梁和纽带作用,发挥着"自我教育、自我管理、自我服务"的职能。近年来,随着社会主义市场经济的进一步发展,高校内部体制改革的深入,网络的应用和普及等,对在校大学生的思想在广度和深度上都产生了较大的影响,同时对高校学生干部管理工作也提出了前所未的机遇和挑战。在今后的工作中,我们要继续思考并研究这一课题,为培养新时期合格的大学生和学生干部而更加努力工作。

二、加强高校学生干部队伍建设

高校从事思想政治教育工作的教师,要对学生加强政治素质的培养,促使他们尽快成为德智体全面发展的社会主义接班人。特别是对大学生干部,更要按照"三个代表"的要求,把他们建设成为一支思想素质高、政治意识强的学生干部队伍。这样既能充分发挥学生干部的先锋模范作用和辐射作用,又能更有利地加强大学生思想政治教育工作。

(一) 以"三个代表"的重要思想加强学生干部队伍建设

以"三个代表"的重要思想加强高校学生干部队伍建设,是保持学生干部在学生中领导核心作用的重要保证。"三个代表"重要思想作为一个新的完整的科学体系,全面体现了党的基本理论、基本路线、基本纲领,涵盖了经济、政治、文化各个领域,需要不断地深入学习。高校是文化建设的主力军、是高水平人才的培养基地,学生干部作为学生群体中的优秀分子,在学生中须树好形象,带好头,组织带领学生完成学校的工作,在学校与学生之间起着桥梁纽带的作用。因此须对他们抓好"三个代表"重要思想的学习和实践工作,保证其学生核心的作用。

学生干部是学生的领导者,各方面要起着先锋模范的带头作用。因此作为学生领导者必须讲究自身的建设,尤其是作风建设。而现阶段我们许多高校有些学生干部却出现贪图安乐、不思进取、学业不佳、纪律松散等现象,也产生了不深入群众,脱离学生群体的官僚主义作风。

这些现象极大地损毁了学生干部的形象,严重地败坏了学生干部的名誉,动摇了学生干部在学生中的领导核心地位,在一定程度上加大了学生教育与管理等工作的难度。这些问题的出现,原因是多方面的,但一个很重要的原因,是缺乏政治思想,没把"三个代表"重要思想作为自己的行动指南。因此,我们必须大力加强对学生干部队伍进行"三个代表"重要思想的学习和实践。这是我们把广大学生干部从思想上精神上正确武装起来的根本保证,也是保持学生干部领导核心作用的根本体现和根本要求。这对于深化教育教学改革，培养他们具有正确的世界观、人生观、价值观，具有创新精神及实践能力的全面发展的人才和保持他们的领导核心作用都有着极其重要的战略意义。

以"三个代表"重要思想加强高校学生干部队伍建设，是高校加强学生思想政治教育工作本身的必然要求。思想政治教育是我们党的工作内容。高校大学生正处在人生观、世界观、价值观形成时期，具有不稳定性和教育可塑性强的特点，因而在思想政治教育中加强对"三个代表"重要思想的学习，促进其健康成长，是一项十分重要而又紧迫的任务。我们要利用一切可利用的机会对高校学生干部队伍进行"三个代表"重要思想的宣传、教育，使他们发挥其龙头作用。这是学生干部队伍本身的要求，也是思想政治教育的必然要求。

以"三个代表"重要思想加强高校学生干部队伍建设，是维护高校安定团结的迫切需要。当前国际环境发生了深刻的变化，即世界多极化、经济全球化、信息网络化；国内，我国正处在社会主义初级阶段，人民生活水平日益提高，国民经济稳步上涨，民族团结，社会安定，但随着改革开放的深入和社会主义市场经济的发展，社会经济成分、组织形式、就业方式、利益关系和分配方式日益多样化，新事物新问题层出不穷，如可能诱发的拜金主义、个人主义、享乐主义、极端主义、自由主义等。所有这些使高校思想道德建设的难度不断加大，对高校教育也提出了严峻的挑战。加之高校是西方国家始终进行政治渗透的对象，面对这样的现实问题，我们一定要从关系党和国家生死存亡的高度，深刻认识维护好高校安定团结工作的重要性和必要性。

"三个代表"是解决在新的历史时期下出现的系列问题的金钥匙，是我们加强新时期党的建设的基本方针。因此，我们必须按照"三个代表"的要求加强高校学生干部队伍建设，保持他们的先进性，让他们站在学生群体的前列，发挥其学生领导的核心作用，这是维护高校的安定团结工作的迫切需要，也是使我们党后继有人的根本保证。

只有维护好高校的安定团结作用，我们党才更好地团结和带领全国各族人民创造性地推进改革开放和社会主义现代化建设，实现中华民族的伟大复兴。

(二) 以"三个代表"重要思想加强学生干部队伍建设的途径

1.加强学生干部候选人的考察工作，认真做好学生干部的选拔工作

学生干部是学生中的优秀分子，是广大学生的表率，是为同学们服务的群体，代表着广大同学的根本利益。因此，我们必须保证学生干部的先进性。认真做好学生干部候选人的考察、选拔工作是保证学生干部先进性的根本要求。

首先，新生入学时，认真了解学生的信息情况，包括家庭背景、家庭经济、

兴趣爱好及特长和在中学担任职务情况等。家庭背景和家庭经济状况会直接影响到一个学生的性格和内心世界。一般来说，家庭背景好、经济经状况佳的学生性格较活跃，比较适合担任学生干部。而有书画、体育、文娱特长的学生适合担任宣传干部、体育干部和文娱干部，让他们担任学生干部可充分发挥其特长，同时又是进一步完善和提高了自己的重要途径。

其次，组织学生开展一些集体性活动，在活动开展的过程中，注意观察学生的举止言行，把在活动中涌现出的组织能力强、号召力强的学生作为重点考察和培养对象。

再次，有意识、有目的地找学生谈话，了解他们对学生干部的看法、当学生干部的欲望及对如何当好一名学生干部一些看法。通过谈话，了解学生当干部的经验情况，为选拔学生干部工作打下基础。

最后，进行公开竞选，从竞选演说了解学生竞选的职位、目的及学生的胆量、口头表达能力等。

总而言之，学生干部的物色工作不能操之过急，要有耐心、有计划、有目的地进行考察，尽可能把学生中的先进分子选到学生干部队伍中来，发挥其先锋模范作用，为学校的学生工作贡献自己的力量。

2.组织学生干部学习"三个代表"重要思想，充分发挥形势与政策教育课及学生干部会议的作用

"三个代表"具有丰富的思想内涵，要领会好它的精神实质，必须重视学习。通过学习，要求学生干部都要作为"三个代表"学习的骨干，在学习中起引导和带动作用。

在学习中，注意解决长期困扰学生思想的一些重大理论问题和实际问题，确保理论学习的有效性。同时特别注意解决个别学生思想中的消极态度和错误思想，强调以正面教育为主，把看似大道理的东西用学生的身边事、用学生关注的事情来教育学生，使"三个代表"重要思想日益深入人心。

3.充分发挥其组织课外活动的作用，促进"三个代表"重要思想与实际相结合

我们要指导学生干部在实践中学习"三个代表"，在实践"三个代表"中努力提高自己，不断取得新成果，创造新业绩。

通过组织课外活动，可以使学生干部把课堂上学到的知识运用于实际，可以培养学生独立思考的能力和实践能力。在实践中，不断提高他们的工作能力，充分发挥其主观能动性，教育学生干部着眼于世界科学文化发展的前沿，着眼于中国特色的社会主义文化，组织一些内容健康丰富、反映新时代大学生要求的文体活动，不断满足同学们的精神文化需求。

教育学生干部要为最广大同学的根本利益着想，及时向上反馈同学们的心声，积极为广大同学排忧解难，培养为同学们服务的意识，坚持做到"一切为了同学，为了一切同学，为了同学一切"，为人办事公平、公正、公开，坚持民主集中制度。

高校学生干部只有深刻认识、牢牢把握"三个代表"的精神内涵，用以指导自己的思想和行为，才能自觉地肩负起时代赋予的历史责任，以实际行动投身于伟大的社会主义现代化建设的实践中去，这不仅是时代发展的客观要求，更是高校学生干部这一特殊群体的现实需要。

第二节 辅导员队伍建设的思想政治教育反思

一、高校学生思想政治辅导员的工作

按国家有关文件规定，学生思想政治辅导员是学校从事思想政治教育和管理工作的专职干部，是高等学校教师和管理队伍的重要组成部分。顾名思义，辅导员就是学生并与其打交道的人员。我国高校培养人才的目标，是为社会主义现代化建设造就大批德才兼备的合格人才，他们不仅要有扎实的专业知识和科学文化功底，还必须具有良好的思想政治素质，必须热爱社会主义祖国和社会主义事业，具有为国家富强和人民富裕而艰苦奋斗的献身精神，以及实事求是、勇于创新的科学精神。如果不具有良好的思想政治素质，就不可能很好地为我国的社会主义现代化建设服务，有的人还会在日益复杂的政治斗争中迷失方向。因此，高校培养人才，必须坚持德才兼备的标准，而要坚持这个标准，就必须重视思想政治教育工作。

高校政治辅导员是贯彻党的教育方针、对大学生进行思想政治教育、培养大学生具有较高政治思想觉悟的直接实践者，是高校思想政治教育工作的重要组成部分，其工作核心是培养大学生具有较高的思想政治觉悟。辅导员工作与大学生的理想、信仰等密切相关，在很大程度上应起着保证大学生坚持正确政治方向的作用。辅导员工作一方面体现我党对高等教育事业的政治领导，保证党的方针、政策、指示精神的贯彻执行，另一方面，又把同各种错误思想和行为作斗争、帮助大学生抵制错误思想，树立正确思想作为重要内容。

二、辅导员应具备的基本素质

(一) 树立服务意识

辅导员工作是一项以人为本的工作，面向的对象是在校的大学生，其工作应该是在学习、生活、思想领域等给予帮助与引导；注意了解倾听学生的想法，并及时将其意见及建议向有关部门反映；尽量帮助贫困生解决勤工助学、申请贷款等问题，使其安心于学业；组织大型课外活动，丰富同学们的业余生活。总之，要时刻关心学生、注意其思想动态，帮助其树立正确的世界观、人生观、价值观。

(二) 加强自身学习

由于工作性质的决定，辅导员不仅需要有一定的思想政治教育方面专业知识，还需要有较广的知识面，同时，要理论联系实际，一方面要时刻研究当前青年学生的思想状况；另一方面要经常学习更新的知识，这样才便于和学生沟通，了解学生。辅导员是教师，这就要以"学高为师、身正为范"来要求，因为教育者思想道德品质越高尚，思想教育就越有说服力。

(三) 掌握一定心理学知识

辅导员是做学生工作的，需要有心理学方面的知识。辅导员要常常面对和处理学生的心理健康问题，工作压力就显得非常大，也常常会感到自身知识尤其是心理学专业知识的不足。因此，要解决这些问题，辅导员要多学习心理健康知识，掌握更多的解决自身和学生心理问题的知识和方法。

三、辅导员的工作职责及其诸种关系

对辅导员角色定位的不明确实际上是对其工作职责的不明确。明确辅导员的工作职责，给予正确的定位是使辅导员更好地履行其基本职责并有效地开展学生工作的基础。

(一) 辅导员的基本职责

辅导员是以思想教育为主要职责的，包括学生的思想政治教育、品德教育、学生党建和团建的指导、学习与成长的指导、就业指导、学风建设、心理健康的一般咨询与指导。同时，配合有关部门做好学生的日常管理、特困生的评定及有关工作、评奖评优、违纪处理、课外活动等。传统的教师职责是"传道、授业、解惑"，辅导员是教师，按照国家有关文件规定，学生政治辅导员"是高等学校教师和管理队伍的重要组成部分"。这个定位不能只在一些待遇上体现，而更应该在工作制度上表现出来。

（二）辅导员与心理咨询员的关系

在日常的大学生工作中，辅导员无形中也在不同程度地扮演着心理咨询员角色，做着心理辅导的工作。但是，必须明确的一点是辅导员并不等同于专业的心理辅导人员。学校心理辅导人员主要任务就是通过运用心理学及其他相关学科的知识及技巧，帮助学生减轻情绪和行为的困扰，帮助他们认识自己、接纳自己，面对困难、分析困难、排除困扰的能力，使他们在困惑中学会面对，促进自我完善，促进自我成长。

因此，辅导员与心理咨询员之间的共同点都是帮助学生树立自尊、自信、自强、自立的品质。辅导员是通过各种有效的学习、文体活动，营造良好的氛围与学生进行思想交流，配合学校做好学生的培养教育工作。心理咨询员则是通过建立良好的咨、访关系，让学生能清楚地认识自己，树立正确的人生态度及积极的心态。

这两者间的区别是：辅导员平时的大量工作是解决一些显性的问题和矛盾及一般性的问题；而学校的心理咨询，虽然也会解决一些表面的问题，但更多的是想方设法去解决学生深层的心理问题。

虽然高校的思想政治教育工作辅导员和高校心理咨询员的心理辅导工作，是两个相对独立、相辅相成的部分。两者如果能及时交流沟通，有利于及时发现、了解学生的心理、思想状况，这对于提高学校的思想政治教育工作会有很大的作用。

因此，在了解辅导员性质的同时，也应该看到学校心理咨询工作的重要，并且及时调整这两者间的工作关系是十分必要的。

（三）辅导员与班主任的工作关系

《中共中央国务院关于进一步加强和改进大学生思想政治教育的意见》中指出"辅导员、班主任是大学生思想政治教育的骨干力量"，同时明确"辅导员按照党委的部署有针对性地开展思想政治教育活动，班主任负有在思想、学习和生活等方面指导学生的职责"，这实际上也指出了辅导员与班主任的工作关系。

目前，辅导员大部分专职的，而班主任基本上是兼职的，这也就意味着在学生的思想、学习和生活等方面的工作中，辅导员还应发挥主要的指导作用。因此，很多班主任便误认为学生的思想政治教育工作只要由辅导员来做就可以了，作为班主任只需要传达一下上级的有关文件要求，处理一些日常工作就行，而很少在学生的思想、学习和生活方面做更深层次的工作。因此，在班级的日常管理工作方面，还需要班主任积极主动地深入了解学生思想状况，及时发现学生中出现的苗头性问题。同时，为了更好地做好学生思想政治教育工作，班主任应主动地与辅导员进行交流，及时反映班级情况，彼此建立一种良好的合作关系，及时发现问题、解决问题。

在高校的思想政治教育工作中，辅导员的学生思想政治教育工作不是独立进行的，它需要各方面的协调、支持，唯有明确定位辅导员的工作，才能使其在自身的职责范围内有成效地开展思想政治教育工作。

辅导员的工作是让大学生"明方向、知礼法、上境界"，其工作性质决定了工作内容的多样性和工作程序的复杂性；工作的目标和任务决定了高校辅导员工作的艰巨性和光荣的使命感。因此，在新时期下高校必须充分重视辅导员队伍建设。

四、新时期高校辅导员队伍建设存在的问题

（一）辅导员定位不明、职责不清

高校辅导员被誉为：青年学生的领袖，书记院长的助手；是校园稳定的"镇海神针"，是教学秩序的"监测仪器"；是广大同学的良师益友，是高校管理干部的后备人才；是勤务员，是指南针。因此，辅导员的工作包括了大学生的思想、学习、生活、劳动、社会实践、文体娱乐、人际关系等方面。由于工作性质和职能的关系，辅导员的工作确实难以定位，辅导员职责往往容易同一般行政人员或学生工作人员的职责相混淆，为了做好思想政治教育、学生党建与团建、贫困生工作、助学贷款工作、学生综合测评、学生心理问题、维持校园秩序和稳定等，不得不在院内外到处奔波，全力周旋于学生处、教务处、公安处、组织部、校团委、后勤中心、校医院等部门之间，整天忙于事务，致使有些辅导员感觉自己戴着教师的"帽子"，却干着学生的"保姆""警察"、学校机关部门的"勤务兵"、院系的"服务员"等工作。

（二）多头管理和用人机制

大多数高校辅导员编在学校各学院（系），日常工作安排、辅导员管理和考核由院（系）负责，工资报酬、人事管理由人事处负责，专项工作任务的安排则在学工处、教务处、公安处、宣传部、校团委等职能部门，任用、选拔、提升、流动由校党委组织部负责。多部门指挥调动的用人机制，使辅导员处于"多人用，少人管"的状况，处于"说起来重要，体现出来次要，总结起来可以不要"的尴尬中。

（三）辅导员队伍学历职称层次偏低

根据调查，目前在经济最发达的沿海地区广东省，其高校辅导员具有研究生学历的仅占5%，有本科学历的占64%，还有专科以下学历的占31%；具有中级以上职称的仅占23%，初级职称的占77%。发达地区如此，欠发达地区的形势就更

加严峻，地处海南特区的华南热带农业大学，具有研究生学历的辅导员仅占3.8%，具有中级以上职称的仅有12.5%。这样的学历职称层次，使大学生思想政治教育的说服力和影响力大打折扣。同时这样一支学历职称结构偏低的辅导员队伍，因为经历较少，缺乏经验，面对新时期层出不穷的学生思想问题，他们在政治理论、文化修养、心理素质等方面都有待进一步提高。

（四）辅导员队伍配备不齐，工作水平低下

与国家教育部有关文件规定相比，按120~150名学生配备一位专职思想政治教育工作者，但目前高校思想政治教育工作队伍的缺员情况却十分严重。根据调查，目前60%以上的高校按180名学生配备一位辅导员，26%的高校按超过200名学生的比例配备一位辅导员，有的学校甚至按500名学生配备一位辅导员，还有个别学校根本就不设辅导员岗位。如此队伍配备现状，根本无法完成辅导员的艰巨任务。另外由于某些学校或个别主管领导对辅导员的引导不力、教育不够、关心不到位，使有的辅导员无论在精神上，还是物质上都无法看到光明的前景，工作无动力、业务无创新、生活无激情，思想政治教育工作的质量和效果低下。

五、新时期高校辅导员队伍建设的方法和途径

（一）提高认识，正确定位

高校要提高对建设辅导员队伍的思想认识。首先要明确辅导员的工作目标和工作任务，是使学生具有明确坚定的政治方向，全心全意为人民服务的思想和高尚的道德情操，具有远大的共产主义理想信念；帮助大学生能够自觉抵制封建和西方腐朽思想的毒害，正确处理个人、集体、国家三者之间的关系，诚实守信，互助友爱，能用马克思主义的观点、方法，分析和解决问题，从而成为我国社会主义现代化建设的合格人才。其次要对辅导员队伍进行科学定位，高校辅导员队伍是高校教师队伍的一部分，是高校思想政治教育工作队伍的主体，是学生工作的"导演"和"参谋"。说明思想政治教育要紧密地和学生工作相联系，这是辅导员工作的着眼点和抓手，通过学生工作，可以及时调查、了解学生的思想动态，为思想政治教育提供参照、确定对象、选准时机、准确入手；但辅导员又不能行使"演员"或"前线战士"的职能；同时，又要正确界定辅导员同班主任之间的关系，要区分辅导员同各学生工作职能部门职员之间的不同。因此辅导员是教师，更是"军师"，工作目标是培养和提高大学生的思想政治觉悟，同时把自己锻炼成为思想政治教育的专家，这就是对高校辅导员的科学定位。从思想认识上明确辅导员的工作目标和科学定位，是高校辅导员队伍工作动力的源泉。

（二）集中领导，科学管理

高校要从组织形式上完善辅导员队伍的管理。辅导员是党员，是贯彻执行党的教育方针政策的。因此必须成立专门的思政工作部门，接受高校党委的统一、直接领导。高校辅导员在校党委的统一、直接领导下开展工作。各职能部门对辅导员进行业务指导，各学院（系）作为辅导员的派驻单位，辅导员接受学院（系）的监督，承担相应的工作任务。辅导员的考核由校党委、各职能部门、学院（系）三方负责，考核结果与辅导员的工资报酬、职称评定、职务晋升等挂钩。这种组织形式既是对辅导员功能性质定位的正确反映，提高了辅导员的地位，又明确了辅导员的职责，让辅导员有明确的归属感，有利于增强工作的协调性和有效性。尤其是对年轻的辅导员来说，这种组织形式更有利于发挥辅导员的群体作用，克服经验不足的矛盾。此外，在集中领导的前提下，要加强辅导员队伍的管理。一方面通过制定完善《辅导员管理条例》和《辅导员工作考核办法》等制度，科学确定辅导员的工作性质，严格规定辅导员的工作范围、工作要求和日常行为规范，对辅导员的工作进行全面细化和科学量化。另一方面建立科学的辅导员队伍结构，通过设置处级辅导员、科级辅导员等职务或聘任高级辅导员和中级辅导员等职称，从行政级别和学术地位上体现辅导员工作的职业性质。这能充分发挥每一位辅导员的潜能，体现每一位辅导员的价值。所以，从组织形式上对辅导员集中领导、科学管理，是高校辅导员队伍顺利开展工作的前提和基础。

（三）精心选拔，加强引导

高校要从提高人才标准上建设辅导员队伍。辅导员队伍的建设，选"苗"是关键。在选拔辅导员时必须要有明确的要求，在思想政治素质、科学文化素质和动手能力、身心素质等方面都应有明确而严格的条件。在选"苗"的方式上，要采取"主动出击"和"提前预定"的方式，以扩大选苗的范围和增加选择的对象。在选拔方法上要采用笔试、面试、电话采访、实地考核等，尤其要进行实事处理的考核项目，考查其动手能力和解决问题的能力，在全面考核"苗"的素质和功能的基础上择优录用。为了更快适应工作，提高工作质量和工作效率，学校要重视对"新苗"的引导和培养，既要给"新苗"施加压力，又不能压制"苗"的成长，更不能"拔苗助长"，要采取有效措施和方法加以引导。首先可以指派"老"辅导员对其进行"领航"，让"新苗"找准定位、明确航向，快速进入工作主航道。其次也可以通过交流、讨论、座谈、现场上注意由易到难、由浅到深循序渐进开展工作，努力增加辅导员的信心。总之，对新辅导员的引导是必不可少的环节和十分有效的工作方法。把"选苗"和"育苗"有机地结合起来，是高校辅导员队伍健康成长的关键环节。

（四）改善环境，培养队伍

高校要从改善人才成长环境上建设辅导员队伍。辅导员的成长、成才必须有适当的环境，包括文化环境、制度环境、学习环境、工作环境、生活环境和物质环境等。高校可以通过改善文化环境，使辅导员能及时学习和了解新的思想和理论，准确掌握党和国家的大政方针，坚定为社会主义服务的信心；通过改善制度环境，使辅导员减少委屈、消除怨气，职责明确、工作顺畅，积极向上、认真负责；通过改善学习环境，使辅导员在不断丰富自己业务知识的同时，提高自己的科学文化素质；通过改善工作环境，创造良好的工作条件，提高辅导员的工作效率；通过改善生活环境，使辅导员生活方便，身心愉快，精神饱满；通过提高物质待遇，使辅导员劳有所获，不为其基本生活发愁，从而提高工作效率、增强工作效果，更好地完成工作任务。良好的成长环境是高校辅导员队伍建设的必要条件。

（五）要多途径建设队伍

高校要多途径建设队伍。一是配齐、配全辅导员。配齐、配全辅导员队伍是保障思想政治教育工作质量、提高辅导员素质、促进辅导员全面发展的前提条件。辅导员队伍不齐，人手不够，任务繁重，是辅导员全面发展的"拦路虎"；辅导员队伍不全，"老中青"结构不合理，上下级职责不分明，是辅导员全面发展的"绊脚石"。因此要使辅导员队伍全面发展，必须配齐、配全辅导员。二是努力提高辅导员思想政治理论水平，加强辅导员的业务能力培训，促使辅导员向思想政治教育专家方向发展。三是对工作实绩突出，管理能力、组织协调能力很强的辅导员及早列为党政管理干部的后备力量，在压担子、交任务时予以重点培养。四是鼓励辅导员"双肩挑"、双向发展，辅导员在做好思想政治教育工作的同时，可以从事专业科研和教学工作。五是开通校内人才校外锻炼的人才培养渠道，通过送科技干部、管理干部到基层或企业服务的方式，培养锻炼辅导员，服务期满后再回到辅导员岗位工作。六是允许辅导员进行脱产学习，帮助他们"升级"，提高学历和学位，增强辅导员自身的分量。

高校辅导员队伍为广大同学成长、成才服务，为高校的稳定、发展服务，为国家的教育事业和现代化建设服务。必须把高校辅导员队伍建设成为政治强、业务精、纪律严、作风正的坚强队伍，使辅导员通过服务和管理等职能，真正体现大学生政治思想引路人、学风建设有心人、社会实践带头人、文化活动热心人、日常生活贴心人的功能，全面提高大学生的综合素质，为社会主义事业培养千千万万合格的建设者和可靠的接班人。

六、高校学生辅导员的角色反思

高校学生辅导员是高校学生思想政治教育工作者,是高校培养社会主义接班人的重要力量,在高等教育实施过程中有着不可替代的作用。2004年10月,中共中央、国务院颁发的《关于进一步加强和改进大学生思想政治教育的意见》(以下称《意见》)中指出:大学生思想政治教育工作要坚持以人为本,贴近实际、贴近生活、贴近学生。因此,在新的形势下,高校学生辅导员在学校内必须能够充当、胜任新的多重角色。

(一)作为德育理论的研究者必须注重自身德育水平提高

在现实生活中,我们常听到这样的一些议论:"搞不了专业就只好干辅导员","什么也干不来,就去干辅导员吧",……而大学生也常表露出对辅导员不满意甚至失望的神色。为什么这些品学兼优、才华出众的大学毕业生当了辅导员后会出现这样的现象呢?主要原因是他们在繁杂事务中已很少再去对思想政治教育领域知识的学习和研究,出现了知识的断层,理论水平和知识的含金量不高,这在一定程度上影响了辅导员队伍的形象,降低了学生工作的权威性。因此,首先辅导员必须加强自身知识结构的建设,提高德育理论水平。学习教育学、心理学、管理学、政治学等方面知识,掌握高校学生工作基本理论和基本规律。其次,要从繁琐的事务中解脱出来,积极参与思想政治教育的研究工作,每年至少完成理论探讨、经验总结等学生工作方面的学术论文一篇,积极参加学校思想政治教育研究会和省高校思想政治教育研究会的学术论文报告会或经验交流会,用正确的理论指导实际工作,减少工作的主观性、片面性和盲目性,把自己锻炼成为德育工作的行家能手。

(二)作为心理医生必须要掌握学生的心理问题积极疏导

现代社会节奏加剧,人与环境的冲突日益增多,大学生承受来自各方面的心理压力越来越大,其心理健康受到严重威胁。一项以全国12.6万名大学生为对象的调查显示,20.3%的人存在不同的心理障碍,在一所全国著名的学府里,两年内就有十几个学生因有严重的心理疾病而休学或退学。应该说心理障碍与疾病已成为大学生健康成长的"拦路虎",大学生呼唤心理医生。面对新形势,高校学生辅导员扮演心理医生的角色则是理所当然义不容辞的。而要扮演好心理医生的角色,一是辅导员本身要心理健康。由于辅导员处在高校学生工作的第一线,无论学习,还是工作生活,面临着来自各方面的挫折、失败、困难和障碍,因此,高校学生辅导员首先必须能依据环境、条件的变化来调整自己内部心理结构,不断地进行自我心理调节与保健,完善心理防御机制,与外界保持一种动态适应的心理平衡，使自己具有较强的心理承受和调适能力。二是要学习心理咨询理论，掌握心理咨询的方法和技巧，参加心理健康教育的培训，最好是做到持证上岗。三是心理健康教育是指运用心理学及相关学科的理论和技术，帮助大学生逐步达到心理平衡、逐步提高大学生的心理素质。

（三）作为人际关系的艺术家必须恰当地协调

"一个篱笆三个桩，一个好汉三个帮"。成功者之所以成功，除了自身的智力与能力外，还得有良好的人际关系，可以使人们获得事业发展的契机，良好的人际关系，可以使人受到更多的关爱。辅导员工作是一项复杂的系统工程，战线长，配合多，条件差。要做好工作，就必须协调好上下左右、前后各方面的关系，善于处理好院、系、党、团、学生会组织的关系，和教师、广大青年学生、学生干部的关系等等。此外，还要配合有关部门开展有益的文体活动。只有搞好各方面的关系，才能使辅导员工作取得人、财、物各方面的支持，不断开拓高校学生辅导员工作的新局面。辅导员要成为人际关系的艺术家：一要掌握说的艺术，要说对集体和别人有益的话，比如建议性的话、安慰性的话、激励鼓舞性的话或礼貌性的话等；二要懂得做事，要作对他人和集体有益的事；三要懂得关爱自己和周围的人；四要懂得适应大的生活环境，要让自己的小环境顺应大环境。

（四）作为良好形象的楷模必须时刻以身作则

良好的形象包括资质（先天禀赋）和才气（才能、才干、才智等）。表现在独特的个性品质、行为方式和人格特征方面。良好形象不仅影响着高校学生辅导员对待工作、生活的态度，而且对于青年大学生的健康成长，个性发展有着潜移默化、耳濡目染的榜样作用。这是一个包含多种因素的动态结构系统，而意志品质、能力结构、情操特征、自我意识、兴趣爱好等则是其中最重要的组成部分。因此，高校学生辅导员要做好良好形象的楷模。

一是要有正确的政治方向。《意见》中指出：所有从事大学生思想政治教育的人员，都要坚持正确的政治方向，加强思想道德修养，增强社会责任感，成为大学生健康成长的指导者和引路人。在事关政治原则、政治立场和政治方向问题上要永远与党保持一致，要用马克思列宁主义，毛泽东思想、邓小平理论和"三个代表"重要思想武装自己的头脑。

二是有良好的意志品质高尚的道德。良好的意志品质，即具有高度的自觉性、果断性、坚持性和自制性。高尔基有这样的名言："意志是不可战胜的，在意志前面，一切都得弯腰低头"。作为高校学生辅导员，要充分认识到自己的责任重大，在任何时代，任何情况下都要自觉地、主动地把工作做好；遇到困难，要百折不挠，坚持不懈；遇到是非问题，要保持冷静、清醒的头脑。诗人北岛曾有两句诗：

卑鄙是卑鄙者的通行证,高尚是高尚者的墓志铭。为人师表是高校教师的职责,要成为一名合格的学生辅导员,首先自己必须是一个道德高尚的人。具体表现在爱自己,爱别人,严于律己,宽以待人,奉行"正人务先正己,人师当须楷模"的人生信条。

三是有创新精神和综合职业能力。创新精神就是人们在社会实践中,勇于冲破传统观念的束缚,积极探索,开拓进取,不断有所发现、有所发明、有所创造的个性品质。综合职业能力是劳动者在职业素质上的集中和综合的表现,它是在职业实践的基础上,经过劳动者个人多种能力的组合而形成的一种职业能力,由专业能力、方法能力、实践能力和社会能力组成。在新形势下,高校学生辅导员工作面临着许多新情况、新的课题,而要解决好这些问题,就要具备创新精神和综合职业能力,首先思维方式上要实现三个转变,即由封闭型思维转变为开放型思维,由滞后性思维转变为超前性思维,由平面性思维转变为立体性思维,用新形势、新实践、新观念来全面打造自己。其次要敢于破旧,大胆试验,凡是有利全面贯彻党的基本路线方针政策,有利于高校思想政治教育,有利于大学生全面发展与健康成长成才的新途径要敢于开辟,新方法要敢于运用,新领域要敢于开拓。

(五)作为职业指导者必须把握就业形势辅助就业

随着我国改革开放的不断深入,社会主义市场经济的建立和逐步完善,以及劳动人事制度的不断改革,"双向选择、自主择业"的就业方针已逐步为大学生所接受。今后的路该怎样走,如何使自己少走弯路或不走弯路,如何更科学、更完美、更合理、更有价值地安排或优化自己的人生旅程,这是大学生永远无法回避的一个客观现实和极为关注的一个焦点问题。因此,高校学生辅导员应在充分发挥自身优势的基础上不断地充实和完善自己,勇敢地承担职业指导者这一光荣而艰巨的角色。让大学明白寻找职业要经过了解职业、准备职业、选择职业、适应职业、转换职业的五个阶段;引导大学生面对市场经济的竞争激烈现实,既不能自卑,也不能好高骛远,要在了解自己、了解职业、了解社会的基础上,恰当定位;帮助大学生树立"三百六十行,行行出状元""天生我才必有用"的思想,形成"此处不用人,自有用人处;到处不用人,就当个体户"的自主精神;让大学生确切懂得只要珍惜在校的学习与生活,职业理想就一定能插上翅膀,凌空翱翔。

面对新形势,高校学生辅导员要从陈旧的单一角色向符合时代要求的多重角色转变,不断提高自身理论水平,用正确的理论指导我们的工作,做到角色上能上能下;才干上能文能武;情感上能进能出;交友上能老能新;工作上能紧能松,不断开创高校学生辅导员工作的新局面。

第三节 班主任工作的职责和队伍建设反思

一、班主任的职责

班级是学校最基层的学生组织，也是组织学生进行思想道德教育、引导学生树立正确人生观、价值观的基本单位。班主任作为一个班级的"领路人"，在这一系列德育工作过程中，担负着重要的作用和责任。班主任工作直接影响到大学生健康心理的成长、校园文化的建设和学校的教育成效。因此，班主任工作与当前大学生思想道德建设有着密切的联系，提高班主任的工作水平，对实现我校升本目标、对培养具有诚实守信、积极进取的大学生有着不可低估的现实作用和深远的意义。

大学班主任不仅仅是班级的管理者，更是思想政治教育的工作者。建立健全有关大学生班主任工作的一套行之有效的规章制度，既是规范班主任工作、使学生管理工作顺利展开的一个重要环节，同时也是改进大学生思想道德建设的一项重要制度保证。

制定并完善《班主任工作手册》，明确地规定班主任的权力与责任，使班主任在工作过程中权责明确，以便有计划、有步骤、有重点地开展班级各项活动，改变目前有责无权、无章可循的涣散局面。

班主任工作也需要量化的、具体的考核制度。优秀班主任、优秀班集体的考核评比要有依据、有数据，最好打破系的界限，按照既定的量化指标精心考核、公开评比。对于总结出来的行之有效的、操作性强的好的作法，要及时修订进《班主任工作手册》。

学生工作部门应定期召开教师班主任和学生座谈会，开展系列调研活动，了解情况，听取意见，制定并不断完善可操作的规章制度，使班主任工作得到加强。

二、班主任的具体工作

班主任工作是高校思想政治工作和教学管理工作的重要组成部分。做好班主任工作，这是时代对我们的要求。一个班级的面貌，很大程度上取决于班主任的工作态度、教育艺术水平、教育方法、组织管理能力以及以身作则的表率作用。一个班级能否培养出素质全面的学生，也在很大程度上取决于班主任。

（一）应建立新型的师生关系

中国传统的师生关系是"师道尊严"、所谓"一日为师，终生为父"，教师在学生心目中不但是绝对的思想权威,而且是道德完人。封建传统教育在本质上是奴才教育,教师的地位与权威依附于对统治者的神化之中。

新型的师生关系应该是"朋友"关系,教师与学生只是教学活动中地位不同,并没有人格的高低贵贱之分,教师必须平等对待每一位学生,尊重他们的个性,教师尊重学生的人格等于尊重教育。学生无论大小都需要获得尊重与理解。由于种种原因他们在各方面发展不平衡,教师应承认落后也是一种权利。教师只有民主、平等、科学地对待学生、管理学生,学生才能自由地和谐地发展,素质教育的实施才有可能。班主任不是班级的统治者,学生也不是班主任的臣民,专制只能培养专制,只有民主才能培养高素质的和谐发展的大写的"人"。

(二) 营造良好的班级气氛

某高校2011级旅游管理(2)班的学生从大一到毕业,每年的评优都涌现众多的三好学生标兵,而且遥遥领先于其他班级,很大程度上得益于该班级良好的学习气氛和竞争环境。在班级理念上,他们积极主张这样一个理念:积极的人像太阳,照到哪里哪里亮;消极的人像月亮,初一十五不一样。从学生来校军训的第一天,他们班主任就把这样的一个理念教给了全班学生。这个理念一直贯穿于班主任治理班级的整个过程中。学习上,班主任大张旗鼓地鼓励学生向老师发问甚至是发难。要问到所有的科任老师回答不出的问题,满头大汗的时候才算真正地动了脑筋。纪律上,积极主张"先专政后民主",一个班级必须要有铁的纪律,一切行动听指挥,步调一致才能得到胜利。凡是违反纪律的学生一定要受到纪律的处分,而且班主任一定要坚守自己的原则,一旦有一次没有遵守自己的原则,那么班主任将变成一个没有原则的人。在处理违纪过程中,必然会有少数学生对于处理不满意,那么班主任在这个时候应该马上进行疏导工作,这就是"法"和"情"的关系,法律不外乎人情,我们先讲法律再讲人情,这是班主任的工作原则。比如,有一次班上有名男生,被班干部记名之后做出了很强烈的反应,认为自己不过是迟到几分钟而已,觉得太严了;班主任按规定作了违纪处理,处理当晚,班主任就与其长谈,进行思想上的疏导工作,在没有要求他赔礼道歉的情况下他自己主动向主管纪律的班干部承认错误,鉴于他的进步,班主任后来试用该学生担任班干部,结果他很成功地组织了几次班级大型集体活动,由对纪律不满的学生变成了对班级纪律积极维护者。

(三) 正确引导班级舆论

班主任在教育、教学、生活和各项活动中,根据是非标准进行褒贬,该肯定的就肯定,并给予适当的表扬和奖励;该否定的就否定,并给予适当的批评和教育,在全班形成一种能够扶持正气,伸张正义、制止错误思想、阻止不道德现象的集体舆论。这种集体舆论不是班主任的单向灌输，而是建立在全班多数的正确认识与言论基础上，对全班成员都有感染力和道德上的约束力。在具体实施的过程中，方法是借力用力，借助集体力量。举个例子：凡是期末考试监考（2）班的老师都会知道在考试的过程中从来没有一个学生提前交卷，更加没有学生作弊等违纪现象。如何做到这一点的呢？在大一的时候该班班上有80%的学生钱物都被别人偷过，针对这个现象，班主任在班上召开主题班会——"偷东西与作弊"，班上对小偷的行为深恶痛绝。班主任利用辩论等各种方式引导学生得出结论：考试作弊与小偷偷东西没有本质上的区别，前者是偷别人的精神财富，后者是偷别人的物质财富。甚至前者更可恶。同时班主任还宣布，每次考试后，所要做的第一件事情全班通过无记名投票的方式检举揭发在考试中有不规范行为的同学，结果这一招还真管用，考试从来没有学生作弊。真正触动学生的往往是集体的舆论，学生最不愿意的就是他在班级集体心目中的形象受损。

（四）培养一支高效率的班干部队伍

班主任工作伊始，每天忙得不亦乐乎，但效果并不理想，问题的症治就在于没有很好地培养一支高效率的班干部队伍。班主任，班干部及学生三者之间的关系如同伞柄、支架和布，一个再好的伞柄如果没有支架的支撑是无论如何也撑不起一片天空的。海南某高校的一次班主任研究会上，一个老师曾介绍过给予班干部戴高帽的方法来培养班干部，这一招还是蛮有用的。虽然可以激励班干部的斗志，但是无意中也会引起另外一部分学生的不满情绪，认为老师过分夸大班干部的作用。给班干部戴高帽子后班干部做事情的积极性明显高涨。但每一个人的情绪，不可能永远高涨，班干部遇到挫折的时候也很容易沮丧，这个时候班主任应该教他们一些工作方法和技巧。举一个例子，有个班干部抱怨他举办的活动同学反应冷淡，不够热情。比如他提出星期六晚上在班上搞一台文艺晚会，结果表示要参加者寥寥无几，结果泡汤了。其原因是其他干部说是他的工作方式令很多人无法接受，他的工作方法多是命令式的。他说"星期六晚上搞文艺晚会，全班同学都必须参加"，很多刚上任的班干部或者新班主任都喜欢用这种语调，其实很多学生都不太接受这种方式。班主任教这个班干部用这样一种方法：首先讲出这次晚会的节目设想如何丰富多彩，整个晚会的安排等等，将同学们的胃口吊起来，提高大家的兴趣，然后问大家："同学们是觉得这周搞晚会好呢还是下周搞晚会好一点？"这种方法叫做二选一，既暗示了晚会肯定要搞又留有全班商量的余地，而且以这种商量的语气讲出来让所有的学生都感觉到了自己的意见受到了尊重。他一讲完班上就讨论得很激烈，有的说这周，有的说那个周。少数几个表示不参加，但大部分人都说下周好，最后大家达成共识，有几个犹豫不决的同学也被感染了，最终这次晚会搞得非常成功，不仅如此还吸引了大批别的班学生参加，后来别班也纷纷效仿，该班的学生由此脸上充满了自豪感。可见同样的事情，但工作方式不同，取得的效果是如此的不同。

三、方式探索

中共中央国务院发出的《关于进一步加强和改进大学生思想政治教育的意见》中指出，要引导大学生勤于学习、善于创造、甘于奉献，成为有理想、有道德、有文化、有纪律的社会主义新人。在当前国际国内形势已发生深刻变化的背景下，大学生思想政治教育既面临有利条件，也面临严峻挑战。最突出的，由计划经济向市场经济转轨的过程中，大学生由"天之骄子"一下子被抛到了市场的最前沿——自主择业、自谋出路。在这种情况下，如何采取更有效的教育方式以适应形势的变化，是值得每一位班主任仔细思考的。

（一）建立班委

在班主任的工作有了明确界定、权责对等以后，就需要具体实施了。但毕竟一个人的力量有限，而一个班至少有40人左右，投入再多的精力也不可能及时、全部地掌握学生的思想动态，最终导致工作流于形式。要想解决这个矛盾，关键在于培养一批得力的助手——学生干部。学生干部这个群体，在高校学生工作中扮演着十分重要的角色，是加强和改进大学生思想政治教育的重要依靠力量。

学生干部与普通学生吃、住、学都在一起，面临着和普通学生一样的实际问题，普通同学也更愿意向他们敞开自己的心扉。通过学生干部，我们可以比较准确地了解学生实际的思想状况。一般而言，学生干部都是在德、智、体等方面表现优秀的学生，他们有着高度的责任感、积极进取的精神状态和较好的自我教育、自我服务、自我管理的能力。一个优秀的学生干部就是一个榜样、一面旗帜，对周围的同学起着其他方式不可替代的示范作用。

学生干部在加强和改进大学生思想政治教育工作中发挥着积极作用。但是，我们同时也要看到，学生干部是学生中的一员，自身是需要接受教育的，在一定意义上，加强和改进大学生的思想政治教育首先就是加强和改进大学生干部的思想政治教育。

学生干部的管理是班主任必须抓好的一项工作。应该定期召开学生干部座谈会，把班干部在工作中碰到的不好解决的问题摆出来，班主任同大家一起想办法；班干部思想中存在的障碍也通过谈话、聊天及时地反映出来，班主任可以就问题展开剖析，有问题及时解决。不管是严厉的、还是慈祥的，不管是年长的、还是年轻的班主任，多与学生干部沟通，多关心他们，使其具备相当的政治敏锐性和社会责任感，协助班主任做好学生的思想政治教育以及其他各项工作。

一般教师做班主任之前都会感觉当班主任很费心，是因为如果工作思路、工作方式存在问题，那么一定会出现一些问题配合对于班主任工作至关重要。好的班集体关键在班委，没有一个团结向上的班委，仅凭班主任一个人的力量是远远不够的。

（二）因材施教

教育学讲究因材施教，我在管理班级时，也采取了这种观点。首先把班级的全部学生进行分类，大致分为三种：第一种是知道自己该怎么做也正在做的，一般来说是班里的好学生；第二种是不知道自己该怎么做、仅仅是按部就班地学，这些人大部分学习成绩一般；第三种是知道自己该怎么做但就是不做的，这部分人为数较少，多是一些个性非常强、很聪明的"调皮学生"。对于第一种学生，要经常询问他们的学习进展，及时鼓励他们，这样可以在不经意间加强他们的决心，使这种学习的动力持久地保持下去。第二种学生，要采取谈心、聊天的方式，发现他们的兴趣所在，让他们自己认识到自身的优势，引导他们找到一条适合自己发展的方向，方向有了，再不断强化他们"我能行"的意识，取得成绩及时表扬。第三种学生的管理比较费心，每个人个性不同，采取的教育方式也不相同。对于性子较直、能听进别人话的，批评与耐心教导向相结合，以理服人；对于慢性子、你别人怎么说我该怎么还怎么做的，批评的方式就不太管用，要细心发现能够激励他的人或事，以情感人。总之，要让学生明白一个道理：人的一生没有谁能耽误谁，只有自己能耽误自己。明白了这个道理，他就会将不自觉的行动转化为自觉的行动，这时班主任的工作才算做到家了。

总之，班主任工作是无止境的，而且需要我们在实践中不断地完善工作方法。无论教学任务多繁重，班主任应一如既往、关爱学生，坚持以最大的热情投入到班主任工作中，就能带出优秀班，带出优秀学生。同时，班主任工作是做好大学生思想道德建设的一项重要环节，做好班主任工作需要制度的保证，需要得力的助手，更需要在工作中开动脑筋、结合形势的变化不断探索新的教育方式，并不断进行反思修正。

第四节 学校整体建设的思想政治教育反思

一、师德建设反思

中共中央颁发的《公民道德建设实施纲要》，体现了中国先进文化的前进方向，是新时期加强师德建设的指导性文献。在新的历史条件下，师德的内涵应包括如下内容。

（一）志存高远，热爱教育

忠诚和热爱人民教育事业是教师道德的基本原则。这是由教育的社会主义性质决定的，它体现了社会主义道德的核心——为人民服务的基本原则——集体主义的本质要求。忠诚人民教育事业，就是要热爱教育事业，有为人民教育事业奋斗终身的理想。教育作为一个民族最根本的事业，是发展科学技术和培养人才的基础。它对教师道德修养，师德建设提出了更高的要求。热爱共产党，热爱社会主义，体现了社会发展和教师职业道德的政治要求。各级各类学校教师都要努力做到志存高远，坚持学习和实践"三个代表"重要思想，牢固确立在中国共产党领导下，走中国特色社会主义道路，实现中华民族伟大复兴的理想信念。忠诚和热爱人民教育事业，为中华民族伟大复兴建功立业，是教师职业道德的灵魂，是教师道德实践的根本源泉和动力。

（二）为人师表，教书育人

教师要把为人师表、教书育人视为天职，坚持教书与育人相结合。既要当传授知识的"经师"，更要做善于育人的"人师"。老教育家徐特立先生倡导"人师与经师合一"的思想。主张"人师"即为人之师。教人为人之道，教人为人之事，首先自己应会做人。教育者的权威是建立在身体力行的基础上的。要坚持言教与身教相结合，既注重言教，更注重身教。既要重视真理的育人功能，更要突出人格的育人作用。教育无小事，教师无小节。教师的一言一行都应成为学生学习的表率。教育者先自教在高校思想道德建设中尤为重要。

（三）严谨笃学，与时俱进

良好的学识学风是做教师的必备条件，是师德建设的重要内容。教师应具有时代精神，适应新形势新特点的要求，努力学习新知识、新思想、新观念，把握时代的脉搏。发扬严谨自律的治学态度、学术精神和学术道德。中华民族历来把坦诚作为当教师的基础。孔子言："人不信不立"。古人曰："诚五行之本，百行之源"。教师是教人做人之人，做学问之人，唯有诚实，才能心正，心正方能人正，人正教人才能出正人。堂堂正正做人，表里如一，是教师的第一人品。教师要赢得学生的尊敬和爱戴，必须精通业务，具有丰富的知识和高深的理论修养。同时要身正，具有崇高的人格魅力。师德要求教师要刻苦学习，与时俱进，钻研业务，通今博古，学而不厌，严谨治学，珍惜时光，不误子弟。时代不断发展，学生不断进步，教师必须不断进取，成为热爱学习，善于学习，终身学习的楷模。

（四）热爱学生，诲人不倦

教育的宗旨是育人，教师是学生增长知识，学会做人、做事的导师。教师要坚持以德高为人师表，以善教去育人之魂，以真才实学去传授真理。教育实践证明，爱是师德教育的基础和核心。教师要认真履行职责，坚持爱生敬业，树立正确发展观、教育观、人才观、质量观。全面关心学生的成长，不仅要关心学生的知识学习，还要注重学生的品德修养。教师要以身立教，言传身教，用先进的思想、高尚的道德情操和丰富精湛的科学文化知识培养教育学生。要尊重学生的主体地位，开发学生潜能，培养学生创新能力。要热爱学生，关心学生，善待学生，善教学生。当前教师善教，就要用中国特色社会主义的共同理想，用爱国主义、集体主义、社会主义去教育青年学生，自觉抵制拜金主义、享乐主义和个人主义，使之成为社会主义"四有"新人。

（五）关心集体，团结协作

社会主义、集体主义是我们国家道德的基本原则和价值取向，是教师德高的前提。教师要善于处理好个人与集体、与同行之间、师生之间的各种关系，取人之长，补己之短。在处理个人与集体的关系时，要以集体利益为重，团结友爱，精诚合作，携手共进。在处理同事关系时，要尊重别人，谦虚友善，真诚相待，坦诚相处，热情相助。教师要强化大局意识、责任意识、政治意识和团结协作精神。团结就是力量，团结出凝聚力，出战斗力，出生产力。要尊重科学，讲究学术道德。要宽宏大度，不搞文人相轻，不计较个人得失。要甘当人梯，淡泊名利，善于扶植新秀。

（六）求真务实，开拓创新

求真务实，开拓创新，是辩证唯物主义和历史唯物主义一以贯之的科学精神，是人民教师应具备的政治品格。教育家陶行知先生说："教人求真"与"学做真人"是教师、学生的共同职责。要使学生热爱真理，教师应该有真知灼见，肯讲真话，不讲假话；要使学生爱国亲民，教师就应该有为民办实事、为民造福的思想。教师作为人类文明和科学知识的继承者、传播者，要正确处理继承与创新的关系，坚持在继承的基础上创新，在创新中发展。教师应该勤奋上进，博学多识，学而不厌，严谨治学，严肃执教，不断增强业务水平和教学能力；坚持解放思想，实事求是，大胆探索，锲而不舍，刻意求新，遵循科学规律，紧跟科学前沿，不断攀登科学高峰。

（七）清正廉洁，严于律己

清正廉洁，严于律己，是人民教师应具备的思想政治品质，是加强师德建设的内在要求。古人云:"其身正,不令而行,其身不正,虽令不从"。教师应具有这种为师的威望和人格力量,以自身良好的师德境界、师德规范、师德行为为学生做出表率,成为遵纪守法、践行师德的模范,并积极地影响学生,使他们健康成长。教师应树立正确权力观、荣辱观、义务观和幸福观,自觉做到严于律己,以身作则,两袖清风,一身正气,自觉抵制各种不正之风。教师还应在职业道德、社会公德、家庭美德中做出表率,加强个人道德修养,做到举止文明,仪表大方,品行端正,在学生面前和心目中树立一座"身正为范"的丰碑。

二、师德的时代性要求

教师的职业道德,简称师德,它是教师的道德意识、道德关系和道德活动的总和,是教师素质的核心。它作为教师的一种较为稳定的道德观念和行为规范,是社会对教师的基本要求,是教师所应遵守的行为规则。

在新的历史时期,师德体现了教师个人、教师群体与社会主义事业利益的一致性,具有鲜明的时代特征和新的内涵。"三个代表"重要思想是高校师德建设的评价标准。以人为本,促进人的全面发展是师德建设的本质要求。

第一,师德具有鲜明的思想性和政治性。新时期的师德,是以马克思主义、毛泽东思想和邓小平理论和"三个代表"重要思想为指导,并反映广大人民群众的根本利益。这就要求教师以对国家、民族和子孙后代有高度负责的精神,严格审视自己的教育行为,自觉主动地执行党的教育方针,明确社会主义的教育思想,树立素质教育观念,既要教好书、又要育好人。这是时代对师德的要求,人民的共同愿望,因此,师德具有鲜明的思想性和政治性。

第二,师德具有明确的发展性和开拓性。当今社会是信息时代、知识剧增的时代,科技兴国,关键在教育。创新是民族的灵魂,提高国民的素质是教育的根本,会做人、会学习、会生活、会劳动、会创造,是素质教育的基本目标。教师必须树立"以人为本"的素质教育理念,研究教育规律、研究青少年的身心发展规律和认知规律。教师要终身学习,博学多闻,求真务实、不断进取、勇于探索。因此,师德具有明确的发展性和开拓性。

第三,师德具有全面的协调性和民主性。新时期教师与学生的关系是平等互助的教学相长的同志的关系,一方面教师指导学生学习,另一方面学生帮助教师教学。"以情育人,热爱学生;以言导行,诲人不倦;以才育人,亲切关心;以身求范,新生信任"既是教师的道德行为准则,又是教育的艺术。尊师爱生,是一种理性化的高尚情感,对待学生,管而不死,严而不厉,爱在其中。因此,师德体现了全面的协调性和民主性。

《中共中央国务院关于深化教育改革全面推行素质教育的决定》(以下简称

《决定》)指出:"教师要热爱党,热爱社会主义祖国,忠诚于人民教育事业;要树立正确的教育观、质量观和人才观,增强实施素质教育的自觉性;要不断提高思想政治素质和业务素质,教书育人,为人师表,敬业爱生;要有宽广厚实的业务知识和终身学习的自觉性,掌握必要的现代教育技术手段;要遵循教育规律,积极参与教学科研,在工作中勇于探索创新;要与学生平等相处,尊重学生人格,因材施教,保护学生的合法权益。"《决定》对教师素质的要求,既是教师师德修养的目标,又是教师教育活动中要遵循的行为准则,是学校师德建设的方向。

一般来说,人的素质包括思想素质(方向)、道德素质(品质)、能力素质(本领)、身体素质(健康)、心理素质(意志力)和思维素质(创新)等方面。由此,"忠诚于人民的教育事业,坚定正确的政治方向;遵循规律,为人师表;严谨治学,探求创新;热爱关心学生,保护学生的合法权益。"构成了师德的基本内容,是一个合格教师必须遵循的师德规范。

"志存高远、爱国敬业""为人师表、教书育人""严谨笃学、与时俱进"。是一个相互联系、相互贯通的整体。"志存高远、爱国敬业",主要是对教师思想政治方面的规范。它要求教师热爱中国共产党,热爱社会主义祖国,热爱本职工作,忠诚于人民的教育事业,牢固确立在中国共产党领导下、走中国特色社会主义道路、实现中华民族伟大复兴的理想信念,以自己良好的思想政治素质、崇高的理想信念教育引导学生。

"为人师表、教书育人",主要是对教师道德品质方面的规范。所有教师都要坚持教书与育人相结合。既当传授知识的"经师",更做善于育人的"人师"。要坚持言教与身教相结合,既注重言教,更注重身教,既体现真理的育人功能,更突出人格的育人作用。教育无小事,教师无小节。教师的一言一行都应当成为学生学习的表率。"学为人师,行为世范",这应当成为所有教师的座右铭。

"严谨笃学、与时俱进",主要是对教师学识学风方面的规范、教师作为教育者必须先受教育,无论是科学文化还是思想道德方面都是如此。学生不断发展,教师必须不断进步,成为热爱学习、善于学习和终身学习的楷模。这里最关键的是求真务实、勇于创新、严谨自律的治学态度和学术精神、学术道德,并以良好的学识学风启发和影响学生。

三、新时期师德建设的反思

完善的师德规范只有通过有效的途径才能转化为教师的师德意识,进而成为教师的师德行为。新时期教师的思想观念趋向多元化、价值趋向多样化,学校的师德建设是一个塑造人格的系统工程,必须开辟新途径,探索新办法,创造新经验,从原则上、从战略上、内容上、方法上有新的突破,有所创新。

（一）师德建设遵循的原则思考

首先，要遵循政治首位原则。加强师德教育不能就道德论道德，而是要站在讲政治的高度，以战略的眼光来认识师德建设的重要性和紧迫性。这就必须扭转当前在师德建设中忽视和淡化政治的倾向，坚持以邓小平理论和"三个代表"重要思想指导师德建设的全过程。

高校师德建设坚持以人为本的原则，就必须充分调动教师在教书育人中的主动性、积极性、创造性，使广大教师树立共同理想，培养高尚的道德情操和敬业爱业的精神，成为学识渊博的人民教师，集社会公德家庭美德职业道德于一身的公民典范。

再次，要遵循贴近生活的原则。教师道德建设应注重实效，贴近教师的生活，反对空泛的脱离实际的空谈，要实事求是，从实际出发，关心、理解、体贴教师，将思想道德教育寓于做实事、办好事的实际活动中去，使师德建设落到实处。

最后，要遵循与时俱进的原则。由于师德具有明确的发展性、开拓性和典范性。因此，师德建设必须在继承中创新，在创新中发展，使师德建设充满生机和活力，以新型的师德风尚带动校风和社会风气。

（二）师德建设的途径思考

1.注重自我高尚人格的塑造

师德建设要求教师在实践中，注重自我学习、自我修炼、自我约束、自我调控，做到活到老，学到老。学习政治理论，坚定理想信念，强化献身精神；学习教育理论，其次，要遵循以人为本的原则。教师道德建设的对象是教师，根本任务是提高教师的道德素质，着重点是教育人、培养人、引导人，不断提高人的素质。以人为本，体现了师德建设的内在规律。更新教育观念，遵循教育规律；学习专业知识，优化教学过程，提高教学效率；学习教育法规，增强法律意识，实行依法执教。

2.运用人文环境塑造

崇高的思想行为和精神境界，往往与人文素养、学识深浅相关联。净化校园环境，营造高雅的校园人文氛围，调动教师学习和活动的积极性和参与性，分辨各种社会思潮，实施灵魂塑造工程。新时期的思想政治教育工作不能停留在口头上、会议里、文件中，应当贴近群众、贴近工作、贴近生活，由偏重灌输向注重渗透拓展，渗透到教学科研活动中，渗透到生活的各种领域中，渗透到丰富多彩的文化娱乐活动中，渗透到精神文明的创建中。寓教于知、寓教于乐、寓教于美、寓教于行，用知识开启心扉，使教师的思想境界始终处于时代的前沿。

3.运用科学制度的塑造

机制、制度、法制是对人进行制度塑造的三种主要形式，它们构成了一个系统，其中育人和用人是系统内的两个有机关系的阶段。育人为了用人，用人必须育人。在维护教师合法权益的基础上，要科学制定用人制度，确保人力资源得到最大化的开发和利用。机制既要有激励性，又要有约束性。学校的内部管理要有利于吸引和培养一批批优秀专家型人才，对于师德差、业务水平低、不适合当教师的人就请他们下岗和转岗。

4.运用先进典型的塑造

要加强对教师的舆论宣传，弘扬主旋律，大力宣传优秀教师、模范教师，特别是像吴玲、马祖光和陈学求等为中国教育事业奉献全部青春和心血的先进人物。宣传学习他们热爱祖国、热爱人民、忠诚于人民教育事业的崇高思想；学习他们关爱学生、教书育人、辛勤耕耘、无私奉献的高尚品德；学习他们鞠躬尽瘁、艰苦奋斗、勇于探索、开拓创新的敬业精神。正确处理好师德建设的几个关系，提升师德建设水平。一是继承与创新的关系，努力把师德凝练的传统文化与时代精神的结合起来，赋予师德新的内涵。二是师德与师能的关系，促进师德师能全面发展。三是自律和他律的关系。把师德教育与人文关怀和人本理念紧密结合起来，既对教师严格要求，又注意帮助教师解决实际困难。

5.开展做人民满意教师活动的塑造

开展做人民满意教师活动塑造，必须坚持以马列主义、毛泽东思想、邓小平理论和"三个代表"重要思想为指导，以《教师法》为依据，以人事制度改革为动力，以造就为人民服务、让人民满意的教师队伍为目标，力行师德规范，强化动力机制，优化制度环境。营造良好氛围，进一步调动广大教师教书育人的积极性和创造热情，推动教育的改革发展。过去行之有效的好传统、好方法要坚持，更重要的是要适应新情况，在内容、形式、方法、手段、机制等方面努力改进创新，特别要在增强时代感，加强针对性、实效性上下功夫，使师德建设更加贴近实际、贴近教师、贴近生活，使广大教师对师德规范和行为准则积极认同，入耳、入脑、入心，全面提高师德水平。

四、校园管理的反思

（一）建立系统化思想政治教育保障机制

完善的保障机制是学校思想政治教育内容整体构建有效实现的组织保证。学校思想政治教育内容整体构建缺失的原因是多方面的，既有教育工作者自身整体性教育意识欠缺的影响，但更有缺乏有效保障机制的制约。因此，学校思想政治教育内容要真正实现整体构建与有效衔接，光有教育者的主观努力，只希冀于增强思想政治教育者的整体性意识,提高思想政治教育者的工作素养是不够的,更重要的是要建立一整套科学规范的保障机制。

只有建立健全一套完善的思想政治教育内容体系整体构建保障机制,才能真正促使学校思想政治教育内容整体构建工作步入科学化和制度化轨道,也才能从根本意义上实现学校思想政治教育内容的整体构建。

第一,建立健全系统化的思想政治教育领导组织管理机制。思想政治教育领导管理是教育管理的重要组成部分,是依据党和国家有关要求,按照学生身心发展的基本规律和思想品德形成规律,组织协调思想政治教育实践,以使思想政治教育系统保持良好的机能状态,从而合理组织各种力量提高思想政治教育实效,完成思想政治教育目标和任务的有效手段。思想政治教育领导管理系统是整个思想政治教育工作的指挥和保证系统,是协调、组织、实施教育工作的核心和不可或缺的保障。虽然,学校思想政治教育系统化建设问题已经得到党和国家的政策性的确认,但是直到目前,学校思想政治教育的领导管理体制却并没有发生相应的根本变化,不论是宏观层面的整体性领导管理体制,还是微观层面的学校内部的领导管理体制,都尚处于一个相对分离的状态。这也是造成学校思想政治教育内容缺乏整体构建的重要原因之一。因此,当前,要有效实现学校思想政治教育内容体系的整体构建,首要的问题就是要实现思想政治教育领导管理体制的整体化。而且,这种整体化领导管理体制的建立,既包括宏观国家层面的,也包括微观学校层面的。

其一,建立健全宏观国家层面的整体化领导管理体制。教育主管部门是学校思想政治教育工作的直接管理者,是教育效果评估的领导者和承担者,是提高思想政治教育系统化的组织保证。但目前,由于教育体制的缘故,我国尚没有一个统一的思想政治教育领导管理机构,大学与中小学的思想政治教育工作还分属于不同的机构来管理——大学思想政治教育领导管理工作被划归为"思想政治工作司"负责,而中小学思想政治教育的领导管理工作则由"基础教育司"负责。由于政府职责划分和行政管理归属的差异,致使目前大中小学思想政治教育在组织实施、监督管理以及人员配置等诸多方面都从属于两个不同的教育集团。而这直接导致了原本为一个和谐统一整体的学校思想政治教育系统被人为地分裂开来,在实践过程中缺乏完整性、连续性的整体规划,并由此导致大中小学思想政治教育内容衔接整合问题没有得到应有的重视,更没有在实际工作中得到很好的贯彻和落实。当前,思想政治教育内容体系所出现的诸如内容简单重复、层次倒置、侧重点不明确及缺乏有效联系等一系列问题实际上都与思想政治教育领导管理体制的人为分离有直接关系。即使目前不少地方或学校之间已经创设了各类沟通与合作机制,但体制上先天的分割依然无法从根本上解决思想政治教育内容有效衔接的问题。因此，当前，要有效实现思想政治教育内容的整体构建，就首先需要教育主管部门理顺当前学校思想政治教育工作的领导管理体制，打破原有教育体制的壁垒，站在"系统思想政治教育"的高度上来通盘规划，改变目前条块分割的组织管理局面，从而在组织管理层面上形成思想政治教育整体衔接的机制和保障，以使思想政治教育既在各自的教育阶段发挥功能，又从整体上保持其完整性、连续性及顺畅性。最好是建立一个统一的思想政治教育领导管理机构，统揽大中小学的思想政治教育工作，从而有效实现思想政治教育工作的统一部署，切实做到学校思想政治教育的通盘考虑、循序渐进，充分保证不同学段思想政治教育工作间的交流和对接。笔者建议，可以探索构建一个自上而下的思想政治教育领域到管理中枢系统，由教育部至各省市的教育行政部门建立由主管领导挂帅、各学校相关思想政治教育负责领导参加的思想政治教育工作委员会，有针对性地研究理论和实际问题，从而发挥宏观规划、政策统筹和工作协调等方面的重要作用，加强大中小学思想政治教育内容构建实施的协调。

  其二，建立健全微观层面的学校内部领导管理体制。对于学校内部的思想政治教育领导管理体制问题，各级教育部门、学校都对此进行了诸多的探索，付出了不少的努力，如中小学实行了校长负责制，高校实行了党委领导下的校长负责制等等，这些无疑使得学校的思想政治教育工作有了学校主要领导的直接负责。但即便如此，目前就多数学校的现实情况来看，依然是两个主管领导、两套工作班子和两种工作制度。而这种状况及其内含的违反系统逻辑的问题至今并没有得到根本性的改变。虽然为了改变这一问题，党和国家付出了较多的努力，但目前的多数做法还是学校思想政治品德课教学由分管教学的副校长领导，而日常思想政治教育工作则分属于分管德育工作的副书记或副校长负责。领导管理的人为分离，领导管理理念以及管理模式和套路的差别，必然造成两种思想政治教育形式无法形成有效配合的局面，甚至在很多时候出现相互抵触的问题发生。如在中小学阶段，囿于应试压力的影响，教学工作往往受到更多的重视，而思想政治教育工作则会被依照"说起来重要，做起来次要，忙起来不要"的态度所对待。当前，思想政治品德课程内容与日常思想政治教育内容体系缺乏整体构建与配合的问题实际上都与领导管理体制的人为分离有直接关系。因此，当前，要有效实现学校思想政治教育内容体系的整体构建，尤其是思想政治品德课程内容体系与日常思想政治教育内容体系的相互配合，就应当按照思想政治教育内容整体构建的客观要求，高度重视改革和创建学校内部的一体化思想政治教育领导管理体制。当然，要有效实现学校内部思想政治教育内容的整体性构建实施不能单纯依靠于统一的领导体制，具体的教育实施者的作用也是不容忽视的，但这仍然无法否认学校领导体制的监督作用和引导价值。

第二，建立健全系统化的思想政治教育者交流沟通机制。有效实现学校思想政治教育内容的整体性构建，离不开整体性学校思想政治教育领导管理体制的建立，但企图单纯依靠于统一化的领导管理体制显然也是不可取的，具体的教育实施者的作用也是不容忽视的重要因素。因此，在确保领导管理体制一体化之后，就需要在教育者的交流与互动沟通上下功夫、做文章。建立学校思想政治教育者的沟通交流机制，就是加强大中小学思想政治教育工作者以及教育研究者之间的合作与沟通，建立并完善学校思想政治教育衔接协作工作的交流渠道，使不同学段、不同途径的思想政治教育者建立经常性、制度化联系。建立健全大中小学思想政治教育者的经常性互动交流机制，是凸显教育者作为思想政治教育工作主体在实现思想政治教育内容整体构建过程中主体价值的有效渠道。学校思想政治教育者沟通交流机制的建立，不仅包括纵向不同学段间思想政治教育者沟通协作机制的建立，而且包括横向同一学段内部不同途径的思想政治教育者间沟通协作机制的建立。

　　其一，纵向沟通机制的建立。正如前文所述，目前各学段思想政治教育者对思想政治教育内容衔接的重要性还是有着比较清醒的认识的，但是却由于缺少一个有效的沟通衔接渠道，导致长期以来不同学段的思想政治教育者基本处于一种"各自为政"的封闭状态，相互之间缺乏应有的交流与沟通。而这也成为了学校思想政治教育内容缺少有效衔接的重要原因之一。而且，由于缺乏足够的交流与沟通，使得各级学校不是出于做好思想政治教育衔接的思考来做工作，而是陷于了相互指责之中，而没有采取切实的方法来共同解决这个问题。因此，当前，必须建立健全一套完善的思想政治教育交流互动机制，探索不同学段思想政治教育者间相互交流沟通的有效渠道，以充分保证思想政治教育内容体系科学衔接的有效实现。笔者认为，加强大中小学思想政治教育队伍的纵向沟通协作机制可以着重从以下两个方面着眼：一是要建立学段间思想政治教育者定期磋商机制。各学段思想政治教育者就思想政治教育中的突出问题乃至突发性问题进行有针对性的定期磋商和联动，以增强应急反应和管理能力。目前类似于"全国优秀高中与高校衔接培养拔尖创新人才论坛""著名大学中学校长峰会"都是可取的尝试。但问题在于，目前这样的交流往往仅限于高层次领域，尚未扩展到全局范围，尤其是以一线教育工作者为主体的类似交流尚不多见。因而，加强类似于此的沟通渠道建设至关重要。二是要加强大中小学思想政治教育信息平台建设。信息平台建设的目的在于实现政治教育信息共享，从而使得大中小学各学段都能够及时相互通报学生的思想政治品德状态和思想政治教育实施情况，针对问题及时进行沟通分析和共同研判，找出解决对策。而且，笔者认为，最好是建立一个以网络为主的信息平台，以实现信息间的快捷传递和无限制交流。

其二，横向沟通机制的建立。与学校思想政治教育内容体系学段层次衔接缺失一样，学段内部思想政治品德课程内容与日常思想政治教育内容不能相互配合，各自为政、各行其是的现象也一直是长期以来严重妨碍学校思想政治教育内容整体构建的重要因素。那究竟为什么会长期存在"思想政治品德课程内容与日常思想政治教育内容整合缺失"的问题？当然，正如前文所指出的，这肯定与两支队伍缺乏整体意识和合作精神有关。但是若要问为什么会缺乏整体意识和合作精神，又当作何解释呢？是两支队伍的人们思想政治觉悟不高或工作责任心不强？显然不是。恰恰相反，"两张皮"问题之所以长期存在，根本的原因是没有整体意识来统摄思想政治教育全局，没有良好的沟通协作机制所造成的。因而，当前，实现思想政治品德课教师与日常思想政治教育者的协作沟通，从而切实保证两者在实施教育的过程中相互协调教育内容，是目前解决思想政治品德课程内容与日常思想政治教育内容缺乏整合问题的有效办法。

第三，建立健全系统化的思想政治教育科学评价机制。思想政治教育评价是思想政治教育全过程中的一个重要组成部分。评价具有监督和导向功能。在对思想政治教育的评价中，有什么样的评价标准，思想政治教育者就会向什么样的方向努力；有什么样的评价内容，思想政治教育者也就会注重什么方面的工作。因而，通过评价标准的引导，可以为教育者实施教育指明方向，引导其在教育过程中注意与其他学段、其他途径的思想政治教育内容间实现整体构建。长期以来，因为缺乏一个有效的思想政治教育衔接评价机制，使得学校思想政治教育实际运行过程中一直没有一个强有力的指挥棒来导向教育内容整体构建问题。虽然近几年来，随着党和国家对思想政治教育整体构建问题的重视，大中小学各层级的思想政治教育工作也越来越重视思想政治教育整体构建特别是思想政治教育内容整体构建问题，对于思想政治教育整体构建问题的考评也逐渐纳入到学校思想政治教育评价体系中，部分学校甚至已经开始探索思想政治教育整体构建评估的指标体系。但从目前的总体状况而言，这项工作还处在起步阶段，思想政治教育整体构建实施的质量评估还有很长一段路要走。因此，当前，我们要搞好学校思想政治教育内容体系整体构建工作，就必须要建立一套完善的思想政治教育评估体系，将思想政治教育内容体系整体构建纳入思想政治教育评估标准之中，以希冀通过教育评价的监督功能和导向功能引导思想政治教育整体构建工作的真正落实与实施。

（二）环境渗透的反思

1.思想政治教育环境渗透及其特征

思想政治教育环境渗透是一个大系统，是由大大小小、各式各样的环境渗透要素构成的。思想政治教育环境渗透的特征就是思想政治教育环境渗透本身所具有的从根本上决定环境渗透的发生、发展与变化的属性。它是全面、正确地反映思想政治教育环境渗透系统并科学地预测这一环境渗透系统运动变化方向的基础。研究思想政治教育环境渗透的特征，有利于更好地了解和把握思想政治教育环境渗透的内部结构，从而使人们能更好地利用环境渗透的影响，增强思想政治教育活动的实际效果。

第一，思想政治教育环境渗透导向性。

导向指使事情向某个方面发展，指所引导的方向。思想政治教育环境渗透的导向性，体现了思想政治教育的阶级归属。自有阶级以来，便有建立在一定经济基础之上，体现统治阶级利益、意志和需要的意识形态思想。统治阶级的思想在任何时刻都表达着社会一定阶级、利益集团的利益和政治要求，其性质和功能与统治阶级的处境和历史地位紧密关联。马克思深刻地指出："统治阶级的思想在每一时代都是占统治地位的思想。这就是说，一个阶级是社会上占统治地位的物质力量，同时也是社会上占统治地位的精神力量。"任何一个阶级的统治不仅需要相应的物质基础，而且需要将本阶级的思想、观念等转化成为全社会普遍接受的公共文化和意识形态，以此来稳固本阶级的政治统治，这就是说，任何一个国家的统治阶级，为了巩固其政治统治，都要竭力维护和发展其占统治地位的意识形态。"不仅是社会主义国家，世界上任何一个国家的统治阶级为了巩固其政治统治，都要竭力维护和发展其占统治地位的意识形态。从宏观的国家思想、法律、社会意识，到微观的个人思想与行为，都要受到本阶级的直接或间接的影响。"思想政治教育这一社会实践活动，就是一定的阶级或集团，为实现一定的政治目的，有目的地对人们施加意识形态的影响，以期转变人们的思想，进而指导人们行动的社会行为。"思想政治教育的阶级性决定了思想政治教育环境渗透的具有导向性的特征。环境渗透的内容和因素要与特定阶级相一致，这种阶级性决定了思想政治教育环境渗透的基本内涵和价值倾向性，并影响环境渗透的各因素的发展变化。外界环境中任何要素的变化，都必然会在思想政治教育活动中得到反映。随着外界环境的变化，思想政治教育调整目标、选择内容、采取措施。相应的，思想政治教育环境渗透中就应该随着思想政治教育的改变而输入反映相应改变的信息，强化人们的认知，影响着人们的行为。

第二，思想政治教育环境渗透隐匿性。

人的心理过程是由认识过程、情感过程、意志过程三者有机组成的。当人们处于清醒状态时，每时每刻总在感知他周围的环境，对客观事物有一定的内心体验，并根据自身的需要采取相应的行动。以往思想政治教育突出传承性，倾向于统一的教育要求和评估标准，单一的教育内容和教育进度，模式化的教育格局和教育方式等等。目前这种模式已经不能适应社会主义市场经济、信息社会发展的要求。现代环境中人流、物流、信息流十分活跃，人与环境的思想互动比过去任何时代都更加凸显。信息对人的思想影响是非自觉的、无目的的，是一种自发性存在，是在不知不觉、随时随地中产生的。这种影响是不规则的、非定向性的。在时空上不存在恒定性，在因果上也没有必然性，往往是通过人的直觉与感性发生作用的。"信息社会，社会思想信息的多源性导致受体思想接受具有多源性 多向性、跨时空性的指向特点。他们的思想接受要作多向度的追求，他们的思想弃取要经过多源性的验证，他们的开放性心理扩大了他们的思想空间，放大了他们的思想容量，放大了他们对思想差异的宽容度。同时由于受体主体性意识强化，在其思想接受过程中，往往有很强的联想跨度和求异性追求。"环境中的信息对人的影响作用是泛化存在，不仅存在于人的生活方式、生存方式，而且在人的思想、情绪、心理、习性等多方面都产生影响。有人能意识到的，也有人未能意识到这种影响，有被动接受环境影响的，也有人是在与环境的互动中受影响的。这种影响常常是潜在的、隐形的、一点一滴的，是产生于人的直觉而非理性。人的思想具有渐变性，这种渐变是人的思想的常在、基本状态，表现为思想变化的缓慢性、稳定性、持续性，是一种静悄悄的变化、有序性的变化、差异性的变化。思想政治教育环境渗透在空间上是开放的，可以使思想政治教育信息多端进入，涵盖了人的日常生活和非日常生活，人的知、情、意、信、行、学习、工作、生活等，都可以是思想政治教育环境渗透的起点，无一定之规，各有不同适应性，"渗透"无时不有，无所不在、无孔不入，思想政治教育信息在主体生活的过程中不知不觉地通过有形的、无形的，客观存在的，复杂多变的环境刺激，日积月累就会由量变到质变，出现情感的升华，政治思想认识的升华。一个人若生活在理性平和、积极进步、和谐向上的社会环境中就会使这个人受到强烈的感染，受到高尚道德情操的熏陶，从而养成积极健康的思想品德，促进个体身心健康发展。反之，不良的思想政治教育环境则会使人受到消极的影响，削弱甚至抵消思想政治教育的功效，人们就难以形成良好的思想品德。思想政治教育环境渗透对人的思想政治品德、价值观的影响不是靠强制手段来实现的，在很大程度上已不具备其形式化特征。思想政治教育环境渗透已成为一种"隐性"行为，具有强烈的隐匿性的特征。

第三，思想政治教育环境渗透整合性。

整合就是将零散的东西通过某种方式组合在一起，从而实现信息系统的资源共享和协同工作，并最终形成合目的的、有价值、有效率的一个整体。思想政治教育历来是对人们思想意识、观念形态整合的工具之一。按照辩证唯物主义的观点，任何事物都是对立统一的矛盾体。思想政治教育环境渗透同样是一个统一的矛盾体，其内部结构复杂，组成要素繁多，但在整体上表现为统一的境况或氛围，具有整合性的特征。随着时代的发展，思想政治教育环境渗透的信息日益丰富多彩，加大了人们对其选择的广度和深度。思想政治教育环境渗透必须进行整体性的统一协调，才能使其处于一种良性运行状态，保证思想政治教育目标的实现。思想政治教育环境渗透整合性体现在系统内诸要素、各部分的相互制约和相互协调两方面。首先，体现在相互制约上。思想政治教育环境渗透系统内部诸要素、各部分之间相互联系，呈现出纵横交错的格局。构成思想政治教育环境渗透系统的诸要素、各部分虽然在理论上、形式上按照不同的属性或不同的作用范围等区分标准可以划分出不同部分、不同类型的子系统。这些子系统看似独立，实际上又是由一根红线连接在一起的，是以人为核心、以人的活动范围及群体隶属关系为红线来进行排列与分类的。如政治生活环境、文化生活环境、社会生活环境、生态生活环境等离不开经济生活环境，而经济生活环境又受到政治生活、文化生活、社会生活、生态生活等环境的制约。即使在一个日常交往环境渗透子系统中，各种环境渗透因素都不是孤立的、独立存在的，而是相互影响、相互作用、密不可分的。如人际交往环境也会因为生产力的发展，物质条件的丰富而使人的社会交往不断超越时空范围的限制。

2.思想政治教育环境渗透的具体实践路径思考

思想政治教育环境渗透是一种社会精神生产活动，它的实现路径是思想政治教育信息流变的综合组织形式，"使用那些直接感觉和知觉的材料"，使本质上超出全部感觉领域的精神内容被翻译成为可感觉的形式，成为看得见、听得见、摸得着的东西，思想政治教育信息只有被人们所需要才能被选择、吸纳，进而接受、认同，才会对思想政治教育活动产生影响。任何人如果不同时为了自己的某种需要和为了这种需要的器官而做事，他就什么也不能做，他们的需要即他们的本性。需要是主体一切活动的源泉、动力和目的。需要是人对实践对象的依赖，各种层次的需要都不会自发地得到满足，而必须通过人的自觉活动追求才能得到满足。人的思想是在其所从事的各项实践活动中形成和发展起来的，是在人与对象世界的相互联系和相互作用中形成和建立起来的，并通过其对社会基本形式、社会交往中的品德表现而体现出来。思想政治教育环境渗透作为一种社会精神生产活动，从思想引领、舆论助力、校园文化指引三个方面来思考其实现路径，这三个方面不是单一发挥作用的，而是相互联系、相互制约、共同作用，通过主体在实践活动中将选择的信息在现实环境中进行确证，从而使信息有目的地作用于主体的建构活动和功能再现过程之中，使其获得强化或消解，实现主体对思想政治教育信息资源的整合、利用和认同。

第一，思想引领：社会主义核心价值体系统领环境渗透的方向。

社会主义核心价值体系是党的十六届六中全会提出的一个重大命题。社会主义核心价值体系包括马克思主义思想、中国特色社会主义共同理想、以爱国主义为核心的民族精神和以改革创新为核心的时代精神，以"八荣八耻"为主要内容的社会主义荣辱观四个方面的基本内容。社会主义核心价值体系作为党在思想文化建设上的一个重大理论创新，在我国社会价值体系中居于核心地位，发挥着主导作用，决定着整个价值体系的基本特征和基本方向。党的十八大报告在阐述加强社会主义核心价值体系建设时，更进一步地对社会主义核心价值体系从三个层面提炼和概括，提出了社会主义核心价值观，即国家层面的"富强、民主、文明、和谐"，社会层面的"自由、平等、公正、法治"，公民个人层面的"爱国、敬业、诚信、友善"，涵盖了从宏观到微观，不同群体和阶层的适用性。因此，在全球化和社会转型的双重视野下，要实现思想政治教育环境渗透，就必须坚持以社会主义核心价值体系对生话的引领，才能把握住环境渗透的方向性，才能在生活中实现马克思主义的时代化、大众化、民族化的过程中，自觉抵制大众文化中的消极颓废庸俗化的倾向。

第二，舆论助力：校园传播媒介凝聚环境渗透的正能量。

舆论是社会中相当数量的人对于一个特定话题所表达的个人观点、态度和信念的集合体。新闻传播工具在反映舆论和形成、引导舆论过程中有很大作用。在当前错综复杂的国际形势下，在全面建成小康社会的国内工作大局面前，形成积极向上的社会舆论是动员、组织和团结最广泛的社会力量，发展中国特色社会主义的重要思想保障。高校更要借助各种传播媒介为学生传递社会主义核心价值观为基础的正能量。

第三，文化支撑：校园精神文化丰富环境渗透的形态。

文化是一个包括从社会习俗、社会心理、思维方式、社会意识形态到价值观念体系的复杂结构，人是文明与文化的最终目的，文化则是人与文明的丰富内容与存在方式，人及其文明的丰富性、多样性和整体性，都是以文化的方式形成和存在的。校园文化是由校园的符号和语言、价值观、规范、物质产品等因素构成，其中，价值观是文化的核心，具体化的规范是文化的表现形式。文化是思想的载体，人们是通过文化的交流进行思想政治的宣传和教育的。提高全民族的思想道德素质和科学文化素质，形成健康向上的精神状态和社会风气，既是发展先进文化的根本要求，也是新时期党的思想政治工作的根本任务。……从一定意义上说，思想政治工作就是运用先进文化去教育人和影响人，在思想政治观点层面上逐步消除分歧和隔阂，在校园文化认可之中接受并遵循正确的价值观念和理想信念。党的十八大报告指出："文化是民族的血脉，是人民的精神家园"。校园文化生活是体现校园生活的一个重要方面，是校园的精髓所在。借助校园文化的渗透进行思想政治的间接教育是高校思想政治教育的重要途径之一。

第四章　高校思想政治教育的改革与创新策略

本章内容为大学生思政教育的改革与创新，主要从三个方面进行了介绍，分别为大学思政教育现状、大学生思政教育改革创新策略、大学生思政教育新型教学模式。

第一节　高校思想政治教育现状

一、全球环境方面

(一) 大学生爱国主义教育受到全球环境的影响

当今社会信息化迅速发展，其中对人们生活影响最大的就是互联网的发展。互联网的蓬勃发展为人们提供了更多的信息资源，其中包含着大量的没有经过筛选的信息。一些不良的信息对人们产生潜移默化的影响，使得一些人无意识地卷入了享乐主义的大潮，在不知不觉中已经沦为了享乐主义的精神奴隶，他们生活的全部希望就是挣钱和花钱，只能在这个过程中寻求一种虚幻的满足感。在这浅薄的满足感的背后隐藏着很多消极的后果，如焦虑、不了解生命存在的意义等情况。全球一体化很容易让人们的主权意识变得模糊，没有了明确的界限，并且极大地削减了人们对国家和民族的感情，这样将会极大地影响民族和国家感情为基础的思政教育。经济全球化、政治全球化和文化全球化造成了人类面临的全球化问题已经愈演愈烈，比如核武器的扩散、温室效应、贫富差距以及人们对本国的感情淡化等等，这些都需要人们注重全人类的利益，从全人类的利益出发，要求人们在价值观方面不能固守成规，要超越国界，思维方式也不能拘泥于一定范围，因此思考问题的方式也要从不同的角度出发。

由于不同的历史条件和环境的差异，造成在这些条件下产生的思政教育理论体系也存在很大的差异。并且这些理论特点由于文化背景的不同存在一定的差异性，各自都有特殊性，而且是符合人类的发展规律的。伴随着全球化的发展，大量外来文化涌入中国，一些国家利用产品的文化魅力吸引着我国的消费者，久而久之，一些人就对他们的价值观念会不加选择地吸收。

那些表面上看上去轻松活泼的文化表象对我国的青少年的影响力是很大的，这些新鲜事物让他们觉得耳目一新，因此强烈地吸引着他们的眼球。全球化趋势的蔓延使得民族、地区间的界限变得越来越不明确了，各种观念也变得日益模糊，他们观念上的改变导致他们的生活方式也逐渐发生了变化。全球化使得国家意识形态面临着危机，极大地影响了我国思政教育的地位。因此，研究如何应对意识形态边缘化的挑战是很有必要的，努力使大学生对思政教育更有兴趣，这项工作的进行已经迫在眉睫。

（二）我国高校思政教育受到全球文化的影响

随着社会的不断发展，教育全球化、网络化已经成为一种必然趋势。全球的网络信息化普及创造了一个平台，为思政教育工作提供了新鲜的血液和一种崭新的传播载体。阿尔温·托夫勒（Alvin Toffler）曾经提到时代的文化霸权主义，就是指未来拥有互联网掌控权、信息发布权和英语语言文化等优势以达到各种目的的人们，他们才是真正拥有霸权的群体。当来自不同国家的文化相遇产生碰撞时，事实上最终的冲突结果不仅仅是表现在军事上或者是地域上的，还应该是文化上的。这样的结果通常表现在一种语言文字对另一种语言文字的吞噬，并且在意识形态领域得到体现。这种文化所造成的影响不仅仅是对中国而言的，也表现在对非英语国家的影响，存在着一定的威胁性。

二、教育环境方面

（一）社会环境阻碍了思政教育的发展

从社会方面来看，一方面，改革开放的深入以及全球化趋势的不可逆转，致使众多西方资本主义所谓的自由、民主思想涌入我国，部分民众受其影响，言语和行为都表现出"国外月儿圆"的思想趋势。同时，改革开放的不断深入也造成了我国利益格局的嬗变。普通高等院校大学生的知识储备和思辨能力受限，受社会中西化思想的影响，对于西方的政治、文化和社会环境都充满了好奇和向往，表现出较为强烈的兴趣。除此之外，社会利益格局的变化也使得普通高等院校大学生的逐利性更强烈，在三观还未健全的阶段受到如此大环境的影响，使其对思政教育的内容产生疑惑，呈现出理想信念模糊的状态，严重妨碍了普通高等院校思政教育的顺利推进。另一方面，不良社会风气、道德失衡的现象和因素对思政教育提出了巨大挑战。随着社会的不断进步和发展，人们的思想也随之出现了潜移默化的改变，社会各方面因素的嬗变导致人们的思想问题也日益凸显，给思政教育带来了巨大阻力。社会中诸如此类的不良思想和行为，与普通高等院校所开展的思政教育内容形成鲜明的对比，普通高等院校大学生思想意识尚未成熟，这些不良思想和行为严重干扰了学生的认知，使学生对思政教育内容与现实情况产生矛盾化心理，对思政教育内容和德育内容产生疑惑，给普通高等院校思政教育工作的开展带来阻碍。

（二）校园环境影响了高校思政工作的推进

从校园方面来看，一些普通高等院校学生的学风以及学生工作的作风上存在影响思政教育的消极因素。近年来，部分大学生在学习中也表现了强烈的功利心，如部分普通高等院校学生为了获得评奖评优等荣誉称号，学术造假，给普通高等院校的学风造成了极大的负面影响。此外，学生干部工作作风也受功利主义、个人主义以及社会家庭环境的影响，某些学生干部出现趾高气扬的办事态度而缺乏服务意识，丢失了作为中国共产党党员和学生代表的理想信念，影响学生干部队伍整体建设，间接影响着普通高等院校思政教育工作的开展。

（三）家庭环境影响了学生的思想

从家庭方面来看，一方面，学生的家庭成员的错误的政治站位和思想意识会直接冲击到学生的思想，对普通高等院校思政教育工作的顺利推进提出考验。这对普通高等院校思政教育而言无疑是巨大的挑战。另一方面，家庭成员的一些不当行为也会对大学生的思想产生影响。如家庭成员定期参加或举办一些封建迷信活动，让学生产生思政学习内容和生活现实极其矛盾的心理，极大地冲击着学生的思想，这对普通高等院校思政教育而言无疑是巨大的挑战。

三、教育观念方面

观念作为行动的先导，在不同的时代背景下所体现出来的内容尽相同。新时代背景下，普通高等院校教育工作者在教育过程中所表现出来的传统的教育观念，相较于当代热衷于追求新颖事物的年轻一代，显得格格不入。

（一）教学模式有待创新

大部分教师对于教学过程中的模式和方法依旧是保留着传统教育观念，对于运用新媒体、网络教育等学生所热衷的时代化产物接受度相对较差，运用到教学过程中的成效微乎其微，无法将其物尽其用，充分发挥出教育的影响力。习近平总书记关于意识形态工作的重要论述所体现的科学观点和方法，是时代化背景下全党集体智慧的结晶，是在面对我国意识形态领域出现的新情况而做出的实事求是的正确思量和果断决策，正是因为内容充分体现了时代化元素，才能更具针对性地处理和应对我国意识形态的各种问题和挑战。当前普通高等院校思政理论课大多以"百人大课"的形式开展，教师无法关注到学生的个体思想需求，降低了普通高等院校思政教育的实效。因此，普通高等院校思政教育者应多从时代化教育以及新受众的思想行为特点入手，因材施教、实事求是地进行教学模式的创新思考。

（二）师生关系有待改进

部分教师依然保持传统师生关系的旧观念，未能随时代的发展建立起新型的平等师生关系，在教学过程中以严肃的形象和话语威慑学生保持良好的课堂学习状态，学生有疑惑而不敢言，无法形成教育的良性互动。普通高等院校思政理论课内容本身枯燥，加之师生间互动交流太少，思政教育的亲和力和说服力得不到彰显，加深了学生对于思政教育枯燥刻板的印象。这也是影响思政教育成效的另一重要因素。

（三）存在形式主义

在"课程思政"教育模式的切实贯彻过程中，部分普通高等院校存在形式主义的问题，教师在教育过程中未能将思政知识内容有机地融入专业课程中，存在思政教育与其他专业课仍然是两个独立部分的昔日窘况。

四、教育机制方面

健全且良好的机制是普通高等院校思政教育工作达到最佳成效的有效保障，可见健全的机制对于普通高等院校思政工作的重要意义。

（一）课程机制有待完善

大多数大学生通过普通高等院校思政教育课堂接受思政知识，由此可见，普通高等院校思政理论课发挥了极大的教育影响。部分普通高等院校对于教材的更新和最新政策、最新会议精神传达不是很及时，这就造成了思政教育内容以及会议精神内容传达的延时。作为思政教育的"主渠道"，普通高等院校思政理论课务必及时将马克思主义中国化的最新理论成果加入教材、贯穿课堂并扎根于学生心中。

（二）考核机制有待健全

普通高等院校思政教师是对大学生进行思政教育的主力军，因此务必要完善对思政教师工作内容和教育成效的考核机制，才能敦促其更好地开展教学和提升自身水平。目前，普通高等院校对于思政教师的考核重点依然是科研项目以及论文发表数量等学术方面的内容，而真正作为思政教师核心工作内容的育人成效考核以及自身思想素质、知识理论水平的考核却没有明确的制度规定。再次，普通高等院校协同育人机制不完善。当前普通高等院校思政教育队伍的主要力量来自于思政教师以及辅导员老师队伍，并未做到全员育人，协同育人机制流于形式而未能切实贯彻，普通高等院校教育教学与思政教育的衔接度和配合度不高。

（三）思政教育网络化机制有待提高

作为时代化背景下的新产物，网络以其便捷、迅速和高效的教育特点，成为思政教育的重要载体，不仅能够延长教学过程，同时增强了教学影响。但在运用和监管过程中缺乏相关机制。一方面，从调查结果来看，一半的大学生对于学校是否开设网络思政教育平台并不明确，可见普通高等院校思政教育对于网络的运用机制及管理机制并没有深入学生心中，网络思政教育平台形同虚设，对其的运用和管理流于形式，没有充分发挥其促进教育成效的作用，学生的认可度和接受度相对较弱；另一方面，习近平总书记关于意识形态工作的重要论述中的网络论述强调了网络对意识形态工作和建设的重要性，对于普通高等院校思政教育而言更应该关注到网络的正负影响，在利用好网络的同时，也要注重完善普通高等院校网络防御机制和舆情预警机制。目前，普通高等院校对于校园网络的监管也没有形成成套、合理且科学的监管机制，对于校园网络疏于管理。在2020年疫情防控期间，各类普通高等院校更大规模地运用起网络教学平台进行线上教育，这次的疫情防控成为网络进入教育教学的助推器，但不免看出各级各类普通高等院校在面对疫情出现时将网络运用于教学的仓促和生疏，可见普通高等院校在日常当中并未建立健全网络化教学体制机制。

五、教学方面

（一）教学模式单一

当前我国大部分普通高等院校都在积极地进行课堂改革，部分学校探究出了新的教学方法，取得了明显的效果，但事实上有一部分普通高等院校仍旧没有改变传统的教学方法。思政教育是教师和学生一起参与并且积极发生互动的过程。因此，在思政教育过程中，教师和学生都应该加入课堂中并且积极地进行交流，但事实上部分教师在教学时仍然使用的是"满堂灌"的传统授课方法。这种传统的方法使得教学变成了单一的输出，学生没有积极地参与到课堂中，从而导致学生对课堂内容没有兴趣并且也缺乏投入学习的热情，所以传统的授课方法不能很好地体现学生的自觉能动性和自主性。

(二) 教学模式有待创新

习近平总书记关于意识形态工作的重要论述是在不断总结我国历届领导集体关于意识形态重要论述的基础上，结合我国实际国情与时代背景的新时代思想产物，充分体现了极具时代特色的创新性和与时俱进的特征。这样的时代性特征于普通高等院校而言应体现在教育模式与时俱进。一方面，习近平总书记关于意识形态工作的重要论述中的网络论述表明网络已经成为意识形态斗争的重要战场。大学生作为互联网时代智能产品的追随者，必然会受到网络信息的干扰和迷惑。在这样的现实背景下，已有不少普通高等院校反映时代的要求，建立起网络思政教育平台，但仍然有部分普通高等院校疏于网络思政教育平台的建设和发展，甚至有部分普通高等院校并未感悟到网络教育的重要意义、没能触及该领域，依旧保持传统的课堂讲授教学模式，教育模式呈现老化，无法吸引学生注意力、激发出学生对思政相关内容的学习兴趣。对此普通高等院校应及时反映时代要求，进化其教学模式。目前，"翻转课堂"教学、"微课"教学、"慕课"教学等都在其他学科上得到了积极的运用，同样在思政教育上也应该得到适当的运用。这其中就存在一个"度"的问题。思政教学内容的特性、教学科目的特点、学生年龄特点学习能力等决定了应该使其有针对性地进行改进式发展，而不应该盲目仓促开展新的教学模式。另一方面，目前普通高等院校思政教育课程内容相对独立，大思政教育模式还未健全，未能全方位将思政教育的相关理论渗透到普通高等院校教育教学过程当中。

(三) 教学内容偏离实际

新时代背景下关于意识形态工作的重要论述彰显时代化的特质。对于普通高等院校而言，时代化是思政教育的内在要求。普通高等院校思政理论课教师向学生讲授教材内容，包括马克思主义理论以及马克思主义中国化的内容，这些内容是马克思主义理论在中国时代化背景下的产物，彰显了强烈的时代特性。尽管当前大多数的普通高等院校能够及时传达重大会议精神并及时更新思政教材内容，但仍然有部分普通高等院校忽视了这一工作，导致思政教育内容依然是陈旧的理论，没有体现出时代化的特点，学生缺乏对国家新政策及会议精神的正确认识。

我国普通高等院校部分教师在授课过程中只是照搬课本内容，讲解理论，思政教育本来就是理论性比较强的课程，这样容易造成生硬和枯燥的感觉。学生在课堂中感觉无聊就会渐渐失去学习的热情，不能很好地加入思政教育课堂，对所学内容不进行积极的思考，自觉能动性就很难真正体现出来。

(四) 思政教学形式有待提高

教学内容的切实贯彻、教学任务的完成总需要一定形式的课堂或者其他教学方法来实现。近年来学校教育开始注重以学生为主体，课堂形式的重心开始向学生交流谈论为主偏移。为激发学生学习动机，学校开始用一些奖品、积分等激发出学生积极的状态，期望以此来激励学生去认真学习知识、提高能力。其中活动式教学法作为一个比较新的教学方式得到很多学校的推崇。但事实上对于活动式教学也是需要注意"度"的问题。活动是激发学生兴趣，引发学生独立动手实践完成任务的好方式，可是如果在课堂中活动滥用，往往会本末倒置，引起负面效果。比如，在思政课程中，新教材中插入了法治方面大部分内容。对于这一教学内容，课堂开展活动往往采取一些新形式的情景剧与图片等。这显然不适应于普及严肃理性的法治知识、引发法治意识和观念发展。因此，在教学形式的转变中对于教学内容教学阶段的针对性问题还需进一步完善。关于用活动等新颖形式激发学生学习动机问题也需要进一步探讨。

（五）教学主体应由教师向学生转变

我国思政教学的主体现今正处于一个变革的过程之中，尊师重道是我国教育传统形式，从我国古代延续至今的传统观念决定了教师地位与学生地位的不平等性特点。在新时代的教育和社会新的要求促使下，我国逐步由教师主体向学生主体转变。教师如何开展教学，如何认识学生、对待学生？这都要体现学生的主体性原则。在思政教学积极倡导以学生为主体的大背景下，各学校积极开发新的教学模式以改革、取代旧的教师主导的教学模式。

六、教师方面

（一）教师观念无法适应互联网时代

传统的普通高等院校思政教育过程中，教育者通常采用封闭、被动型的思维，但随着互联网的迅猛发展，各类互联网信息平台各显神通。在这个全面开放共享的时代，部分普通高等院校思政教育工作者跟不上形势，在初期始终无法接受"互联网+"时代教育理念已然发生改变的事实，缺乏现代互联网思维，甚至在教学中仍旧采用过去传统的教育理念。

（二）信息筛选能力有所欠缺

当前互联网信息平台中的信息资源鱼龙混杂，而普通高等院校思政教育工作者的筛选能力受自身知识水平的限制，互联网中信息平台中的"暴力信息""诈骗信息"以及"消极信息"等让许多教育工作者对互联网产生了消极情绪。

（三）利用互联网的能力有所缺乏

部分教师运用网络的能力不足，比如有的老教师不能充分利用互联网获取教学信息，不会用互联网信息平台进行教学资源的编辑整合，也不能熟练运用互联网信息平台进行思政网上教育，同时不少思政教育工作者不了解新时代的网上语言，无法与大学生形成互动和共鸣。

七、学生方面

普通高等院校思政教育的顺利开展并达到期望成效，需要多方协同发力，其中最重要的就是教育者和受教育者双方的共同配合，在双向互动中完成教学任务并达到教学目标。

（一）缺乏创造性

思政教育对象的创造性是其自主性的另一个表现，是学生在反映教师所传授的信息和自身思想品德状况的基础上创造出新的东西。对于新的教学方法和教学形式，不仅学校和教师可以研究探索，学生也可以积极参与进来，充分发挥自觉能动性。在普通高等院校，是教师扛起了研究新的教学方法的重担，学生没有积极参与研究的意识，未提出自己的意见和建议。在思政教育课堂上有部分学生在学习以及接受教师传递的信息的时候，采取消极的态度，没有与教师进行积极的互动。

（二）缺乏自主能动性

随着我国普通高等院校改革力度的普遍提升，所有普通高等院校对思政教育水平的提高都愈发地重视起来，并且纷纷对思政教育课堂教学进行改革，改变传统的单向传输的授课方法，创新思政教育方式方法，突出学生的主体性地位，提高大学生思想道德素养。在进行课前预习的时候，有一些学生对于教师的安排过于依赖，不能独立完成学习计划和目标的设定，没有将其自身的自主性发挥出来。在学习过程中，仍然有部分学生已经习惯了传统的思政教育方法，只喜欢听教师讲课，不愿意主动思考问题。对于教师新的教学方法没有给予积极的反馈，对教师所教授的内容也没有进行积极的思考，表现出思维惰性，更不愿意与教师进行积极的互动交流。对于教师所讲的思想品德要求，也没有与自身进行对比反思，调整自身的不足，处于被动消极的状态，而且欠缺思考怀疑的能力，不注重发挥自身的创造性。

思政教育对象的自主性表现在学生对教师所教授的内容和知识进行自主学习、自主选择、自主吸收。学生在思政教育中积极参与活动，对于教师教的知识进行主动的、选择的学习。在思政教育课堂中，大部分学生都能够自主地、有选择地学习思政教育内容并内化为自己品德的一部分，但事实上也有部分学生对于所学内容相对比较消极，没有积极地进行选择。教师在课堂上努力地讲课，学生却不关心教师讲的内容，只是关心考试的内容，对思政教育内容缺乏思考，自主能力差，不能安排好学习计划和学习目标，没有将教师所教授的内容内化为自己的道德修养。

（三）价值观有所欠缺

当前，部分大学生受西方思潮影响而产生的享乐主义、个人主义等负面思想以及在社会主义市场经济影响下而产生的功利主义、利己主义等思想，与我国所推崇优良传统精神形成对立。部分大学生受多元化价值观和思想的影响，出现了奢侈浪费、攀比心理等价值观问题，导致校园借贷惨剧屡发不止；也有部分学生作为学生干部官僚气息过重，思想腐化，为学生服务意识较弱。

（四）法律意识有待提高

互联网的开放性和共享性使得信息的发表和获取变得十分容易，表现出"无屏障性"的特点，同时互联网信息平台给大学生提供了一个有匿名功能的虚拟空间，大学生可以隐藏自己的真实名字在平台中进行学习和信息的发表，他们可以不用在意他人的看法和评价，但事实上由于缺乏相关法律规范，部分大学生不认为自己的造谣行为要承担相应的法律责任，所以在微博、微信、公众号等平台中发表自己的观点和意见时，大学生受到其他思想的影响，也跟风地发布一些不实的消息，带来的严重后果是大学生无法预料的。

（五）高层次的理想信念有所欠缺

随着改革开放的不断深入，社会的利益格局出现了深刻变革，人们对于自身利益的追求更为迫切。这是特定历史条件下社会发展的必然结果。值得注意的是，普通高等院校大学生由于思辨能力和知识储备所限，受社会环境的驱使，更多地将自身利益缩限于个人的物质利益，将自身的发展游离于国家和民族利益之外，抛弃了对高尚理想信念的追求。大学生实现职业理想的目的是追求更好的自身利益和自身发展，这仅是低层次的自我理想，而并非为社会主义事业的建设贡献力量的伟大追求。

（六）对思政科学理论的真实信仰有所欠缺

根据调查结果显示，大部分学生表示自己对普通高等院校思政课持积极主动的态度，但由于我国普通高等院校的教育体制以及国家选拔类考试大多倾向于应试教育，因而呈现出重智轻德的现象，学生所表现出来的对思政教育积极的学习态度，绝大多数是应付考试或修学分，并非发自内心地接受思政教育知识，也并非真正信仰马克思主义等思政相关科学理论，因为教学模式和教学方法单一枯燥，与实际联系不紧密，造成了学生对思政教育相关科学理论"不实用"的心理暗示。

加之信仰对象多样以及家庭环境的影响，大学生甚至出现伪科学、封建迷信的思想行为。

第二节 大学生思政教育改革创新策略

一、提高思政教育引导力

（一）促进思政理论中国化

普通高等院校是党领导下的高校，是中国特色社会主义高校，务必贯彻和切实贯彻党的教育方针和政策，坚持马克思主义为指导。普通高等院校引导大学生在原原本本读马克思主义经典著作的同时，注重与中国的实际相结合，将中华优秀传统文化作为思想基底，实现马克思主义与传统文化的结合。习近平总书记指出：坚持把马克思主义基本原理同中国具体实际相结合、同中华优秀传统文化相结合。普通高等院校思政教育的内容包含了传统文化教育，因此普通高等院校推进科学理论中国化的过程中，一定意义上也对普通高等院校大学生进行了传统文化教育。

（二）存进思政理论大众化

通过教育宣传马克思主义是马克思主义大众化最基础的方法。马克思主义理论只有被作为社会主体的大众所接受、所理解、所掌握，才能成为改造世界的巨大精神力量。作为指导中国具体实践的科学理论，其根本要求和内在要求就是马克思主义大众化。普通高等院校开设的马克思主义理论相关课程，意图通过有计划、有目的的教学活动，使普通高等院校大学生理解并接受马克思主义，同时将其内化为自身的一种信仰，指导和影响思维和行为活动。

一方面，在普通高等院校思政教育中，教育者应将马克思主义理论枯燥乏味的语言转用生动、形象、诚恳的表达方式将其内涵传达给学生，同时借助鲜活的案例和感人的事迹，在真实的教育情境中，让学生感悟科学理论的先进性和真理性。

另一方面，普通高等院校通过在校报、校园专栏以及微信、微博公众平台等刊登或发布大众化马克思主义相关内容，以深入浅出、生动活泼的语言文字，将通俗化的马克思主义理论运用于分析当前热点事件和时代大势。

普通高等院校思政教育大众化，更是国家未来稳定发展的基础。普通高等院校培养了无数科技文化精英，他们承载着国家未来发展的重任，将通过与社会的互动对社会各方面的发展产生影响。普通高等院校思政大众化就是要将马克思主义理论转化为思想武器,内化修养,外化行为,是维护社会稳定、国家发展的前提准备。

(三) 促进思政理论时代化

任何一种思想的出现都是特定时代的物质世界和精神世界的反射,反射出时代赋予的任务和要求。推进思政教育科学理论时代化,即推进思政教育过程中马克思主义理论时代化。马克思主义科学理论能够拥有强大生命力,历久弥新,正是因为其不断符合并适应时代提出的新要求、融入时代新元素并回答时代提出的新课题。推进普通高等院校思政教育科学理论时代化是普通高等院校面临的新的历史课题,普通高等院校思政教育的实效性正是体现在时代化。

首先,普通高等院校务必要重视理论内容的创新,紧跟时代发展的步伐,把握时代本质和时代发展趋势。普通高等院校对大学生而言是党和国家重要的"传声筒",是向大学生传达最新理论、政策和会议精神的中间载体,因此更应重视将党的最新理论成果及时并准确地传递给学生,将党和国家的重大方针、政策和重大会议精神更新到思政教育的内容中,对于教材内容要做到及时更新并传送到学生手中,对于重大会议精神的领悟,普通高等院校应及时开展专题讲座或召开主题活动,帮助学生和教师解读和领悟重大政策精髓。

其次,普通高等院校的党团建设也应体现时代化的内容。普通高等院校党团是共产党人的摇篮,是普通高等院校党团建设的重中之重。其工作内容包括对积极分子的选拔、教育与考察,对预备党员的考察以及对党的路线、方针、政策的宣传和学习,因此作为思政第二课堂的党团,其内容也应体现时代化精神。

最后,时代化也体现在教育模式、方法和途径的与时俱进。普通高等院校应不断优化和改进教育理念、内容、方法以及环境,用符合时代的新理论指导学生,用全新的科技媒体辅导学生,用最新的教学方法引导学生,使理论知识更贴合学生生活实际。应做到理论内容的与时俱进和宣传教育手段的与时俱进,促进普通高等院校思政教育时代化,从而增强教育实效性。

二、教育目标考虑大学生的基本需求

在思政教育的过程中,既要坚持教育的基本方向、原则与要求,又要将受教育者的需求落在实处,充分掌握大学生的思想动态和需求是设置思政教育目标的前提性条件。在此过程中,要从人性化、个性化、制度化三个层面做到教育目标与学生需求的契合。

首先,在人性化层面上,从共性的角度全面客观把握大学生群体性的思想特征,对他们学习生活中的良好特性加以强化,对他们的不良特性加以抑制、纠正,将此确定为教育目标的基本内容之一。

其次，在个性化层面上，充分认识到每一个学生在智力、家庭背景、情感、心理、兴趣、特长等方面存在的差异性，一方面尊重个性的差异，另一方面极力避免因个性带来的冲突与摩擦，努力做到求同存异，这也应当是教育目标中不可忽视的内容之一。

再次，在制度化层面上，充分认识到制度规范对大学生思想、态度和行为的规范、调节、引导作用，在教育目标的设置中融入学生行为基本规范，使学生树立规则意识。

最后，教育目标的设置要注意将人性化、个性化、制度化三个层面的学生需求加以协调。

三、提高大学生自身主体性的塑造

大学生主体地位的发挥不仅需要从外在上转变错误观念、从目标上契合学生需求、从形式上创造更多的平台，还要从根本上内化为学生的内在目标诉求。学生只有能够自主自觉地意识到思政教育不是"要我学"，而是"我要学"，才能够从根本上改变不得不硬着头皮学的消极状态，从而有目的、有针对性地进行思政教育的改造，树立正确的世界观、价值观，做到提升自我，全面发展。要做到这一点，大学生要首先明确自身的使命。这一使命既与个人成长目标、家庭的期望紧密相关，也与新时代下社会进步、国家富强的社会责任相关，它们均不同程度地要求大学生要树立远大的理想与抱负，将接受大学学习的过程视为改变自身命运、满足家庭期望、影响社会发展、有效促进国家富强的必要手段。其次，大学生要养成良好的自律习惯。他们可以根据自己的兴趣、专业、特长、家庭背景等多种因素，明确自身的学习目标和学习内容，有计划、有步骤地学习，养成良好的自律性，能够做到自我认识、自我调控、自我矫正。通过良好的自律，大学生可以在有效的自我学习、自我提升中充分展现其自主地位。

第三节 大学生思政教育新型教学模式

一、疏导教育法

（一）基本内涵

开通壅塞的水道，使水流畅通，是疏导一词的释义。思政教育中的疏通是指让大家敞开思想，充分发表各自的观点和意见。导，即引导、开导，是指在思政教育中循循善诱，说服教育，对各种不同的思想与言论进行引导，让受教育者走上正确并且健康的轨道。

通过以上概念的归纳我们可以看出，要准确把握疏导教育法的基本内涵要从如下层面入手：

1.重视"疏"的作用

疏导教育法是建立在教育双方地位平等、互相交流的基础之上的，即充分发挥了受教育者的自觉性、主动性，让受教育者讲出心中所想，教育者再根据受教育者具体的问题进行引导，是一种教育主体与教育客体思想、情感互相交流的方法。

2.要重视"导"的作用

在教育过程中教育者要发挥主导作用，对受教育者所表达的正确思想观念予以肯定，对于不当和错误的言行进行说服教育，弘扬和宣传正确思想的方法。

3.疏导教育法是一种有效解决人民内部矛盾的方法

应当本着"惩前毖后、治病救人"的原则进行，所以在运用的过程中主要是采取说理教育、真情感化、批评教育和循循善诱等方法进行。

由此可见，疏导教育法是由相互联系、相互依存的"疏"和"导"两个方面构成的。没有疏通环节的畅所欲言、广开言路，引导就无法顺利开展；没有引导环节的利导引导、说服教育，疏通也就失去了意义和价值。

（二）主要手段

疏导教育法是由"疏通"和"引导"两个方面构成的方法体系，"疏通"和"引导"都有其不同的主要方法。从"疏通"的角度来讲，有集体表达和个别谈话两类主要方法。集体表达是指针对群体性的问题让一定数量或特定组织的群众集体表达意见或看法，主要有民主讨论、干群对话等形式；个别谈话是指针对某个人的问题让个人充分表达自己的思想和意见，主要有书信表述、个别谈话等形式。从"引导"的角度来讲，以"导"的不同形式为依据能够把疏导教育法分为以下三个方面。

1.分导

分导是指针对某个群体或个人复杂的思想问题而采取的分散、分步、分头而导的方法。分散而导是指针对某个群体共同存在的思想问题，通过逐个分散引导，对群体中每个成员在思想上存在的问题加以有效解决，以切断群体内的不良思想串联蔓延的方式，从而将复杂的群体问题化整为零、逐个击破，最终有效解决群体问题的方法；分步而导是针对个体思想问题而言的，导致个人错误行为的思想是多方面的，教育者要分清主次、分清轻重缓急，要抓住主要矛盾的主要方面，充分挖掘受教育者问题产生的根源，根据一定的顺序有步骤地进行有效解决；分头而导是指教育者集中各种人力物力，对集中而严重的思想问题进行全方位引导的方法，要整合各种教育资源、利用有利环境对受教育者进行帮助教育，以化解受教者的不良情绪，有效解决其思想方面的问题。

2.利导

利导是指教育者要善于抓住有利的时机和环境，对受教育者进行有针对性的、深层次的教育，通过及时的、生动的教育使受教育者真正理解并接受正确、积极的思想。有利的时机可以是正在发生的大事，如"国庆节"时，可以组织学生集体收看阅兵式，使青年学生通过对我国强大的军队和国防力量的直观了解，感受到伟大祖国的强大，深刻体会中华人民共和国成立以来党带领全国各族人民进行社会主义现代化建设取得的伟大成就，从而使学生自觉产生爱党爱国的热情，达到教育的目的；教育者也可以抓住某些重大的事件和节日组织开展相关教育活动，如在三月份学雷锋活动月开展的各类志愿服务活动，组织青年学生通过志愿服务的实践，深刻体会到奉献社会、助人为乐的价值，从而引导青年学生积极践行雷锋精神，内化为自身的品德、外化为良好的行为，有效促进教育对象"知、情、信、意、行"的转化，最终形成良好的思想品德。

3.引导

所谓的引导也就是启发诱导，是指教育者运用"提出问题—分析问题—展开讨论—统一思想"的思路，引导受教育者积极运用头脑进行思考，并通过思想碰撞和比较分析使受教育者学会透过表面现象探究事物内在的必然的联系；通过对事件正反两方面的解析，使教育对象学会用全面的观点来看问题，能够在面对诱惑时保持谨慎，面对挫折时勇往直前；通过开导受教育者改变原来狭隘短浅的认识，引得其学会在用全面的、发展的、联系观点看待问题，来开阔受教育者的视野，拓展其思维；通过用已知的事实作为依据，使受教育者认识到不良思想导致的严重后果，以达到放弃原有的错误想法，从而走向正确思想轨道的目的。

（三）基本特征

1.民主平等

这是疏导教育法运用的前提和基础，也是其首要特征。民主平等首先是指在进行教育的时候，教育者与受教育者的地位是平等的，双方以平等的身份进行交流，受教育者有表达意愿和想法的权利；其次是指教育双方要进行互动，对于某个特定的问题，教育双方都发表见解，对方讲话时，另一方要认真聆听并进行讨论，并就其不明白的地方进行提问，就其不同意的内容进行反驳，是一种朋友式的探讨；再次，教育者也要对受教育者正确地思想进行肯定，对其错误的思想进行批评纠正,是一个互相交流、互相探讨、互相提高的过程,摒弃了教育者居高临下的一味灌输,不给受教育者任何表达想法的权利的传统教育手段。

2.主体间性

主体间性是主体间关系的规定性,指主体与主体之间的相关性、统一性、调节性。主体间性是两个或两个以上主体的内在相关性,它的基础是个人的主体性。疏导教育法的主体间性体现在教育主客体之间是相互影响、相互转换的关系。受教育者的主体性体现在可以充分、平等地表达自己的意愿和问题,并对教育者的理论有辩论和选择的权利,教育者的主体性体现在对教育活动的组织和设计上,以及对教育对象正确思想的弘扬和错误思想的纠正过程中;教育主客体之间的互相转换体现在教育双方是一种交融性的存在,是一种"主体—主体"的思维模式,即是一种教学相长、青蓝互滋的和谐状态。

3.人文关怀

这是疏导教育法的情感延伸,也是疏导教育法有效性的重要基础。疏导教育法要求教育者认真倾听教育对象的思想和意见,当然也包括情感层面的问题,并且要求教育者将情感内容作为核心话题与教育对象进行交流探讨,在帮助教育对象的过程中不仅是理性内容的灌输,更重要的是情感问题的疏通,只有疏通了情感才能使教育对象以良好的风貌和积极的心态来接受正确的思想。教育者要真正将教育对象当成自己的家人、兄弟和朋友,真正地关心他们、关注他们的实际问题、关注他们的发展;疏导教育法要求教育者肯定人的个性与价值,尊重并关心教育对象选择的权利,维护并支持教育对象的个性发展。

4.针对性

这是疏导教育法取得实效的基石。疏导教育法要求教育者在认真倾听教育对象提出的具体问题的基础上进行分析辨别、归纳总结。要针对不同教育对象的不同问题采取不同的方法,具体并且实际地为有效解决教育对象存在的问题提供帮助;对教育对象的合理诉求应该积极地进行反映,搭建好沟通的桥梁;要善于借助各种环境、充分运用各种人力物力条件形成教育合力,帮助教育对象有效解决大的问题;要借助具体的典型、理想或价值给受教育者以直观的感受和刺激,使受教育者明辨是非、明确努力进步的方向;要关注受教育者个人的要求,帮助教育对象有效解决与自身成长和发展相关的实际问题,最终使教育对象真正得到帮助。

(四)疏导教育法的必要性

从疏导教育法的定义出发,就会发现其与一般的思政教育的方法最大的不同在于疏导教育法强调对学生的分导、利导与引导,这是强调师生思想互动与交流碰撞的过程，而绝非是一种单方面、单向度的灌输。这种方法是符合学生以及社会发展的需要的。

1.疏导教育法重视民主平等，符合师生关系的内核

民主平等指的是教育过程中，双方的地位是平等的，双方都能够平等地表达自己的想法并对这些想法进行充分的交流与互动，同时对于某个特定的问题，双方都必须发表见解，而不是教师占绝对的主导地位。在普通高等院校以人为本、立德树人的大的教育背景之下，疏导教育法的这一点恰恰契合了当今学校想要构建的一种师生关系。其给予学生充分的权利表达自身的思想情感，摒弃了教育者居高临下灌输的这种做法。

2.疏导教育法强调针对不同的学生采取不同的教育方法，为有效解决受教育者的实际问题提供帮助，这种方法的针对性更强并且能够发挥更大的作用

疏导教育法要求教育者必须要认真倾听受教育者思想上的问题与困惑，并且在此基础上对问题进行总结梳理，帮助学生完成自身的成长。整个过程中，都十分注重受教育者自身的看法与感受。教育中，每一个个体都是与众不同的，只有建立在对学生本身个性的了解的基础上，才可以为有效解决学生思想方面存在的困惑提供帮助，并且与教育的基本规律相符合，也能够更高效更有针对性地对学生进行教育。

3.疏导教育法在普通高等院校中有很大的适用性，使用起来非常广泛

疏导教育法是随着我党的思想教育的创立而产生的。可以说，疏导教育法与思政教育是相辅相成、骨肉相连的。运用到普通高等院校中，疏导教育法对正处于思想价值观形成关键期的大学生来说，强调对学生本身状况的关注，具有很好的适用性且易于操作，因此在普通高等院校当中运用得非常广泛。思想教育工作者常常在不知不觉中使用疏导教育法对学生进行劝导，无论是专业课还是思政理论课，教师一般会在与学生进行交流的时候疏导整理学生的思想，与学生交流沟通。但这大部分都是在一种无意识的自主情况下使用的，而缺乏具体的训练，也常常导致很多问题的产生。

（五）运用疏导教育法的措施

1.营造民主氛围

随着我国社会主义制度的不断完善和社会经济的不断发展，我国传统的师生等级观念逐步被打破，教师与学生以平等的身份参与学习过程，这在客观上为疏导教育法的应用提供了有利的条件。要营造民主的制度和氛围，可以在教师与学生之间建立平等对话双向沟通的机制。比如：建立网站，教师轮班在线，当学生遇到问题的时候，不管是什么时候或者处在什么地点都能与教师进行交流；设立

学院短信提醒服务，每周给学生发送温馨的贴士，对学生的生活与学习起到关心的作用；公开书记和校长的邮箱，让学生可以畅谈自己遇到的问题。通过机制的建立，教师要清楚、完整地了解到学生的问题所在，把学生的错误思想拉到正轨上。平等机制的建立不仅需要教师和学生的合作，更是一种信任，所以我们要激发学生的积极性，让教师与学生共同探索民主氛围营造的方法，这样也更能符合学生的心意，更容易被学生接受。此外，鼓励和支持学生有组织、合理地表达诉求。学生可以通过广播、微博等合理地表达自己的诉求，尤其是大部分学生都共同反应的诉求，学校应该积极地与学生进行沟通。

2.构建相应的教育环境

疏导教育法的顺利开展需要一定的物质基础，学校要为疏导教育法的开展提供良好的场所、给思政教育课程提供合理的课程安排，为思政教育课提供新型的技术和设备。首先，学校需要为疏导教育法的运用提供固定的场所和固定的时间，方便师生间的交流与沟通，学校也要为疏导教育法的运用提供不固定的场所和时间，对于一些突发的问题，矛盾尖锐的亟待有效解决的问题能够灵活地处理。其次，学校需要为疏导教育法的运用安排相应的课程。每一个方法都有自己的理论知识，有自己的专门概念、范畴和术语，因此在操作方法之前需要对理论进行学习，了解疏导教育法的概念、表现主要手段、形成原因，等等。在对基本的疏导教育法有了了解后，教育者应更加深入地研究疏导教育理论，组成课题小组，在理论成功的前提下，加以实践，从而推进疏导教育的发展。

3.创新主要手段和载体

教育者需要对自己在实践中形成的疏导教育方式进行及时总结，提高对疏导教育的理解，有效地运用疏导教育法。教育者可以加强疏导教育知识和心理学知识的结合，了解普通高等院校学生的心理特点，从而跟学生进行更加有效的交流。教育者可以用马克思主义理论教育学生具有高尚的思想道德情操，积极乐观的态度，革命探索的精神。教育者可以加强网络技术的运用，从而扩大疏导教育的应用平台，拓宽疏导教育的应用范围。随着社会经济的发展，传统的书信、面谈，在教育中发挥的作用越来越受到限制，学生也不愿意接触，教育者应该在疏导教育法加强对于新科技的应用，包括建立局域网络、开通教师问答专线、手机短信温馨提醒等新科技手段。

二、"融入式"教学模式

"融入式"普通高等院校思政工作坚持以人为本理念，注重潜移默化育人，切实开展第二课堂，鼓励实践教学，奉行因材施教原则，提升整体素养；利用人文关怀的养成融入，各种信息媒体的融入以及思维水平训练的融入，在具体的实践教育工作中实现了显性和隐性的教育结合，同向联系与反向联系的结合，文化资源与教育资源的融合，以提高高等学校政治思想教学的实际效果，进一步开展高等学校的政治思想课程的教育体制的革新。

（一）教学实践

"融入式"普通高等院校思政理论课教学在原有的思想政治教学形式的前提下，利用人文精神培养的融入、信息技术教育的融入以及创新精神的教育融入，构建了一种让普通高等院校学生喜爱的生动有趣的思想政治教学方法。

1.在思政教育中融入人文情怀

高等学校学生的人文精神关系到人的情绪、生活态度和价值观各个层面，对于思想政治教育工作者而言，希望他们不但具有科学精神，而且要具有良好的审美能力，还要具有优良的思想政治素养，学生的思想政治素养怎样，直接关系到国家的未来。人需要塑造灵魂，人文情怀融入思政工作，弥补了这一教育缺失。因此，要注重人文情怀的融入，探索思政教育的新模式。除此之外，其注重专业内涵建设，注重人才培养，立足学科和专业建设，狠抓教风、学风、考风，实施诚信考场，全校范围内首次开展无人监考，得到老师、领导的一致认可。通过人文情怀的融入，达到了思政教育育人的良好效果。

2.在思政教育中融入网络媒体

充分认识并有效利用网络媒体，是高校做好思想政治教育工作的重要途径。思想政治教学的新媒介必须同传统媒介融合，提高效率。现在微文化发展的速度很快，普通高等院校学生的选择面更大，假如仅把过去教学的内容和形式如法炮制，是很不容易产生效果的，应当正确把握现代普通高等院校学生的思维和行为方式，从他们的现有生活找到有效的方法。所以，要接受大学生信息文化接受途径的新变化，积极参与创造网络电视、广播于一个整体的校内网络宣传新媒介，全面运用网络丰富的传输方法和科学的传媒技术，适应时代的需要，加强思想政治教育，建设校内新颖时尚的视听媒介生产和播放平台。加强他们的主人公意识，调动他们参与学校思想政治宣传教育工作的积极性。面对网络对当今思政教育的影响和挑战，各普通高等院校坚持教育与服务相结合，调动学生参与的积极性，推进网络宣传媒体的融入，充分利用毕博网站，QQ练习等主要手段进行形式多样喜闻乐见的思想政治教育。

（二）经验总结

在高等学校思想政治教师的带领下，这种"融入式"的思想政治教学旨在加课堂教育、具体的实践教育、信息教育的密切联系，显示思想政治教学的政治性、情感性、灵活性，全面切实贯彻提高高等院校学生的政治思想水平，让他们能够健康成长。

1. 坚持以人为本

高等学校作为社会主流思想意识形态主阵地和先进思想传播的前哨，承担着革新和发展思想政治工作形式的重任。而"融入式"的思想政治课程教育体制改革的创新必须满足人的全面发展的要求，既需要立足普通高等院校实际，坚持全员、全程、全方位运行机制，面向全体，基于专业，强化实践，贯彻始终，一切从大学生的实际出发，又需要强化对学生人文情怀与认知能力的培育，在育人核心理念上坚持以人为本。从人可以全面发展的视角，本着尊重学生、关爱学生的原则，切实达到尊重每一个人，关心每一个人和切身利益，激发人的潜能，激活人的创造力，并通过摆事实、讲道理等方式启发学生积极思考，满足学生的个性发展，使学生多方面的潜能得到充分发挥，促进个人的发展与整个社会的进步。并且，在教育之中融进我国的传统美德、心理健康知识、优秀历史故事等，不但提升了思想政治工作的有效性，还能达到润物细无声的效果。

2. 坚持因材施教

普通高等院校学生的思想政治教育工作如果要获得实际效果，就要求思政理论课的教师能够改方法，因人施教，提高整体素养，创新思政教育思路。普通高等院校思政教育的对象是在校大学生，"融入式"普通高等院校思政理论课教学体系的创新需要面向全体大学生，运用不同的思政教育方法，因时、因地、因人而异，正视矛盾的特殊性。

首先，针对不同阶段的工作任务开展教育，分段培养。学生思想的多元化决定了思政教育不同阶段教育方法的多样性，学校可根据学生入学时间的不同，确定不同阶段的教育目的和计划。学期开始，帮助他们制订好发展规划，在课程教育体制方面必须表现分阶段教育的思想，思政理论课教学内容须与时俱进，不断丰富学生的基本理论知识，促进学生学业水平的提高和学习能力的提升。中间关心他们的心理卫生问题，重视心理辅导，妥善处理好他们在校期间的各种心理问题，指导工作的重心放在对他们的实际工作能力的养成方面，助力学生把知识转化为能力，进一步提升学生整体素养。最后期间必须做好他们的就业培训工作，协助他们制订人生和职业发展的规划，进一步引导毕业生树立正确的就业观、择业观和创业观，正确掌握社会环境对人才的不同需要，积极创造全面培养人才的新局面。

其次，针对不同的对象进行分门别类的教育。在学校生活中，有关部门必须重视对困难家庭学生的照顾和帮助，特别是对那些单亲家庭的孩子要给予更多的关爱，对他们的心理压力给予疏解，帮助其树立正确的世界观、人生观、价值观，以更加积极健康的心态融入集体。思政教育工作要更富有人情味，进一步提升整体素养。

(三) 特征

"融入式"思想政治课程在实践教学中实现了显性与隐性结合、正向与反向联系，也是高等学校思想政治课程体制的革新和大胆的探索。

1.隐性教育与显性教育相结合

普通高等院校通过改革之后，学校的面貌、校园环境和人文精神构成一个完整景观对于学生思想政治素养的提升也起到了至关重要的作用。所以高等学校思想政治教师全面分析了普通高等院校的自然条件对他们影响，将它不仅作为一种物质形态而是当作普通高等院校育人课程的一个方面进行研发，在实践教育过程中让外界条件同学校精神文化氛围相协调，进一步提高思政工作的针对性和实效性。并且，融入式高等学校政治思想教育十分重视对普通高等院校文化方面与政治思想课程有关的隐性教育。假如普通高等院校的外界条件是普通高等院校精心谋划的自然环境，属于隐性思政教育的组成部分，那么学校的组织和制度则是一种显性教育因素。"融入式"大学生思政工作的隐性教育就在于营造一种充满整个校园的人文气氛，文化和人的精神方面的校园文化才是它的核心，这种文化才能表现普通高等院校的个性和本质，也就是真正的"校魂"。所以，"融入式"政治思想课程开发的过程中，立足于人的文化和精神方面的总建构，并且同显性的政治思想工作有机结合，经过普通高等院校的各种活动实现有效的培养教育学生的目标。

2.正向衔接与逆向衔接相结合

正向衔接，即根据时间的同一性，依照从过去到现在的时间次序，达到高等学校思想政治教育的改革和创新目标。如果不懂得过去，也就没有理解现在，也不要说懂得将来，所以"融入式"高等学校思想政治教育重视实践教育的关系，不管是基本概念，还是理念的阐释，都必须向学生解读历史环境以及现在研究领域的成就，只有在了解以往的思想政治教育的基础上，才能在思想政治教育方面有所创新。然而，逆向衔接也能出奇制胜，效果显著。所谓逆向衔接就是指从现代思想教育政治过程中出现的各种现象和问题为出发点，回溯以往，深入探索当代思想政治教育工作思想根源和历史文化的关系，继而实现现代与历史的高度统一。"融入式"的教育方法在具体运用的过程中，把正向的衔接和逆向的衔接高度统一，在实践中使普通高等院校学生感悟深厚思想道德文化内容，对高等学校的思想政治课程教育体制的创新也是一种可贵的探索。

3.文化资源与教育资源相结合

为实现文化的教育价值，将其文化资源以各种生动活泼、学生喜闻乐见的形式引入普通高等院校思政理论课教学实践中；在整合文化资源的基础上，遵循思政教育的特征和原则，根据时代变迁的要求赋予文化资源以时代意义，进一步实现文化资源与教育资源的融合；文化资源与教育资源相融合的过程，不是对文化的简单梳理和对教育的简单过渡，而是一种自然的转化过程。在教学实践过程中，充分尊重学生主体对文化继承的自觉性和能动性，帮助和引导他们在文化学习过程中与教育资源相结合，践行"知行合一"，提炼精品并推陈出新。

三、榜样教育方法

（一）榜样教育法的定义

榜样教育法是指树立先进典型，以先进人物的先进思想与事迹为榜样，对人们进行教育，提高人们的思想认识、道德素质和政治觉悟的一种方法。在德育教育中，榜样教育法能够发挥巨大的作用，具有示范性、生动性和激励性等特征。教育者要想自己的教育获得更好的结果，就必须要对上述特征有充分了解，将受教育者本身的积极性激发出来，并且对受教育者的潜能进行挖掘。在恰当的时间采用适度的榜样教育法，对于受教育者的个性发展与个人素质的提高可以起到促进的作用。但事实上，如果过度地使用榜样教育法就会导致受教育者产生心理疲劳，产生的效果与预期的效果相反，没有任何价值可言。传统思政教育采取的大多数都是社会化的育人模式，只重视为经济的发展提供服务，但却对个体发展的诉求熟视无睹。所以，要想让个体身心发展的需要得到满足，对人文理念进行完善，以此让受教育者的综合素养得到提升是必不可少的。

（二）榜样教育法运用存在的问题

1.大学生对榜样的认可度不够

据相关调查研究发现，对同一榜样的认可度，大学生群体远远低于中学生。各种不良社会思潮的泛滥导致部分大学生对榜样有着严重的认知误区，对榜样的认可度不高。部分理论知识不扎实、道德素质不高的大学生很容易受到外界不良舆论的影响，对榜样产生不正确的认识和评价。

2.榜样教育法不被重视

部分思政课中采取单一灌输教育模式，忽视榜样教育法的运用。时代在发展，大学生的思维方式也会因此而产生变化。有些普通高等院校实行的仍然是过场式"听课"的思政课堂，教师讲课，学生听讲，教师与学生之间缺少交流，课堂也几乎没有互动。极少数的教师在思政课堂中运用的仍然是单一的"填鸭式"灌输教育，做不到多种教育方法的综合运用。有的教师就算是使用了榜样教育法，也只是为了让课程更加完整，在向学生传达榜样精神的时候，只会采用口头讲述的方式。

3.思政教师以身作则不到位

榜样教育法在思政课中的运用在很大程度上体现为教育者自身对大学生的榜样教育，教育者的一言一行都会对学生产生重要的影响。在进行实际教学的时候，少数思政教师作为思想教育者，不能给大学生灌输积极向上的思想观念和道德价值观，在课堂上随意发表消极不当的言论。甚至还有极个别教育者做出违背道德、触犯法律的行为，更是对大学生造成严重的负面影响。思政教师不能发挥模范带头作用，这是榜样教育法在思政课堂上失效的重要表现。

4.大学生在榜样精神知行合一上有所欠缺

榜样精神难以切实贯彻到具体的榜样行为的一个重要的表现就是，大学生并非不想而是不能完成自己的知行转化。很多大学生表示，每次听完榜样教育的讲座或者观看完榜样人物纪录片都会深受触动，精神受到鼓舞。然而，受教育者在接受和认可榜样精神之后也无法百分百的行动确保以实际行动切实贯彻。要么是因为对榜样精神的感慨之情难以长时间持续，还没等去做那股热情就没了；要么是因为榜样实在离自己生活太遥远，找不到方式方法去切实贯彻。现实情况下，榜样教育活动很难切实贯彻到某一具体部门，也就很难有常规性、标准化的实践活动，也难以进行持续的跟踪和监督。众多原因都导致大学生没有将实践榜样精神看作是一个必须完成的环节，不能及时或者长久地实现榜样精神的知行转化。

（三）强化榜样教育法运用的途径

1.完善榜样教育法在思政课程中的运用

（1）践行社会主义核心价值观。榜样教育要坚持选树多种类型的榜样。社会主义核心价值观蕴含着国家、社会、个人多层次的道德要求，普通高等院校榜样教育选择榜样应当坚持多样化，展现热爱祖国、奉献人民的爱国精神，自强不息、砥砺前行的奋斗精神，与时俱进、锐意进取的改革创新精神，辛勤劳动、创造未来的劳动精神。

（2）思政教师要自觉成为时代榜样。思政教师要不断提升理论文化水平，以扎实的功底进行思政课教学，传道解惑是一个教师的本职工作。提升理论文化水平、拓展知识储备、提高教学技能是教师应有的自我要求。思政教师不仅要有坚定的马克思主义信仰，而且要掌握扎实的思政理论课学科知识。思政教师用新思想对自己的头脑进行武装，坚定理想信念，增强综合素质。

2.发挥大学生自我教育的作用

学校要净化校园网络环境，营造健康的网络学习榜样氛围。随着科技的快速发展，互联网已经全方位渗透到大学生的日常生活当中。大学生身处的校园环境不仅包括实体的校园环境，还包括虚拟的网络校园环境。目前，各大普通高等院校几乎都有内部的网络共享平台，比如官方网站、微博、微信公众号等。互联网传播的广泛性、快速性、盲目性等特点都对校园网络环境的健康度产生一定影响。因此，学校要充分发挥互联网的积极作用，利用网络大力宣传正面典型，扩大正面典型的影响力。

（1）提升对榜样的认同。首先，大学生要加深对榜样的深层认知。一方面，大学生要关注不同类型、不同层次的榜样群体，不同类型层次的榜样闪耀着不同色彩的光芒。除了要学习和了解与自身联系密切的榜样群体，大学生也要加深对其他层次榜样的了解，接受多种榜样精神的熏陶，促进自身的全面发展。另一方面，大学生要通过多种途径全面、完整地认识榜样。媒体对榜样的宣传和报道往往是弘扬其主要的精神品质，大学生要深入挖掘榜样事迹和榜样行为，要不断提高判断是非的意识和能力，避免因为认知的片面性而产生对榜样的误解和扭曲。

其次，大学生要提升对榜样的认可。榜样模范人物无私奉献、艰苦奋斗，促进了国家的富强和民族的振兴，是时代的楷模。大学生群体要对做出巨大贡献的人们给予鲜花和掌声，坚决反对攻击和侮辱。青年大学生要自觉避免不良文化思潮的影响，坚定社会主义理想信念，加强对榜样人物和榜样精神的认可度。

（2）用行动践行榜样精神。一方面，大学生要积极参与校内榜样教育实践活动。普通高等院校是榜样教育的主阵地，也是大学生成长和发展的主要平台。大学生要积极响应学校的号召，用行动支持榜样的宣传教育活动。积极参加校内榜样的评选和选拔活动，促进榜样选拔机制的民主性和透明化，发扬自身的主体性作用。支持和协助学校组织的榜样宣传活动，了解榜样事迹，学习榜样精神。尤其是党员学生干部要充分发挥示范引导作用，在学习生活中坚定理想信念，关心其他学生的生活与学习，并且在他们遇到困难的时候，为其提供帮助，成长为道德与品质都优秀并且乐于助人的学生榜样。

另一方面，大学生要乐于参加社会上的榜样实践活动，自觉在生活中发扬榜样精神。大学生不仅成长在普通高等院校环境中，更扎根于社会大环境中，是社会的一员。大学生要积极响应国家号召，参与学榜样的社会活动；积极响应国家政策，敢于到基层服务国家和人民，敢于在艰苦的环境中彰显自己的价值，大学生只有在奉献社会中才能真正实现自己的个人价值。

3.形成尊重榜样和学习榜样的良好社会环境

（1）家庭教育父母要做好榜样。家庭教育要注重家教。模仿是人的天性，榜样教育法更是依据人的模仿心理。家庭教育中父母要做好孩子的表率，担负起教育孩子的重任。上行下效，父母遵纪守法，孩子便不会罔顾法律；父母勤俭持家，孩子便不会铺张浪费；父母知书达礼，孩子也会文明礼貌。父母应该用实际行动对孩子进行教育，让其能够践行社会主义核心价值观，并且引导他们热爱祖国、热爱人民，传播中华民族优秀传统美德。

（2）营造浓厚的校园榜样教育环境。学校榜样教育宣传要常态化、多样化。榜样教育法在普通高等院校思政教育中的运用应该在日常的校园活动中就有所体现，而不是仅仅体现在思政课程上。榜样教育的各个环节应当在普通高等院校活动当中常规化。组织学生参与榜样的选树和宣传既可以营造良好的氛围，又可以增强大学生对榜样的心理认同感和崇拜感。常态化的学习宣传榜样活动可以降低榜样教育的政治性和官方性，成为大学生自己的实践活动。榜样教育活动要打破传统自上而下的宣传模式，发挥大学生的主动性和积极性。学校还要支持思政课堂实践活动、学生会社团的课外活动，鼓励实践教学。

（3）政府要健全学习榜样的激励机制。政府首先要做好榜样正当权益的保障机制。榜样人物最基本的权益必须受到社会和群众的尊重和维护，这也是对榜样最基本的尊敬。政府要做好榜样人物的权益保障，从制度上保护榜样的正当权利，从根本上给社会大众一剂"定心药"。政府还要做好榜样行为的奖励机制，如果学习者看到榜样主体因为榜样行为而受到表彰或奖励，那么他就认为自己也会得到奖励；如果看到榜样主体因为榜样行为而受到损害，那么就会认为自己也会受到损害。政府给予榜样行为的鼓励和奖励会成为一种积极的诱因，增加社会其他成员学习榜样行为的频率。

四、生活化教学模式

普通高等院校思政教育生活化是提高大学生思想教育效果的"关键一招"，普通高等院校教育者应以相关的理论为指导，转变教育思想，更新教育理念，将教育理念回归日常生活，把教学方法融入现实生活，教学过程以学生为本，学校管理方法贴近生活，使教育和管理与生活并驾齐驱，相向而行，最终使教育融入生活，用生活来教育，为了生活而教育，以提高普通高等院校思政教育最终效果。

（一）教育理念生活化

1.教学内容生活化

教学内容包含教育者传递的理论知识和教育思想，如何更好地让学生理解理论知识并接受教育，选取贴近生活，融入学生生活经历的教育素材至关重要。

第一，选取具有生活性的教育素材。生活是具体的，不是抽象的，也不是悬挂在空中触不可及的。思政教育是做人的教育，必须选取生活中真实的、客观的、可靠的教育素材，虚假的、不合时宜的素材只能取得适得其反的效果。因此，教育者在选择教育素材时应做到"因事而化、因时而进、因劳而新"。"因事而化"，即要与学生生活中发生的大事、小事相联系;"因时而进",即要与生活"现时"相呼应,教育素材应与时俱进,反映时代发展特色;"因势而新",即要根据新时代社会发展大势,现代生活发展趋势,选择富有时代内涵的教育素材。教育者在生活中要有一双发现教育素材的"慧眼",善于发现生活中不断发生的"大事"和"小事",在教育过程中要精心挑选与教学内容或学生生活相关的热点事件、生活故事,找准切入点,注重与教学内容的契合性,以及对学生教育的针对性,将故事与理论相融合进行教学。除此之外,教育者在教育过程中,要设置与生活相关的议题,创设与生活相关的情境,注意话语的趣味性、亲和力以及学生的接受程度,运用生活中众所周知、耳熟能详、贴近学生的话语对教学内容进行阐释,提高教学的艺术性、趣味性,使学生倍感亲切,从而深化认知,转化行为。

第二,在教学中融入学生生活经历。使学生的思想和行为符合社会行为规范,更具有道德意义,是思政教育的基本诉求。对于新时代大学生来说,谁讲不重要,更重要的是讲什么,所以教育者应多关注学生经历,在教学过程中"投其所好",充分调动学生学习的积极性,引导学生把生活中遇到的人、事、困惑与喜悦在课堂中进行展示和分享,并结合所讲内容与其困惑和喜悦相结合,解学生之所忧、之所困,那么思政教育就可以直抵学生内心最深处,不仅符合学生的"口味",还可以取得良好教育效果,可谓是一举两得。除此之外,学生多年的生活和学习经历,在头脑中形成了自己的知识结构,这些已有的认知对于学生学习新知识的影响不言而喻,如果新学习的知识和大脑中已有的知识相近,那么学生的学习速度就会加快,否则,学习效果则大打折扣。所以教育者在教学过程中,一定要通过多种途径多方面地了解学生已有的认知、需求和生活经历,在教学过程中融入相应的生活元素,在教授新知识时尽可能多地考虑学生头脑中已有的认知,利用学生头脑中已有的认知同化新知识,以使学生更好地学会新知识并在生活中运用新知识。

2.教学目标生活化

第一,制定差异性的教学目标。大学生来自祖国的五湖四海,学生的受教育水平和学习能力参差不齐,所以教育者在制定教学目标时要考虑各种因素,做到具体问题具体分析,分层次制定教学目标,而不是千篇一律,不能提出与学生现有水平相差较远的教学目标,在制定目标时既要有与学生生活相关的"小目标",也要关注学生可能达到的高度,制定相对高一点的"大目标"。"小目标"可以融入学生生活,使学生在生活中就可知、可感、可行;"大目标"可以使学生"跳一跳"通过自身努力去实现,增强学生的自信心。除此之外,制定差异性的目标还要关注不同的学生群体,对于高年级学生,由于他们的思想已经比较成熟,所以在目标的制定上就可以层次高一些,对于低年级同学,由于他们生活阅历和经验不够丰富，就要制定层次低一些的目标。针对同一群体，由于学生的思想发展快慢不同，目标也应有所区分，比如针对学生党员和学生干部这个群体，在目标制定上应有一定的区分。但事实上，无论针对哪一类学生群体，制定什么样的目标，目的只有一个，就是有针对性的改善学生思想，用"精准"的目标来对学生进行教育。

第二，制定现实性的教学目标。现实生活是我们每人每天都能切实感受到的，教育者在制定"思政课"教学目标时必须关注现实生活，制定具有现实性的教学目标，而不是制定脱离生活、脱离现实的"高、大、空"的目标，我们培养的是生活中的人，目的是学生在现实中更好地生活，而不是对学生提出过分的不符合实际的要求。教育者在制定教学目标时，应多关注"中间地带"的学生，制定符合大多数学生生活实际的目标。当然，关注"中间"并不是忽视"两端"，因为中间的人数多，是生活中的主力，他们的思想状况会影响到整个群体的思想状况。所以，一定要以实践为依据，把对学生的思政教育作为出发点，制定"有血有肉"具有现实性的教学目标。

（二）教学方式生活化

思政教育普遍使用的教学方式就是传统的理论灌输式，不注重学生在学习过程中的主体地位，教育者将有趣的、多样的教学主要手段"抛之脑后"，导致教育效果不佳。因此，教育者应摆脱经验主义的"窠臼"，注重教学方式的"时代性"，注重运用情境教学、心理咨询和社会实践等符合时代发展要求的教学方式。

1.运用情境教学和心理咨询

新时代大学生思想变化是多样的，传统的育人手段难以吸引学生的注意力，调动学生的"胃口"，必须采取富有吸引力和针对性的育人方式来改善学生的思想，情境教学法和心理咨询法是普通高等院校创新思政教育教学方式且富有成效的重要方法。

第一，注重运用情境教学法。知识不能脱离情境而单独存在。情境教学是指在教学过程中，教师有目的地引入或创设具有一定情绪色彩的，以形象为主体的生动具体的场景，以引起学生一定的态度体验，从而帮助学生理解教材，并使学生的心理机能能得到发展的教学方法。首先，教育者可以采取情境再现的方式，将生活中发生的与教学内容相关的场景，通过多媒体或学生表演的形式再现出来。其次，可以直接将学生生活中发生的具有教育意义的故事"搬"进课堂，这样对学生的教育是直接的。但无论采取什么样的形式，其目的就是让学生在感受真实生活世界的过程中，以一种"独特"的且学生非常熟悉的方式来"反观"生活，引发学生的思考，提高育人效果。

第二，注重运用心理咨询法育人。现如今大学生的就业等各种压力纷至沓来，对学生的影响可能不仅是思想上的，心理上的障碍也是有可能产生的，所以引导学生转变思想仅靠对学生的思想教育或学生自身的调节可能是难以"见效"的，因为学生有些问题看起来是思想问题，实则是心理问题。所以我们应"双管齐下"，教育者可"另辟蹊径"采用心理咨询的方法对学生进行心理干预，帮助学生理性看待自己，辅助有效解决学生思想上的问题，促其全面发展。

2.重视社会实践

学生的发展是全面的发展，仅仅在课堂中对学生进行思想教育，满足不了新时代大学生全面发展的需要，而且也难以满足新时代对大学生提出的新要求。实践是理论之源，一些知识和理论需要学生去亲身体验，以获得真正意义上的理解，并指导自身实践，这就要求教育者应注重社会实践的育人性。

第一，注重社会实践的育人性，改变传统课堂"孤岛"式教学。"实践教育是人全面发展的决定性因素"，不仅要使学生在课堂中学习理论知识，还要使学生在实践中进行自我教育，毕竟生活是动态的，不是一成不变的。这种体验是学生亲身感受到的，不是表演、展览等"伪装"出来的，这就犹如在水中学习游泳一样，其效果是真实的、有效的。除此之外，从纵向来看，社会是学生最终的"归宿"，从人生的发展阶段来说，学生的学校生活仅仅是人生的一个阶段，然而人并不是只有在学生时期需要教育，人生的不同阶段都需要教育，而且其内容由于成长阶段而不同，对人的教育是一个终生的过程，那么这个教育的课堂就是社会这所大学校。从横向来看，对学生的思想教育不能只在校园内进行，也要在校园之外开展，不能使学生成为在校园之内是道德的人，校园之外就是"无恶不作"的人，所以转变教育方式，引导学生进行社会实践是非常必要的。

第二，注重社会实践的育人性，改变传统"知识性"教学。学生的发展是整体的、全面的发展，学生全面发展的前提是掌握一定的知识，除书本知识外，生活实践中体验感悟到的知识同样也是学生全面发展不可或缺的一部分，且通过实践获得的知识更具"实战性"。如果回想人类最初的思想道德教育，毫无疑问都是在生活、生产中开展的。学生思想的改变需要一个过程，不是45分钟就可以"瞬间"实现的，而且这个改变需要课上课下协同进行。现在普通高等院校对学生的思政教育是以教材为基础，是在课堂中进行的，是在"科学世界"中进行的，但事实上这样的教育是不全面的，因为"科学世界"是以"生活世界"为根基的，是从事"专门"教育活动和知识传授的"世界"。所以，生活才是对学生思政教育最基本、最全面的世界。"纸上得来终觉浅，觉知此事要躬行"，学生在课堂中、教材中学到的关于道德教育的知识，是普遍且具有共通性的，而社会生活中有大量的道德教育知识是不可言说，且对学生思想影响具有一定特殊性的。有些道德教育知识是"搬"不到教材中去的，是教育者说出来但学生不一定真正能够深刻领悟到的，需要学生必须亲身体验才能体会、感悟出来，因此教育者必须创新教学方式，引导学生在生活中进行实践、体验、感悟，使学生"游离"在"科学世界"和"生活世界"中，做一个全面发展的人。

（三）教学过程要以学生为本

1.强调学生的主体性

第一，将"灌输"式教学向启发式教学转变。在传统的灌输式教学过程中教师把学生当作接受知识的"器皿"，这样的教学是一种"你说我听"的教学方式。教学活动的主要实施者是教师，学生是接受知识的客体，师生之间不是平等对话关系，教师是知识的"搬运工"，搬运的知识就是"圣经"，这样的教学是脱离生活世界的教学方式。与之相反的启发式教学是符合时代发展要求的教学方式，启发式教学强调教师要引导学生学习，做学生学习的"助产士"和"促进者"，要求师生双方平等对话，一同探索真理。教育者在教学过程中，首先要发扬教学民主，转变以往师生之间"主体——客体"关系，建立一种"主体——主体"交互式师生关系，在教学过程中做学生学习的"引路人"，师生双方相互配合，实现预定目标。其次，学生的很多感悟是在生活中体会出来的，在相互交流过程中教师要调动学生关注生活的积极性，将知识的学习与生活紧密相连，寻找知识和生活的契合处和交汇点，这样可以增加学生对生活的热爱之情，也可以形成良好的课堂学习氛围。因此，教学方式的转变，不仅是师生双方平等主体地位的体现，更是转变教育思想，提高教育质量的必然选择。

第二，融入情感因素激发学生将知识运用到现实生活中的自觉性。情感一直贯穿教育过程的始终，教育者在教学过程中做到以学生为本，与学生平等对话，可以激发学生学习的积极性。但事实上如果在师生交往过程中，不融入任何情感色彩，仅是"你说我听"，那么师生之间的交往便是"冷淡"的；如果没有情感的"掺杂"，那么教育者的教仅仅是教，学生的学也仅仅是学。所以，教育者在教学中要投入情感，进行有"温度"的教育，对于教育者来说在教育过程中以情感为基础，有情感地对学生进行有"温度"的教育，可以直抵学生内心深处，触动学生心灵，达到预期目标。因此，一方面对于教育者来说，教师应"换位思考"，在教学过程中站在学生角度，体会学生真实的情感，用"爱"去关心学生，用"情"去感化学生，缩短师生之间的心灵距离，这样的教育效果必然会显著提高；另一方面对于学生而言，在学习过程中如果能体会到情感的存在，必然就会激发学生端正学习态度，对于知识的学习就不仅只是停留在认知层面，而是更进一步达到对知识认同并践行的程度。除此之外，情感的存在可以使课堂变得更加"温暖"，更好地吸引学生关注课堂，热爱课堂，教师因势利导，使学生进一步关注生活，热爱生活，这就会形成一个良性互动，把"让我做"转变成"我想做"。

2.善于引导，因材施教

第一，注重教育者在教学过程中的引导作用。教育者是学生成长道路上的"领路人"，应弘扬"工匠精神"，潜心研究教育教学，注重自身在学生的学习和思想上的引导作用，做好方向的引领。首先，教育者要引导学生转变其对待生活教育的态度和思想。其次，倡导生活化的教育不仅是要教师转变教育理念和教学主要手段，最主要的是为了学生思想的转变，如果学生在教师的引领下在日常生活中做个有心人，关注生活对自身的教育意义，那么取得的教育效果一定是"事半功倍"的。所以，教育者在教学过程中应有意识地引导学生关注生活，把生活的教育作用潜移默化地融入教学过程中，有针对性地解决学生思想上对生活育人的偏差，引导学生去认同和践行生活教育。因此，教育者有针对性的引导是取得绝佳教育效果的关键。

第二，以学生的需要为导向开展教学工作。首先，教育者要调整与学生之间的"焦距"，了解学生的困难和思想上的"结"，以学生的需要作为教学的起始点，根据学生关注的"点"制定具有一定针对性的教学方案。其次，在关注学生现实需要的同时，也应注重现实需求与长远需求的有机结合。教育者可以根据自己的教学经验和学生的需求层次，在满足现有需要基础上，引导学生追求更高层次的需要，从而树立远大理想，进行自我教育。最后，通过多种途径满足学生的合理需求，无论是满足精神的还是物质的需要。

（四）学校管理生活化

学校对师生的考评方式和考核标准对师生的导向作用是巨大的，直接影响师生工作和学习的"着力点"，所以学校必须从师生的现实生活和实际需求出发，来完善对师生的考核评价机制，为师生提供有针对性的工作和学习导向。除此之外，与学生每天相伴的校园环境，发挥着对学生隐性教育的作用，因此学校必须重视校园环境的育人作用，发挥其隐性育人功能。

1.改进考核评价机制

学生是活生生的个体，对学生评价机制的优劣会影响其学习的自觉性，对学生的考评应改变传统的单一的以"分数论英雄"的考评，倡导多样化考评方式和标准。对教育者应调整和完善教师考核方案，形成多层次、多样化的考核体系。同时要找到二者之间的平衡点。

第一，优化对学生的考评方式，倡导多样化考评标准。学生的品德优劣不是一张试卷可以测出来的，对学生考核评价应采取多样化的方式，从而对学生有一个全面的、全方位的了解，同时也可以改善学生对分数的过分追求。首先，完善对学生的考评方式，目前学校对学生的考核评价仍以考试为主，如果一时难以改变这种评价方式，我们可以转变思想，更新理念改变考试内容，围绕学生的实际生活设置适当的题目，比如多出现生活中的案例，使育人和考试"相向而行"，实现考试和育人"两不误"。其次，注重对学生的过程性考核，关注过程性"动态"考核方式，引导学生参加志愿者等社会公益性活动，在此过程中观察其思想和行为的变化情况，观察考核学生的实践和合作能力，等等。最后，实现评价主体多元化，对学生的考评只是通过考试和社会实践等评价，且考评者仅是教育者，这是单方面的，难以做到对学生的全面考评，我们可以探索除考试和实践之外的其他考评方式，比如同学同伴群体之间互评，他们之间每天朝夕相处，互相"知根知底"，对彼此在生活中的表现了如指掌。同时，还可以在教育者的引导下进行自我评价，虽然这种评价可能会出现"虚假"情况，但事实上学生在经过"扪心自问"这个"痛苦"的过程之后，对学生的思想定会有所冲击。总之，无论采取哪种评价方式，一定要形成考评合力，并且要健全考评结果的反馈机制，总结考评经验，从而制定更加有效的考评方案，更好地发挥考核标准的导向作用。

第二，调整教师考核评价导向，多方面完善教师考核评价标准。教育要发展，教师是关键，考评标准对教师的工作方式和教学行为具有较强的导向作用，决定着教育者将主要精力用在哪些方面，所以普通高等院校应结合学校的教与学的实际情况，制定"个性化"教师考评要求。首先，在进行教师培训时应注重对其有方向性的引导，将生活教育理念作为培训的重要内容和主要方面，引导教师在教学方式和教学内容方面下功夫，在考评时注重对教师生活教育理念、教学方式和教学内容生活化方面的考评。其次，完善学生对教师的评价标准。在学生对教师进行教学评价时，把教师在讲授教学内容时是否与生活相联系，是否引导学生关注社会热点事件和热点话题，是否关注学生的思想状况，是否选取"接地气"的教育素材，是否制定贴近学生实际的教学目标等作为考核内容，发挥学生评价的反馈作用。最后，改进教师听课标准。把教师在讲授新课过程中是否关注生活，是否把知识与生活相联系，是否做到"以生为本"作为教师互评的参照标准。总之，通过完善对教师的考评标准，做到具体问题具体分析，制定符合本校实际的教师考核评价体系，以促进教学质量的整体提升。

2.重视学校环境的育人作用

学校必须重视校园环境的育人作用，物质环境和文化环境同等重要。

第一，注重校园物质环境的育人性。校园物质环境是"有形"的，学生可以看得见摸得着。除了注重校园建筑等"大型"环境的育人性，还应关注校园"小型"环境的育人性，如在食堂、宿舍、图书馆等张贴相关育人标语，这些看似

"不起眼"的标语，对学生思想的影响却是无声的。图书馆是学生学习的"主阵地"，教学楼是传授知识的主要场所，可以在图书馆和教学楼等主要场所摆设一些雕塑、名人画像等具有文化底蕴的物件，将没有生命的建筑赋予"生命"和"灵性"，这样可以让学生在文化艺术享受中潜移默化地受到教育，达到事半功倍的效果。除此之外，食堂、宿舍和图书馆等场所的工作人员"时刻"陪伴在学生的校园生活中，他们的言行或多或少地会影响到学生的思想，如果他们素质既高又能够尽心尽力做好本职工作，那么学生感受之后对其思想的影响可想而知。所以，学校对他们应做到定期培训，以提高他们的整体素质，发挥服务育人作用。

第二，注重校园文化环境的育人性。校园文化环境是"无形"的，但事实上对学生思想的影响却是巨大的。首先，学校可以利用重大节日的教育作用，比如在抗日战争胜利日、建党节、国庆节等这些非常具有纪念意义并可以"点燃"学生内心"火焰"的节日举行各种各样的活动，以激发学生的爱国之情和报国之志。其次，学校可以利用大型会议开闭幕式、升国旗仪式等具有仪式感的活动对学生进行思政教育。最后，学校可以组织学生观看具有代表性的党和国家的一些重要会议，比如党的十九大开幕会等，这对学生的思想影响是不言而喻的。通过对校园文化环境不同方面的关注，从而形成拼搏、向上、进取的校园文化氛围，这对改善和提升学生的思想是不可或缺的。

五、言教与身教结合法

（一）言教

个体所接触或接受的理论、观点以及社会所提倡的价值标准无疑对"思考"的内容以及"思考"的结果产生着重要影响。也就是说，他人及社会中的各种言教对个体采取某种行为前的"思考"有着重要影响。言教不是简单地说说话、写写字，教育者的言教必须讲究艺术。在学校教育中，有很多为人师表的教师对工作尽心尽职，对学生关怀备至，可是却不是十分重视对科学的教育方法进行探寻，对学生的接受心理的研究与观察不是很重视，对于"单向灌输"十分的痴迷，对"精诚所至，金石为开"的古训的了解存在错误，总喜欢一味地进行空洞的说教、机械地重复所讲的内容，往往会造成相反的结果，得不到预期的教学效果，最后"苦口"欲碎，"婆心"见违，但事实上受教育者却对其传授的内容毫无兴趣，置若罔闻。

（二）身教

俗话说桃李不言，下自成蹊。教育者的言教固然重要，但它与身教这两者之间并不是不分伯仲，而是身教重于言教，其主要的原因是对真理进行宣传的人能够对真理执行到什么程度，能够对人们对真理的相信程度起到决定性作用。教师的"尊严"其实就是在自己言谈举止、所作所为，被学生充分肯定的基础上树立起来的；在坚持真理，改正错误中树立起来的。一个没有学识的教师，学生轻视他，而一个品德不好的教师，学生鄙视他。在现实中，有个别教育者通常在面对受教育者的时候，以社会公认的、先进的做人规范来教导他们，而在自己的日常工作和生活中，则以自己所信奉或具有的做人规范做行事，导致双重人格的形成。这是表里不一的表现，不仅难以让受教育者听其言，信其道，更会引起受教育者的反感。教育者应该要切记自己的每一个举动都是一面镜子，要想自己的"说"具有力量，一定要"做"得好，只有行为是正当的，其言语才能够具有说服力。行为超过了语言，语言才能做到掷地有声。当然，教育者的身教并不是要教育者逐个躬行自己的"所言"，而是，自己的"所行"必须符合自己的"所言"，只有语言与行为相一致，人们才有可能真正地对你感到信服。

第五章　新时期高校思政育人体系建设研究

本章内容为高校思政育人体系建设研究，主要介绍了高校思政育人体系的概念、内涵、内容及其发挥的作用；对高校思政育人工作的理论基础与政策依据进行了分析；并论述了高校思政育人体系建设的时代特征与价值。

第一节　高校思政育人体系概述

一、高校思政育人体系的概念及内涵

（一）高校思政育人体系的概念

2017年教育部发布了《高校思想政治工作质量提升工程实施纲要》，明确指出高校思想政治工作的基本任务，也就是充分发挥课程、科研、文化、管理、服务、实践、网络、心理、资助、组织十方面工作的育人功能，又称"十大"育人体系。本书研究界定的"思政育人"，是指学校利用思想政治教育渠道，通过包含课程育人、网络育人、心理育人等十大方面的综合型育人体系，对高校学生进行全员参与、全方位实施、全过程投入的综合性教育的实施过程。

（二）高校思政育人体系的内涵

厘清思想政治教育的内涵意蕴，是探究高校思政育人体系整体构建的基本前提。近年来，高校思政育人体系作为一种新的理论名词和研究趋势，在思想政治教育领域方兴未艾，也在高校思想政治工作中拥有越来越高的呼声。一方面，高校思政育人体系成为高校思想政治教育追求的目标之一，为高校思想政治工作改革、发展与创新提供了一个全新的视角。另一方面，高校思政育人体系意味着思

1.以正确的方法论为指导

高校思政育人体系建设以全员育人、全过程育人、全方位育人作为方法论。从方法论的视角来进行解读，高校思政育人体系建设也可被视为一种工作格局。所谓的高校思政育人体系工作格局，是所有对思想政治教育产生影响的因素，通过一定的活动或机制联系起来从而形成的一种合力体系的描述。简而言之，就是整合社会和高校中一切可能的力量来推进高校学生思想政治工作，使高校思想政治工作的机制、体制和运行形态转化为一体化的育人格局。高校思政育人体系工作格局强调一个"大"字，实质上也是对高校思想政治工作整体、系统、协同的实践概括，具体表现为人员之"广"、场域之"大"、过程之"久"。

首先，人员之"广"就是多主体参与。高校思政育人体系工作格局较之传统的高校思想政治工作明显的一大进步，就是思想政治工作者不再局限于高校思想政治理论课教师、辅导员和班主任，而是将全体高校教师、领导干部乃至后勤服务人员和学生干部都纳入高校学生思想政治教育中去。工作部门由思想政治工作部门等一线部门拓展到高校教学部门、行政部门、管理部门和后勤服务部门等。这就大大增加了高校思想政治教育的有生力量，提高了广大教职工和学生的主观能动性。高校思想政治工作是一个分工合理、联系紧密、有机协调的全员性工作体系，高校所有师生员工都可以而且必须作为教育者而存在。

其次，场域之"大"就是工作平台得到拓展。除思想政治理论课外，所有的课程都应该承担育人工作；除理论课程外，所有的实践活动都应该承载育人责任；除学校教育外，家庭和社会也必须肩负起育人大任。这就将高校思想政治工作的平台和范围大大扩展，使思想政治工作不拘泥于课堂、校园，而是放眼整个国家与社会。

最后，过程之"久"就是坚持全过程育人。高校要做好思想政治工作非一朝一夕之功，不仅涉及学校工作的各个方面，而且也贯穿于学生成长的整个过程。思想政治工作要想取得良好实效，就必须纵向到底，从新生入学到毕业各个阶段各有规划各、有侧重，甚至工作之后也能产生一定持久的影响。这就是"大思想政治教育"整体性和系统性的体现。

高校思政育人体系格局追求的是高校思想政治工作全面和动态的平衡，个体系统（高校教师与学生）良性互动，群体行动（单位与部门）协调一致，整体系统（各个影响因素）相得益彰。

2.以人为出发点和归宿

毋庸置疑，教育的根本目的是培养人和塑造人。无论是在东方教育中还是在西方教育中，教育一致被定义为发展人性。人性的发展在心理学中是知、情、意三者统一的发展，具有不可割裂性，这也注定了教育同样具有不可割裂性。我国倡导的教育是学生德、智、体、美、劳全面发展，这是一体的教育观，是教育过程中五个不同的方面，而不等同于五种教育。因此，教育始终都只是一种教育。高校思想政治教育通过对受教育者有目的、有意识地引导，从而达到提高他们思想道德素质的目的，这是教育的一个方面，决不能独立于教育活动之外。而传统的思想政治教育在实践中出现的"各自为政、互不相干"的现象与"一种教育观"的思想背道而驰。

人是教育的出发点和归宿。高校思政育人体系建设同样以人为出发点和归宿，也就是"以人为本"。这里的"以人为本"放在高校思想政治教育的语境中，就是以学生和高校教师为双重主线。传统的思想政治教育观一方面忽视了受教育者的主体性、差异性和能动性，一味强调高校教师和课堂的权威地位；另一方面忽视了广大教职工的主体性，将以人为本直接和以学生为本等同起来。

高校思想政治教育归根到底也是培养人的问题。高校思想政治工作的主体对象是高校学生，切实关注高校学生的所思所想，回应和满足学生现实困惑和精神需求，着力促进高校学生的全面发展是其应有之义。但与此同时，我们也应倡导以高校教师为本。这里的高校教师是从广义上而言的，不仅包括思想政治工作者，还包括高校的管理者和服务者。高校思想政治教育主要提高高校学生的思想水平、道德品质和政治素养，实现构建受教育者精神世界的功能，必然要求高校教师的精神世界要积极健康向上。高校思政育人体系建设不仅主张"以人为本"的哲学价值取向，而且力争达到全员、全过程、全方位育人的理想状态。

3.注重系统化的思维

从系统论的维度来观照高校思想政治工作，会发现它是一个多角度、全方位、系统化培育学生的育人工程。但这种结构复杂的育人工作在实际中往往难以达到最优效果。因此，"大思想政治教育"在这一层面上可以理解为是高校思想政治工作的一种应然状态，它并不是一个具体的模式或者方法，而是高校思想政治工作所要追求的理想状态。有理想就有现实，高校思想政治工作的现实困境也在呼吁着新的时代的到来。

高校思想政治工作在实际中往往存在着系统建设思维缺乏、功能定位模糊不清、评价体系不全等一系列的问题。具体而言，要么重专业课轻思想政治理论课，要么给予思想政治理论课太多的功能和价值定位，或者是工作队伍方面结构不合理、能力不足……这些都使高校思想政治工作陷入了一定的困境中。为此，高校思政育人体系形成的重点就在于专业化、体系化、立体化、制度化和创新化。思想政治工作队伍要进一步专业化，即拥有强健的师资力量。为此要加强工作队伍的培训和指导，严格管理、提高标准，注重评价。课程建设要进一步体系化，真正实现全课程育人。这就要充分发挥多学科的优势，专业课智育与德育双修，让思政课和其他课程互相协调渗透，形成不可分割的整体。育人方式要进一步立体化、多方式、多渠道、多载体育人。让思想政治教育不仅入课，还要入社、入网；不仅"三育人""五育人""七育人"，更要"十育人"；不仅要学校育人，还要社会育人、家庭育人。领导机制、评价机制、监督机制、激励机制等各种机制进一步制度化。以制度规范行为，保证党对高校的正确、科学的领导，实时监督反馈各项育人工作各个环节的实施状况，强化责任担当，提高思想政治工作的实际质量。

随着时代的发展变革和社会大环境的逐渐改变，思想政治工作也要进一步创新，既因时而变又因时而新。创新是事物发展的不竭动力，高校思想政治工作要想立于不败之地，就要时时刻刻注重创新。以新时代的新思想来引领前进的方向，以新资源供给来增强前行的动力，以新技术来拓展育人方式，建立健全系统化育人长效机制。

二、高校思政育人体系的内容

（一）目标方面

思想政治育人目标是构建育人体系的最终目的和方向归宿。高校思想政治教育工作是我国教育体系的重要组成部分，其作为影响人、改造人的社会实践活动，理应遵循新时代教育方针，牢牢把握"四个服务"的原则，始终坚持立德树人的教育任务，以人为本，以高校学生的现实需要为出发点和落脚点，不仅要在学生的头脑中、思想上武装科学的理论知识体系、正确坚定的政治信念，更主要的是要以灵魂塑造引领学生的全面发展，培育德智体美劳全面发展的社会主义接班人和建设者。

（二）主体方面

高校思政育人主体是开展育人体系的人力基础和基本保障。学生在对思想政治教育信息的接受过程中，受各种社会关系的制约，学生一切的行为习惯、思想观念都可能成为影响思想政治教育工作成效的因子。思想政治教育工作不是单单依靠专职高校教师、党务工作者就可以实现的，高校所有的教职工（包括高校教师、管理人员、服务人员、辅导员等）都承担着育人、育才的重要使命。"环境是由人来改变的，而教育者本人一定是受教育的"。教育者的专业程度、师德水平、政治站位和道德修养都对高校学生起着很强的表率作用，是育人体系中的关键主体。此外，高校学生不仅是思想政治教育的作用对象，也是思想政治教育工作的直接参与者，是育人体系中的核心主体。一方面，思想政治教育工作要从学生入手，围绕学生实际开展。另一方面，同辈群体影响的力量不容忽视。因此要改变以往单向度的教育模式，调动学生自身的内在积极性、创造性，实现自我管理、自我教育，引导学生在交互中自觉、主动地强化自身的学习意识和能力。

（三）统筹要素

高校思政育人体系"处处在育人"的客观环境、载体、方式有着必要前提。思想观念在方式和状态上具有非线性的特点，开展思想政治教育工作，要从其学科本质特点出发，打通课内和课外、现实与虚拟、校内和校外的脉络、显性实物和隐性文化的不同空间方位，融合理论教育和实践引导、线上和线下的多种载体方位，创新心理育人、管理育人、资助育人、组织育人等多重路径，统筹各个环节、各个机构的育人资源，确保各项影响因素发挥其积极正向的作用，营造无处不在的思想政治生活氛围和气息，形成由上而下、由内而外的立体化育人空间。

（四）开展过程

思政育人过程是体现高校思政育人体系蕴含规律性、持续性和针对性的必要条件。任何事物的发展都是量变和质变的统一，不管是教育本身还是学习发展均具有过程性，这是在不断与外界进行信息交换和互动中实现的，这就要求思想政治教育不仅要贯穿高校教育教学全过程，还要贴近学生成长、成才的全过程。育人体系一方面体现在高校思想政治教育工作要从学生入学到毕业的各个阶段，针对本科、研究生的不同年级和学习接收能力的差异，制订既符合思想政治教育的内在逻辑，也符合人的发展规律，有侧重点的、能解决学生的现实需求和期待的阶段性目标和内容。另一方面体现在高校思想政治教育工作要实现与中小学段、社会发展需要的有效对接，减少不必要的重复性教育输出，体现教育工作的渐进性，提高教育工作效率，形成长效的育人机制。

三、高校思政育人体系发挥的作用

构建思政育人体系是为应对当前高校思想政治教育新情况、新问题而进行的积极探索。构建思政育人体系，归根结底是要形成高校思想政治教育的合力，增强思想政治教育效果。而思想政治教育合力指的是在一定的时间和条件下，各种思想政治教育力量及思想政治教育系统内部各种要素之间的相互联系、彼此作用所产生的综合结果。在高校中，青年学生是受教育的主体，青少年阶段是人生的"拔节孕穗期"，最需要精心引导和栽培。把思政教育办得越来越好，我们就一定能培养好担当民族复兴大任的时代新人，培养好德智体美劳全面发展的社会主义建设者和接班人。

（一）育人做到润物无声

例如，在中华人民共和国成立70周年之时，很多高校开展了"告白祖国"的系列活动，生动地展示了"小我融入大我，小家融入大家，青春献给祖国"的主题社会实践的丰硕果实,展示了当代大学生的爱国情感、强国志向、报国行为。这一系列活动,体现了思想政治教育润物无声的良好效果。

思想政治教育,事关立德树人的根本任务,不能将其仅仅理解为开设一门或基本思想政治理论的知识课程。高校思想政治教育,事关为国家培养下一代有用的人才,要融入青少年的终身学习、全方位受教的过程中来看待,坚持用党的创新理论武装头脑,扎根于社会主义核心价值观教育的全过程,无论何时何地,为党育人的初心不能忘、为国育人的立场不能改。

从某种角度来讲,思政教育就是帮助学生认识人生应该在哪用力、如何用心、做什么样的人的一种教育工作。因而,必须坚持唯实以求,不能搞花架子;坚持唯效是图,不能走形式。要着力推动思政教育改革创新,不断增强针对性、时代感和吸引力,将思政铸魂融入素质教育全过程,才能保证学生在不同的成长阶段,思政教育"不缺席、不掉队"。

(二) 真正做到塑造"完整的人"

当今社会的变化对当代大学生的思想产生了很大影响,大学生思想政治教育对于塑造大学生有着极为重要的作用。高校是培养高层次人才的基地,是进行马克思主义意识形态教育的重要阵地。要确保人才培养质量,确保中国特色社会主义事业后继有人,大学生思想政治教育必须加强三观教育、生命观教育、心理健康教育、职业道德教育、人文教育。

1.大学生"三观"教育

"三观"是指世界观、价值观和人生观,是制约人生行为和方向的三大精神因素,或者说是人生的三大精神动力。大学时期的青年正处于世界观、人生观和价值观塑造的关键时期,因此帮助他们树立崇高的理想信念,树立起正确的"三观"是高校思想政治教育要完成的重要内容。在高校培养大学生形成正确的"三观"教育的过程中,学校要以要求和鼓励大学生以正确的"三观"践行崇高的理想信念,引领大学生寻找自己人生的正确方向。同时引导学生要在正确的"三观"引领下,提高自身综合素质,在大学期间不断获得成长、不断累积自身综合能力,将所学所知应用到社会中,专注专业领域,"一门心思"在专业上取得突破。当今时代各种文化交流频繁,大学生很容易就受到腐朽的思想的影响,高校应在大学生产生错误的思想观念之前或错误思想正在形成之时,帮助其用正确的"三观"武装头脑,并树立追求远大理想、不断奋斗的做事精神及爱国主义思想。

2.大学生生命观教育

首先我们要明确大学生的生命观教育的主要目的,就是为了让大学生明白生命的重要性和珍贵性,让大学生感悟并懂得珍惜生命,且能够让自己的生命发光发热。高校在对大学生进行生命观教育时，可以基于生命的有限性进行敬畏教育、基于生命的超越性进行意义教育、基于生命的创造性进行能力教育，即了解人的生命载体和肉体的存在都是有期限的，每个人的生命既不可替代又不可逆转，凸显了生命的可贵性。让学生在不断超越中，点燃生命激情，激发生活活力，提升生命境界，实现生命价值。生命观教育必须立足于大学生个体的生活之中，因为生命是存在的、发展的。"体验是人的生命存在的方式，是人追求生命作用、实现生命价值、焕发生命活力、走向生命超越的方式。"大学生的生命观教育一定要重视培养大学生生命体验情景，让大学生切实体验到生命的各种境况并领悟生命的价值。

3.大学生心理健康教育

心理健康既是一门学科，也是一种实践活动，又是指一种心理状态，是探索和研究人的心理健康的形成、发展、变化和规律的一门学科，也是思想政治教育中很重要的一个环节。当前大学生心理健康状况总体向好，乐观向上的学生占主流。但少数学生受多种因素影响，仍存在一定程度的消极心理，比如浮躁、抱怨等。

相对往年，教育界探索、丰富了更多学生群体的心理健康教育路径，建议高校心理健康教育应顺应新形势，可通过娱乐、音乐的方式进行设计，发挥艺术净化心灵、陶冶情操、完善人格的作用。其他对大学生心理健康教育的有效途径包括：宣传心理健康知识、开设大学生心理健康教育科、开展心理咨询、进行自我教育与自我调节等。大学生心理健康教育的作用不再局限于培养大学生心理素质本身，在高校全方位开展思想政治教育的大环境下，心理健康教育承载的价值也日益丰厚。

4.大学生职业道德教育

职业道德教育是构建社会主义和谐社会的重要途径，也是高等教育科学发展的重要措施。随着社会经济发展对人才要求的提高，以及大学生"就业难"问题的日益突出，大学生的工作态度、职业道德、职业操守的教育问题，也随之成为突出问题。因此，高校在对大学生进行职业道德教育的时候，必须注重时代对变化带来的影响。正确的职业道德教育主要包括以下几方面：第一，以爱岗敬业、艰苦奋斗为基础的职业情感教育；第二，以诚实守信、办事公道为核心的职业道德规范教育；第三，以甘于奉献、服务社会为宗旨的职业精神教育；第四，以遵纪守法、廉洁自律为基本要求的职业纪律教育；第五，以社会主义核心价值观为时代特征的职业操守教育；第六，以加强合作、勇于创新为导向的职业理念教育。

5.大学生人文教育

《礼记·学记》中着重指出，"化民成俗，其必由学""建国军民，教学为先"，此即"观乎人文，以化成天下"的人文育人见解。大学生到大学主要干什么？干三件事：学会如何做人；学会培养正确的思维；学会掌握必要的高层次知识与能力。人文素质教育是教学生"学会做人"的教育，在思想政治教育之中至关重要，是促进大学生人性境界提升、理想人格塑造，以及个人与社会价值实现的教育，其实质是人格教育。作为素质教育的核心，人文教育在高校教育中有着不可替代的作用。大学生需要人文教育、需要精神营养、需要"亲切而温暖的"人文关怀。

（三）融入当代大学生远大理想之中

在庆祝中华人民共和国成立70周年大会的讲话中，习近平总书记指出，"没有任何力量能够阻挡中国人民和中华民族的前进步伐。"沧海横流，方显英雄本色，党的伟大事业都是在斗争中诞生、在斗争中发展、在斗争中壮大的。我们急需千百万担当民族复兴大任的时代新人。青年群体是我们祖国的未来，更是中华民族的希望，加强对青年群体的政治引领，重要的是要在经济技术发展的前提下，能够深刻地发挥思想政治教育的功能，引导广大青年把树立远大理想信念和脚踏实做事情有机统一起来，激励其在各行各业发挥主力军作用。

在高校思想政治教育过程中，各思想政治教育工作者应时刻坚持正确的政治方向，筑牢当代青年人的思想根基，通过思想政治教育解决好信仰、信念问题。在新时代的青年成长过程中，难免会产生各种各样的生活或者思想上的困惑和迷茫，也可能有因为各类新鲜声音的传递导致的动摇和不坚定。此时，高校作为青年人教育的主力军，就需要站出来，通过行之有效的思想政治教育方式坚定他们的立场和方向，通过创新改革思政育人模式，将大学生塑造成为政治坚定、思想成熟、科学文化知识和专业知识过硬，德才兼备的合格人才。

习近平总书记在北京主持召开学校思想政治理论课教师座谈会时指出，思政课是落实立德树人根本任务的关键课程。对学校而言，学生在学校学习期间，通过思想政治理论课学习政治、了解政治，始终是高校思政工作的重点。思政育人要求我们应努力发挥和创新思政课育人优势，引导青年人听党话、跟党走，培塑担当精神，引导广大青年做奋斗者。

第二节 高校思政育人工作的理论基础与政策依据

高校思政育人体系中的"育人"就其广义而言，是对育人目标、育人主体、育人过程、育人手段及育人空间的整体统摄和宏观把握，要求高校不仅要让思想政治教育渗透、参与、影响立德树人的各个方面"育全人"，还要调动一切能够为思想政治教育工作发力的积极因素"全育人"。高校思想政治育人体系具体是指在党的领导下，在全体教职工与高校学生双主体的共同努力中，以立德树人为中心，将思想政治教育贯串、渗透教育教学全过程和学生成长、成才全过程，利用课上课下、线上线下育人空间，体现高校思想政治育人工作在时间上的全过程性、空间上的全方位性和内容上的全覆盖性，充分发挥高校思想政治整体性功能的有机工程，是聚"点"成"面"，引"线"转"体"的全面表述，是价值性、协同性、系统性的内在统一。

一、理论基础

（一）传统文化德政、师法育人思想

中国传统文化是崇尚德育、德政的文化，数千年的中国传统文化中蕴含着丰富的思想政治教育资源。我国古代教育主要是以孔子为代表的儒家学派思想为指导的教育。儒家所主张的"德政"和"仁德育人"是中华民族绵延数千年的精神支柱。孔子提倡的"德治育人"是最早的"思政育人"的体现。《论语·为政》中孔子提出"道之以政，齐之以刑，民免而无耻。道之以德，齐之以礼，有耻且格。"刑罚虽能让人不敢为恶，但道德教化却可以使人耻于为恶，其功效更为久远。孔子认同三字经中的"性相近，习相远"，人刚生下来的时候本性是相近的，但后天的教育和习惯会让人变得不一样，而教育的教化作用正是通过对人的发展施加影响而实现的。这就是思想政治教育在人的身心发展中的巨大作用。

孔子素来将道德教育置于教育首位，他认为为师者最重要的职责就在于先"立德"。《论语·述而篇》中孔子说："德之不修，学之不讲，闻义不能徙，不善不能改，是吾忧也。"孔子认为如果不培养品德，不学习知识，知道了道义，却不按照道义去做，有了缺点不改正，这就是老师所忧虑的。同样的为师者要先修德、立德，然后才能"育德"，德政育人是教育的根本。同样提倡以德治国的孟子说"以德行仁者王……以德服人者，中心悦而诚服也"《孟子·公孙丑章句上》，强调仁政和德政。这是我国思想政治教育的最初和最著名的两位代表，分别被称为"圣人"和"亚圣"。

"师法之化"由荀子在《荀子·性恶》中提出："然则从人之性，顺人之情，必出于争夺，合于犯分乱理，而归于暴。故必将有师法之化，礼义之道，然后出于辞让，合于文理，而归于治。"荀子认为，如果世人放纵或顺从自己欲望的本性，就会导致世间纷争或者产生暴乱，国家和社会将陷入混乱。因此，必须要对人们进行后天的教化和引导，而教化的基本方式就是通过教师的传授和法度的规范，这就是现代思政育人工作的来源之一。

朱熹说："尝谓学校之政，不患法制之不立，而患理义之不足悦其心。"以朱

熹为代表的宋明理学家们主张,在学校教育中,要用思想理义来教育学生,应以正面教育为主,以防禁惩罚为辅,通过积极的正面教育,让学生懂得道理,自觉严格要求自己。朱熹主张将道德教育放在所有教育工作的第一位,学校要培养的是"讲明义理,以修其身"的人才。晚清时期,重要的思想家教育家康有为的《大同书》提到"以德育为先""养体开智以外,有以德育为重",明确了思想政治教育的首位性和重要性。

我国现代高校思政育人工作的发展,离不开几千年优秀的中华民族传统文化,传统文化就是现代高校思政育人工作的理论基础,给高校思政育人工作提供了重要的借鉴。

(二)马克思主义理论

1.马克思主义人的需要观

马克思曾经指出"人们之间从一开始就有一种物质的联系,这种联系是由需要和生产方式决定的"。马克思主义从生存的角度提出,需要是人类的本性,而需要的满足,就要依靠实践来完成。郑永廷认为"思想政治教育是一种具有目的性具有超越性的实践活动",②也就是说人的实践活动的目的是解决人的需要问题,而高校思政育人工作作为人类教育中具有特定目的性的实践活动,根源就来自人类寻求学习的本性和内在需要。所以说,高校思政育人工作实际上就是人的精神和物质需要的结果。高校思政育人工作是一种精神需要的本能作用于思想之后的实践活动,它的目的就是对大学生进行提高教育,促进大学生认识自我,促进大学生进行自我发展,促进大学生的精神领域、思想和物质生活都得到提升。

2.马克思主义实践观

在《关于费尔巴哈的提纲》③中,马克思明确指出"全部社会生活在本质上是实践的",马克思主义强调实践活动在人的形成发展中具有重大意义。环境虽然对人的发展有决定性影响,但是环境本身也可以通过实践加以改变。教育受社会及人自身各种因素的制约,故而教育只有在实践中不断改革,人们才能在实践活动中接收环境和教育的影响。实践是人类有意识的自觉活动,思想政治教育是一种具有鲜明社会性的社会实践活动,高校思政育人工作是人的实践活动的体现,它是把不同时代不同环境下的思想理论有意识的作用于不同的人群,通过实践活动,得出不同的教育结果,培育符合时代要求的人才。思想教育实践活动使人的思想得到不同的改变,从而使人的境界得到提升,这就是思想作用于人的实践结果。

3.马克思主义人的发展观

马克思主义人的发展观包括体力、智力、个性、思想道德和交往能力等方面,与需要观等观点有机构成马克思主义人学,是指人的全面而充分、自由而和谐的发展。马克思主义认为人的发展主要体现在自由发展、充分发展和全面发展三个方面。随着我党科学发展观的提出,以及党的十九大报告里把"必须坚持以人民为中心的发展思想,不断促进人的全面发展、全体人民共同富裕"定为新时代中国特色社会主义思想的"八个明确"之一后,马克思主义人的发展观作为思想政治教育的理论支撑,再次体现了它的重要性和必要性。因此在高校思政育人工作中要想让大学生得到全面、自由、充分的发展,必须以马克思主义人的发展观为依托,学生不能只是个人发展,而要全体发展;不能只是单方面发展,而要全面发展;思想政治教育就是高校思政育人工作促进大学生全面、自由、充分发展的有效且必要的途径。

4.马克思主义以人为本观

马克思提出:"人的本质并不是单个人所固有的抽象物,在其现实性上,它是一切社会关系的总和。"全国高校思想政治工作会议上习近平总书记指出,思想政治工作就是以学生为本,围绕学生服务。在高校思政育人工作中,教育是人与人之间的互相作用,人及其关系既是高校思政育人体系建构的对象主体,又是育人体系建构的实施主体。在高校思政育人工作中,工作主体是包含所有可以给大学生进行教育的老师,对象是所有接受思政教育的学生,无论出发点还是落脚点都是学生,一切环节都是围绕学生展开。

(三) 党和国家领导人重要思想政治教育论述

我国高校思政育人工作体系有着对中华民族几千年悠久传统文化的传承,它是党的思想政治工作体系的重要组成部分,是以马克思主义为指导的中国特色的思政育人体系,是我党和国家领导人不断适应新形势、新状况、新变化,在继承的基础上总结经验教训,凝练出的马克思主义中国化理论成果,是马克思主义理论的中国化实践,有着党和国家领导人的重要论述作为思想政治教育基础。

1.毛泽东的思想政治教育理论

毛泽东的思想政治教育理论产生于中国革命时期,是中国革命实践的产物。美国学者罗斯·特里尔(RossTerrill)的《毛泽东传》,以及中国学者靳宏斌《毛泽东同志教育思想研究》中都认为,"人的因素第一"的思想始终贯串于毛泽东思想政治教育发展的全过程,并践行于毛泽东一生的革命言行之中。毛泽东说过"掌握思想教育,是团结全党进行伟大政治斗争的中心环节",也就是说,毛泽东强调党的思想政治教育工作的重点,就是首先要抓住思想的主要内容,引领思想的发展方向。

2.习近平的思想政治教育理论

习近平的思想政治教育理论，有机构成了习近平新时代中国特色社会主义思想，指导并全面推进新时代高校思想政治教育。习近平总书记在全国高校思想政治工作会议中强调："高校思想政治工作关系高校培养什么样的人、如何培养人以及为谁培养人这个根本问题。要坚持把立德树人作为中心环节，把思想政治工作贯穿教育教学全过程，实现全程育人、全方位育人，努力开创我国高等教育事业发展新局面。"他指出办好中国特色社会主义大学，要坚持立德树人，把培育和践行社会主义核心价值观融入教书育人全过程；强化思想引领，牢牢把握高校意识形态工作领导权。推动思想政治理论课改革创新，要不断增强思政课的思想性、理论性和亲和力、针对性。习近平的思想政治教育理论，"立德树人""三全育人"教育思想，是习近平新时代中国特色社会主义思想的有机组成部分。

二、政策依据

随着社会的发展，公民思想逐步发生变化，大学生思想也呈现出各种各样的复杂性特点，这种状况要求各大高校必须提高思想政治教育工作质量。思政育人工作具有不可替代的作用，所以说思政育人工作成效是检验高校办学水平和办学质量的标尺之一，这是一项长期的、需要不懈努力的大工程。改革开放以来，我国发布了一系列政策、法律、法规，以及讲话、文件、通知等，给高校思政育人工作提供了强有力的政策依据，给予了重要的指导和规范作用，主要有以下几个方面。

（一）高校思政工作"十大"育人体系

2017年教育部发布的《高校思想政治工作质量提升工程实施纲要》明确指出，高校思想政治工作应该坚持立德树人的基本任务，坚持思政育人工作的价值引领，坚持分类指导、因材施教，坚持党对高校思政育人工作领导的四个原则，充分发挥课程、科研、文化、管理、服务、实践、网络、心理、资助、组织十方面工作功能的"十大"育人体系，全面提高人才培养能力。

（二）全国教育大会讲话

2018年教师节，习近平总书记再次强调了思想政治工作在教育中的重要性。教育是国之大事，国之根本，高校思政育人工作是一项系统的教育工程。构建立体多元的思政育人激励体系、协同高校的思政育人工作格局，完善思政育人工作的长效机制，有利于思政育人工作的有效实施。思想政治工作关系着学校各项工作的开展，关系着高校为国家和社会培养建设者和接班人的关键。

（三）学校思想政治理论课教师座谈会讲话

2019年3月18日，习近平总书记出席学校思想政治理论课教师座谈会并指出，思政育人工作是一项系统而且复杂的工程,在高校开设思政理论课要以科学的理论为基础,培养"六个相统一"的人才,落实立德树人根本任务,全力为祖国培养优秀人才。高校应重视思政理论课教师工作,要重视高校思政课程的实践性,加强思政育人教师队伍与学生工作队伍的深度融合。

(四) 新时代高校思想政治理论课教师队伍建设规定

2020年1月,教育部第一次部务会议通过《新时代高校思想政治理论课教师队伍建设规定》,教育部强调高校思政育人工作需要各方面力量共同支持和配合思政课教师开展工作,思政育人工作需要调动所有工作者参与的积极性和主动性,提升思政课教学效果和质量。高校要培养一批专职为主、专兼结合的思政教师,高校思想政治教育教师不仅仅要讲好思政课,还要在增强自己"四个意识"的基础上,做好"六个统一",做好学生思想教育引导工作。

(五) 关于加快构建高校思想政治工作体系的意见

2020年5月,高校思想政治工作领域出台了《关于加快构建高校思想政治工作体系的意见》,提出构建一个全面、多样、层进、互补的课程体系,建设一批提高高校学生素质的公共基础课;提出要提升校园新媒体网络平台的服务力,发挥网络思政育人载体作用,把心理健康教育课程纳入整体教学计划,每个学校必须配备不少于2名的专业心理健康教师,发挥育人主体作用,坚持育人、育心、育德相统一。

第三节 高校思政育人体系建设的时代特征与价值

不管什么时代,一个社会的发展进步都离不开价值引领的强大感召和激励,科技创新、全球化互动正在改变着我们的生活状态和交往方式,充分发挥社会主义核心价值观的价值引领的作用,是当前应对多元思潮冲击的强心剂,是维护我国一元意识形态的稳定器。在社会主义核心价值观的共建共享下,我国越来越多的公民自觉地建立起强大的"中国信念",培植起深厚的爱国主义情怀,推动着我国向着中华民族伟大复兴的"中国梦"不断奋进。一个群体内部具有强大的价值导向吸引力,可以强化主体的角色意识,明确责任边界,增强群体凝聚力和自信心。

从思想政治教育的学科特质来看,思想政治教育与其他社会自然科学不同,其实质是在观念、思想、精神层面对公民进行影响、改造的哲学社会科学,是知识内化与行为外化的双重同一。因此,高校在进行思想政治教育工作的每一个环节中,都要充分认识到价值引领的重要性。高校思想政治育人体系的创建,首先需要明确体系中主体需要遵循的共同的价值原则和导向，始终把价值作为贯串所有环节的内容，牢牢把控正确的教育教学方向，抓住学生与高校教师这两个主体，在"共情"中强化思想政治教育主体对自身身份的认同感，打通各主体间的沟通通道，激活其主体育人力量"心往一处想"的同时，确保最终形成的思想政治育人体系合乎规范，向着正确的道路和方向迈进，从而保质保量地完成时代、社会、国家、党所要求的思想政治教育工作的目标，构建高校思想政治教育工作的同心圆。

一、高校思政育人体系建设的时代特征

时代的发展赋予了思想政治育人体系建设新的特征。理解思想政治育人体系建设的时代特征，不仅是思想认识的重要环节，也是创新思想政治育人体系建设实现路径的基本要求。

高校思想政治育人体系有着丰富的思想内涵，探究新时代高校思想政治教育育人体系，就需要结合"培养什么人、怎样培养人、为谁培养人"这一根本问题，从整体上把握高校思想政治育人体系的基本内容与核心要义。

社会主义道德作为先进的道德体系，是以马克思主义为指导的，其核心是为人民服务，集体主义是其基本原则，体现的是无产阶级和广大劳动人民的根本利益和长远利益，是共产主义道德在社会主义阶段的体现。高校思想政治教育育人体系中的核心内容，毫无疑问就是社会主义道德。社会主义道德是以爱祖国、爱人民、爱劳动、爱科学、爱社会主义为基本要求的，内容包含社会公德、职业道德、家庭美德和个人品德等方面。培育社会主义道德，对个人健康成长、社会良性运转和国家长远发展，对实现人的自由而全面的发展有着重要的现实意义。总之，以社会主义道德为高校思想政治教育育人体系建设之根本，是我国社会主义社会的本质要求，也是我国传统价值观念的当代体现，更是高校思想政治教育育人体系的内在规定。因此，必然要坚持树立社会主义道德这一根本要求。

党的十八大以来，党和国家各项事业均取得了历史性、根本性的变革和成就，比历史上任何时期都更加接近实现民族复兴的"中国梦"。习近平总书记在高校思想政治理论课教师座谈会中指出："我们党立志于中华民族千秋伟业，必须培养一代又一代拥护中国共产党领导和我国社会主义制度、立志为中国特色社会主义事业奋斗终身的有用人才。"这一重要论述揭示了高校思想政治育人体系的精神实质，科学回答了"为谁培养人、怎样培养人"的问题。中国共产党立志于中华民族千秋伟业，有着历史必然性。近代以来，中华民族内忧外患，在民族存亡之际，中国共产党人自觉肩负起历史重托、人民重托，成为中国革命和中华民族复兴的中流砥柱，依靠人民实现了民族独立，走上了社会主义大道。这是历史和人民的

选择，也是中国共产党的担当所在。

历史和现实有力地证明，只有中国共产党才能引领中华民族走向未来。而培养一代又一代拥护中国共产党领导和我国社会主义制度、立志为中国特色社会主义事业奋斗的有用人才，这是中国共产党引领中华民族走向未来的重要保障。换言之，高校思想政治育人体系具有基础性的作用，只有借此为中国特色社会主义事业培养奋斗终生的有用人才，才能确保党和人民的事业后继有人，才能从根本上确保最广大人民根本利益的实现。二者是内在统一的关系。这是高校思想政治育人体系的本质。

把握高校思想政治育人体系的思想内涵，是时代与实践的要求。在我国诸多教育思想中，对德与才的表述不胜枚举，如"三不朽"就将立德置于首要地位，又如德才兼备、以德为先的思想等。总体来看，高校思想政治育人体系如何建设、建设的成效如何，其前提要求就是要立德，人无德不立，拥有良好的思想品德是成为有用人才的必然要求。而要培养有用人才，就必然要培养其优秀的思想品德，这是培养有用人才的必然要求。在新时代落实立德树人根本任务，要善于把握德与才二者辩证统一的关系，将"立德"与"树人"真正统一起来。

（一）充分把握目标导向的要求

高校思政育人体系的导向性体现在目标明确方面。导向性，通俗讲即方向性，高校思政育人体系的目标具有明确的导向性，即具有鲜明的理想性和方向性，从而引导受教育者成长、成才。之所以讲其目标具有明确的导向性是因为：高校思政育人体系的核心和落脚点是育人。新时代如何育人、育什么样的人及为谁育人，对这个问题的回答必须旗帜鲜明，不能含糊。这是落实高校思政育人体系的逻辑前提。我国是中国共产党领导的社会主义国家，新时代是对我国发展阶段的科学定位，那么高校思政育人体系的目标毫无疑问培育的是堪当民族复兴重任的时代新人，培育的是合格的社会主义建设者和接班人。这是中国特色教育事业的本质要求，是思政育人体系的目标导向所在。这一目标导向不仅体现了新时代国家发展和民族复兴的内在要求，也深刻揭示了新时代个人成长、成才的必然路径。因此，必须要把握这一目标导向的要求。

（二）立足于时代发展的变化

高校思政育人体系的内容具有鲜明的时代性。这里所讲的时代性，是指高校思政育人体系的思想内容立足于时代发展的变化，反映的是时代发展的要求，彰显的是时代发展的需要。就新时代"立德"的内容来讲，不仅要弘扬中华民族传统美德，着眼于立社会主义之社会公德、职业道德、家庭美德、个人品德，更要学习和运用马克思主义中国化理论成果，特别是要将学习和运用习近平新时代中国特色社会主义思想贯串立德树人过程中。这是新时代立社会主义之德的必然要求。构建高校思政育人体系，就要自觉以习近平新时代中国特色社会主义思想为指导，将这一重大理论融入实践的方方面面。

新时代不仅要培养合格的社会主义建设者和接班人，培养致力于国家治理体系和治理能力现代化的有用人才，还要培育能讲好中国故事、传播好中国声音的，具有全球视野、未来视野的复合型人才。这是立足于新时代发展要求的体现，也是立足于我国发展时空坐标的体现，具有鲜明的时代性要求。就新时代高校思政育人体系的方法论要求而言，一是新时代立德树人更加注重、体现德育在高校教育中的重要地位和作用，更加突出德育在人的全面发展教育中的作用，将促进人的德行成长定义为教育的首要任务，同时也强调了个人品德修养的重要性；二是更加注重和突出劳动教育的地位，特别是注重劳动、劳动教育对于个人成长、成才的深远影响，强调"德智体美劳"的统一。

（三）实现全员、全过程育人

思想政治育人体系建设是一项系统工程，其实践过程具有系统性，主要体现在育人过程的系统性、复杂性和长期性上。21世纪的中国社会是数字化、网络化和智能化的社会，其网络通达便捷，各种思想激荡，对思想政治育人体系建设实践的要求也不断增加。新时代落实思想政治育人体系建设，就要统筹推进育人方式、办学模式、管理体制、保障机制改革，使各级各类教育更加符合教育规律、更加符合人才成长规律、更能促进人的全面发展，实现全员、全过程育人。

在新时代思想政治育人体系建设的实践过程中，把握系统性的要求，从实践过程中系统与要素、要素与要素，以及系统与环境的相互联系、相互作用来探究思想政治育人体系建设的思路所在，真正形成系统化的育人体系，方能构建起全员、全过程的育人模式，更好地满足思想政治育人体系建设实践过程中系统性的要求。

二、高校思政育人体系构建的时代价值

（一）促使人才培养体系完善

高校思政育人体系构建有利于完善高校人才培养体系。在知识经济的背景下，人才是社会发展的第一资源。我国在社会发展转型的关键时期，对人才的素质、水平、能力有着更高的要求。高校学生是民族、国家的希望，对高校学生的培养是教育主体的共同诉求。习近平总书记在全国教育大会上发表讲话，指出当代高校要"构建德智体美劳全面培养的教育体系，形成更高水平的人才培养体系"，同时还强调高校人才培养体系的创建过程中，要对学科体系、教学体系、教材体系、

管理体系几个主要层面做出变革，提升高校育人工作的整体水平和质量，做到思想道德、文化知识及社会实践并重。①思想政治教育工作在高校人才培养体系中处于统领地位，高校全方位思想政治育人体系的构建，正是高站位地对高校思想整治工作进行统筹谋划的设计方案，是帮助高校人才培养体系补足短板，强化优势的必然选择，有利于新时代高校人才培养体系在适应社会的矛盾变化中不断进行完善、优化和升级，开创工作新局面、新态势。

（二）将人才培养素质有效提升

高校思政育人体系构建有利于提高高校人才培养素质。相关的文件指出，在高校思想政治工作的加强与改进工作中，要"培养又红又专、德才兼备、全面发展的中国特色社会主义合格建设者和可靠接班人"，为"两个一百年"及中华民族伟大复兴的实现提供人才支持；《高校思想政治工作质量提升工程实施纲要》中更加明确地指出，高校人才培养的总体目标是，"着力培养德智体美全面发展的社会主义建设者和接班人，着力培养担当民族复兴大任的时代新人"。高校作为党的意识形态工作的前沿阵地，在多元文化渗透和冲击的大环境下，更加要将意识形态阵地建设工作落实到位，为高校学生的全面发展指明正确的方向。当前国际国内的形势复杂多变，而高校学生求知欲强、好奇心旺，思想价值观念极易遭受不良思想的侵蚀，不利于健康"三观"的塑造，也会对其的全面发展造成一定的负面影响。在当代高校学生的全面发展及综合素质的培养过程中，只有先行对当代高校学生施加正向的思想政治教育影响，才能为高校学生的全面发展指明正确的方向和道路。此外，高校全方位思想政治育人体系着眼于新时代，从宏观视角将传统思想政治工作进行立体化升级，在不同层面满足高校学生成长、成才的需求，"全育人"且"育全人"，在理论与实践中、在生理上与心理上均切切实实提升其获得感、满足感。因此，高校全方位思想政治育人体系构建的时代意义还体现在，可以为高校人才道德素质水平的提升，以及综合能力的增强提供强大助力。

（三）扩大高校影响力

高校思政育人体系构建，有利于提高高校影响力。建设世界一流大学和一流学科，即"双一流"大学，这是我党在教育领域所推行的一大重要战略，其中将打造具有中国特色和世界影响力的新型高校智库作为重点任务之一推进。长期以来，我国对教育工作都予以高度重视，高校建设工作也初步获取了一定的成果，拥有了世界范围内规模最大、增长速度最快的高等教育系统。但与此同时，世界经合组织所公布的调查数据显示，2018年中国25~64岁人口中受过高等教育的比例为17%，而发达国家的水平基本在40%~50%左右。由此可以看出，当前我国高校人才培养工作仍面临着巨大的挑战，与发达国家之间存在较大的差距，我国高校在世界范围内的影响力仍然较低。应当将立德树人视作高校全部工作成效的检验标准,并将其融入高校建设、高校管理的每一个环节之中,将立德作为教育工作的根本。这一表述充分强调了思想政治教育工作对于高校整体工作开展的重要性与必要性,也间接说明了高校全方位思想政治育人体系的全面构建,不仅对"双一流"大学建设任务的推进具有积极影响,更关键的是有利于走出一条面向世界、面向未来的中国特色社会主义高校发展之路,在提升我国高等教育的整体水平的同时,扩大国际影响力。

三、高校思政育人体系构建的现实意义

现实意义是理解和把握高校思政育人体系建设内涵和实践要求的重要方面。对高校思想育人体系建设现实意义的考察,可以很好地帮助教师,深化对新时代高校思政育人体系建设实践的认识,有利于准确把握新时代高校思想育人体系建设的重大意义。

(一) 社会发展进步的切实要求

思想政治育人体系的落脚点在育人,社会发展进步的根源在于人的进步,这是思想政治育人体系与社会发展进步的理论基础。社会发展进步是指社会运动、变化和发展过程呈现的是一种前进的、上升的、由低级向高级演进的历史趋势。人类社会之所以呈现出不断发展的历史趋势,主要根源在于社会内部的基本矛盾运动。换言之,社会进步的根本动力来自生产力和生产关系、经济基础和上层建筑的矛盾运动。这是社会发展进步的根本原因。在这一过程中,人是最核心的要素。宏观地讲,思想政治育人体系实践对于促进社会发展进步的表现主要在促进生产力的发展、促进生产关系的变革,而在生产力的诸要素中,人是最活跃的、能动的要素,特别是用思想知识和科学技术武装起来的"劳动者"最为积极、最为革命。微观地讲,思想政治育人体系建设的实践可以很好地促进科学技术发展、社会交往发展及现代文明发展。这是思想政治育人体系建设实践促进社会发展的具现化体现,也是现实意义其在社会领域中最为直接的体现。当前,我国经济社会发展迅速,人们对建成自由、平等、公正、法治的美好社会更加向往、更加迫切。新时代高校就是要着力回应人民对于社会发展进步的现实需求,要将思想政治育人体系的现实意义与促进社会发展进步更好地统一起来。

(二) 实现民族复兴的重要举措

习近平书记在党的十九大上指出:"培养造就大批德才兼备的高素质人才,是国家和民族长远发展大计。功以才成,业由才广。坚持党管人才原则,坚持尊重劳动、尊重知识、尊重人才、尊重创造,实施更加积极、更加开放、更加有效的

人才政策，引导广大人才爱党报国、敬业奉献、服务人民。"实现民族复兴，需要强大的智力支撑和人才支撑，而立德树人的重要意义就在于对人力资源、治理资源的涵养孕育，这是立德树人是实现民族复兴重要举措的现实依据。通俗地讲，立德树人所立之德是社会主义道德，所树之人是社会主义合格建设者和接班人，这与民族复兴的价值理念与实践要是相一致的。换言之，民族复兴的价值理念与实践要求统一于个人立德成才的实践，贯串社会主义现代化建设的进程中，其内在要求为培养民族复兴夙愿建设者和接班人；而新时代实现民族伟大复兴，同样对立德树人实践提出了新的、更高的要求，这是立德树人与民族复兴的辩证关系所在。勤力实现民族复兴，不仅为立德树人提供了明确的价值导向，也可以很好地帮助国家统一思想共识、凝聚社会力量。新时代实现中华民族伟大复兴，就需要进一步强化高校立德树人的重要作用，将我国人口优势更好地转化为人力资源优势，不断提升国民综合素质，为实现民族复兴积蓄力量，更好地服务于民族复兴的伟大实践。

（三）我国高校的发展需求

思想政治教育是高校工作的重要主题，也是评价高校工作成效的根本尺度，是高校的发展需求。高校的发展需求，是指其得以立足存续的关键、根据。思想政治育人体系之所以是我国高校的发展需求，是因为高校肩负着为党育人、为国育才的重要责任，其地位与作用不容小视。一方面，思政工作是高校工作的根本要求，也决定了为党育人、为国育才的基本内容，即德育的全部实践。新时代我国高校发展，只有紧紧围绕思想政治育人体系这一根本任务，才能真正发挥自身的重要作用，进而也能实现高校自身的长远发展。另一方面，评价高校工作的成效，要把握思想政治育人体系这一根本任务。思想政治育人体系既是高校工作的鲜明主题，必然也是检验高校工作成效的标准，这是由我国高校的工作任务和工作目标所决定的。换言之，办好中国特色社会主义高校，思想政治育人体系的建设是最为根本的评价标准，是促进和带动高校其他工作发展的统率，也是真正培养一流人才、建成世界一流大学，以至高校能在经济社会发展中发挥积极作用的重要保证。

（四）学生个人成才的重要保障

思想政治育人体系作为学校的重要任务，贯串于学校教育的方方面面，对个人成才起到了重要的保障作用。其表现为良好品德养成、知识技能习得、完善人格塑造、身心发展促进等多个方面。学校教育是个人成长、成才的重要手段，也是个人社会化的重要途径。学生阶段是人生发展的关键阶段，也是最具可塑性的阶段，"青少年阶段是人生的'拔节孕穗期'，最需要精心引导和栽培。""教育的作用在于摆脱和弥合片面分工给个人所造成的片面性，为个人的全面发展创造条件，使全体社会成员的才能得到充分发展。"学校思想政治育人体系建设的实践，本质就是学生成长、成才的引导与栽培，包括良好品行的培养、知识技能的传授、健全人格的塑造、身心发展的促进等多个方面，其价值旨归在于促进个人的全面发展，这与个人成长、成才的内在诉求是一致的。可以说，学校教育在个人成才的实践中扮演了至关重要的角色，其作用不可或缺、不可替代。新时代高校思想政治育人体系的建设，就应善于把握其对个人成才的现实意义，客观地认识到学校教育的重要作用。

第六章　新时代大学生思想政治教育队伍建设创新

现代社会是一个思想较为开放的社会，大学生的思想极易受到多方面的影响。若要在此背景下更好的完成思想政治建设工作，首先就要求思想政治工作者本身应该具备较高的综合素质，坚定的思想以及较强的业务素质。只有这样才能抵抗社会中各种不良思想的影响，才能为大学生树立一个良好的榜样，才能为大学生排解各种思想问题，提高思想政治工作效率。为此，高校思想政治工作者必须要不断的学习，提升自己的综合素质和业务能力，正确领会党和国家的相关政策方针，坚持正确的政治观念，努力学习各种先进思想政治理论，掌握科学的思想政治工作方法，充分利用现代科技技术，以便于开展更为全面的思想政治工作。

第一节　高校思想政治教育工作队伍的内涵

一、大学生思想政治教育队伍的构成

大学生思想政治工作队伍是由专职、兼职人员共同组成。专职人员主要来源于本校教师和干部，兼职人员主要通过组织动员一些教师和高年级大学生、研究生来担任。专兼结合的大学生思想政治教育队伍基本结构，是我国高校思想政治教育队伍建设的优良传统。

学校党政干部和共青团干部是大学生思想政治教育的领导者和管理队伍。高等学校实行党委领导下的校长负责制，党委统一领导大学生思想政治教育，对学生思想状况和思想政治教育工作状况进行分析，制订总体规划，进行全面部署和安排。校长对大学生德智体美劳全面发展负责，统筹思想政治教育与教学、科研、社会实践的关系，对思想政治教育工作进行检查评估。学校党政领导干部包括专职从事和负责大学生思想政治教育的干部，也包括学校各级党政领导和各级职能

部门干部。专职从事和负责大学生思想政治教育的干部包括学校分管大学生思想政治教育工作的党委副书记、学生工作部（处）从事大学生思想政治工作的干部、院（系）党委（总支）负责大学生思想政治教育的副书记和学校各级共青团干部。党政干部和共青团干部是对大学生思想政治教育进行宏观上的规划、组织和协调，以保证大学生思想政治教育的正确方向。

高校思想政治理论课教师承担着对大学生进行系统的马克思主义理论教育的任务，是马克思主义理论和党的路线、方针、政策的宣讲者，社会主义意识形态和精神文明的传播者，要不断提高马克思主义理论素养，提高科研能力和教学水平，做坚定的马克思主义者，做教书育人的表率。高校哲学社会科学教师是学科的建设者和课程的实施者，是教学科研的组织者和管理者，也是校园文化的营造者和建设者，提高他们的素质对大学生的健康成长、对坚持和巩固马克思主义在意识形态领域指导地位，建立具有中国特色、中国风格、中国气派的哲学社会科学体系至关重要。

辅导员和班主任是高等学校教师队伍的重要组成部分，是高等学校从事德育工作、开展大学生思想政治教育的骨干力量，也是大学生健康成长的指导者和引路人。加强辅导员和班主任队伍建设，是加强和改进大学生思想政治教育及维护高校稳定的重要组织保证和长效机制，对于全面贯彻党的教育方针、把大学生思想政治教育的各项任务落到实处，具有十分重要的意义。要从战略和全局的高度，充分认识新形势下加强辅导员和班主任队伍建设的特殊重要性和紧迫性。

广大教职员工都负有对大学生进行思想政治教育的重要责任。要制定并完善有关规定和政策，明确职责任务和考核办法，形成教书育人、管理育人、服务育人的良好氛围和工作格局。教师要提高师德和业务水平，爱岗敬业、教书育人、为人师表，以良好的思想政治素质和道德风范影响和教育学生。学校管理工作要体现育人导向，把严格日常管理与引导大学生遵纪守法、养成良好行为习惯结合起来。后勤服务人员要努力搞好后勤保障工作，为大学生办实事、办好事，使大学生在优质服务中受到感染和教育。

二、大学生思想政治教育队伍的特点

大学生思想政治教育队伍建设旨在加强和改进大学生思想政治教育，具有明确的目的性、较强的综合性、突出的专业性和深刻的实践性等特点。

（一）明确的目的性

作为承担大学生思想政治教育主要力量的大学生思想政治教育队伍，其队伍建设的主要目的就是要促进大学生思想政治水平的提高，培养德育为先、德智体美劳全面发展的中国特色社会主义事业的合格建设者和可靠接班人。大学生思想政治教育队伍建设紧紧围绕这一目的展开，只有通过队伍建设，才能切实提高队伍成员的素质、能力和工作效率，更有效地教育和影响大学生，解决部分大学生中存在的政治信仰迷茫、理想信念模糊、价值取向扭曲、诚信意识薄弱、社会责任感缺乏、艰苦奋斗精神淡化、团结协作观念较差、心理素质欠佳等问题，从而提升大学生的政治素养、思想水平和心理素质，促进大学生全面发展，为中国特色社会主义事业培养坚实的后备力量。

（二）较强的综合性

就大学生思想政治教育三支队伍，即学校党政干部和共青团干部、思想政治教育理论课教师和哲学社会科学课教师、辅导员和班主任来说，开展大学生思想政治教育工作，任何一支队伍单兵作战都是不科学的，不能达到思想政治教育的综合效果。因此，大学生思想政治教育队伍建设的综合性首先就是指三支主体队伍职能的综合性。在队伍建设的过程中，要充分考虑到各队伍的优势和不足，进行资源合理优化配置，促进三支队伍相互配合、相互作用，形成大学生思想政治教育的强大合力。此外，大学生思想政治教育队伍建设的综合性表现在队伍建设所依托学科理论的综合性上。队伍建设要在马克思主义指导下以思想政治教育为核心学科依托，但是仅仅掌握思想政治教育学科的理论是远远不能适应大学生思想政治教育的发展和需要的，这就要求综合其他相关学科，例如教育学、心理学、政治学、社会学、伦理学、管理学、组织行为学的相关理论，综合进行。

（三）突出的专业性

大学生思想政治教育队伍建设的专业性主要表现在队伍成员的政治素养和角色定位方面。一方面，队伍成员具有较高的政治素养。高校思想政治教育队伍承担着宣传马克思主义理论和党的路线、方针、政策，传播社会主义意识形态和精神文明，用马克思主义中国化的最新理论成果武装大学生、用优秀文化培育大学生的主要任务。这就要求他们必须具有坚定正确的政治方向，必须有坚定的理想信念。另一方面，队伍成员具有明确的角色定位。三支主体队伍中，学校党政干部和共青团干部是负责领导、组织、协调的宏观把握工作的；思想政治理论课教师和哲学社会科学课教师是负责对基本理论、知识的传递和培养的，是一种显性教育；而辅导员和班主任主要负责日常的思想政治教育工作，在对学生活动的组织中、生活的关怀中、就业的指导中展开工作，产生一种潜移默化的影响。明确角色定位，才能明确工作职责范围，做到术业有专攻。

（四）深刻的实践性

实践的观点是马克思主义首要的和基本的观点，实践是认识的基础，是认识的来源，实践是检验认识正确与否的唯一标准。大学生思想政治教育队伍建设是在深刻的实践基础上进行的活动。首先，队伍建设来源于实践。正是由于大学生思想政治教育实践的不断发展，与之相适应才产生了大学生思想政治教育队伍建设。其次，队伍建设服务于实践。大学生思想政治教育队伍建设的直接目的就是更好地服务于大学生思想政治教育的实践，从而增强教育的实效性，切实提高大学生的思想政治水平。再次，队伍建设接受实践的检验。大学生思想政治教育队伍理论建设的成效如何，不是由队伍成员主观来评判的，最终还是要由思想政治教育的实践来检验。最后，大学生思想政治教育队伍活动本身就是一种实践。党政团干部的决策实施工作是实践，思想政治理论和哲学社会科学课教师的教学活动也是实践，而辅导员和班主任作为日常思想政治教育的骨干，经常与学生沟通交流，开展各类活动，他们的工作更是一种实践。

三、大学生思想政治教育队伍建设的基本内容

（一）思想建设

大学生思想政治教育队伍思想素质的水平影响大学生思想政治教育的实际效果。其思想建设的重点是坚持科学的指导思想，加强理论学习和社会实践，通过外部灌输和自我修养，提升思想水平。坚持以中国特色社会主义理论为指导，坚定中国特色社会主义制度自信、道路自信和理论自信，坚定社会主义办学方向，坚决拥护中国共产党的领导，坚持以人为本，在工作中做到"育人为本，德育为先"。

（二）组织建设

组织机构健全、配备人员充足、结构合理的队伍是做好工作的基础和前提。大学生思想政治教育队伍组织建设要按照专职为主、专兼结合、数量充足、相对稳定、合理流动、团结高效的原则，做好各类人员的选聘、培养和管理工作，对人才资源进行合理有效的配置，充分发挥党政干部和共青团干部的组织、协调和领导作用，保证大学生思想政治教育队伍后继有人，保持队伍的延续性。

（三）业务建设

业务素质是思想政治教育者有效开展思想政治教育工作的基本条件。这支队伍是否具备精湛的业务能力，是高校思想政治教育能否有效开展的关键因素。业务建设主要是要加强对队伍成员的培养培训，采用脱产学习、岗位轮换、出国学习考察、挂职锻炼、参加社会实践活动等形式，切实提高队伍成员的实际水平和工作能力，提高他们的语言表达能力、处理危机能力、随机应变能力、教学科研能力等。

(四) 作风建设

大学生思想政治教育队伍要坚持解放思想、实事求是、理论联系实际,本着贴近实际、贴近生活、贴近学生的原则,经过有组织的教育、培养、锻炼、管理和加强自身的修养,使整个大学生思想政治教育队伍在日常的工作、学习和生活中,形成正确的思想作风、积极向上的学风、扎实的工作作风和良好的生活作风。

(五) 制度建设

制度建设是带有根本性、全局性、稳定性和长期性的问题,要制定和完善适应大学生思想政治教育队伍建设和发展的各项法律法规、方针政策和规章制度体系,全面规范和指导大学生思想政治教育队伍建设工作,使大学生思想政治教育队伍的选拔、培训、管理、激励和保障等建设工作有法可依、有章可循,形成长效机制,实现大学生思想政治教育队伍建设工作的制度化、规范化和科学化。

第二节 高校思想政治教育工作队伍建设的现状

近年来,党和国家高度重视大学生思想政治教育队伍建设工作,从队伍构成、定位、分工、政策保障及培养培训等方面探索创新队伍建设的新格局,推动了大学生思想政治教育队伍建设的稳步发展。

一、明确了队伍的构成、定位和分工

中央明确指出,学校党政干部和共青团干部,思想政治理论课和哲学社会科学课教师,辅导员和班主任是大学思想政治教育队伍的主体。还明确规定了三部分主体的具体分工:学校党政干部和共青团干部负责学生思想政治教育的组织、协调、实施;学校党委要统一领导大学生思想政治教育工作,经常分析大学生思想状况和思想政治教育工作状况,制定思想政治教育的总体规划,对学生思想政治教育工作进行全面部署和安排;校长要对大学生德智体美劳全面发展负责,把思想政治教育与教学科研社会服务工作结合起来,同时部署、同时检查、同时评估;学校各部门要明确各自职责,密切协作,切实完成相应任务;学校基层党团组织要认真履行学生思想政治教育职责,把加强和改进大学生思想政治教育工作落到实处。这些规定使高校党政干部和共青团干部在大学生思想政治教育工作中的定位更加清晰、职责更加明确。

高等学校思想政治理论课教师是马克思主义理论和党的路线方针政策的宣讲者、社会主义意识形态和精神文明的传播者,要不断提高马克思主义理论素养,提高科研能力和教学水平,做坚定的马克思主义者,做教书育人的表率,做大学

生健康成长的指导者和引路人。高等学校哲学社会科学课负有思想政治教育的重要职责，哲学社会科学课教师和思想政治理论课教师一起被纳入大学生思想政治教育队伍主体之中，要求他们根据学科和课程的内容、特点，负责对大学生进行思想理论教育、思想品德教育和人文素质教育。对思想政治理论课教师的定位，从20世纪80年代"是塑造学生思想灵魂的工程师，是宣传科学共产主义的战士"发展为"党的理论、路线、方针、政策的宣讲者，大学生健康成长的指导者和引路人"，对其角色定位更加准确全面。目前，高校思想政治理论课教师队伍教师准入资格的高要求，如必须具有硕士学位、必须是共产党员等条件的要求，表明高校思想政治理论课教师队伍素质要求有越来越严格的趋势。而将哲学社会科学队伍纳入大学生思想政治教育主体，不仅扩大了队伍、充实了力量，也进一步提升了高校思想政治教育队伍的层次和水平。

辅导员和班主任是大学生思想政治教育队伍的主体，是大学生思想政治教育的骨干力量。辅导员按照党委的部署有针对性地开展思想政治教育活动，班主任负有在思想、学习和生活等方面指导学生的职责。辅导员是高等学校教师队伍和管理队伍的重要组成部分，具有教师和干部的双重身份；辅导员是开展大学生思想政治教育的骨干力量，是大学生思想政治教育和管理工作的组织者、实施者和指导者；辅导员应该努力成为大学生的人生导师和健康成长的知心朋友，并从思想政治教育、道德品质培养、助学帮困、就业指导、校园稳定等八个方面规定了辅导员的工作职责。辅导员和班主任的角色定位，不仅适应了大学生全面发展的要求，也有利于提高辅导员和班主任的社会地位，树立良好的职业形象，增强其职业归属感和事业成就感。2017年8月31日，教育部发布了第32次部长办公会议修订通过的《普通高等学校辅导员队伍建设规定》，该规定从要求、职责、配备、选聘、发展、培训、管理及考核等方面，明确了高校辅导员队伍的建设标准，为高校辅导员队伍的建设提供了具体可执行的依据。

总之，大学生思想政治教育队伍的构成、定位和分工的明确，为队伍建设的科学化和有序化奠定了基础。

二、完善了队伍建设的政策保障

保持思想政治教育队伍的稳定和发展，需要明确政策、落实待遇。各高校要按师生比不低于1：200的比例设置本、专科一线专职辅导员，每个系的每个年级设专职辅导员，每个班级都要配备一名兼职班主任。职称和待遇方面，除了继续完善思想政治教育队伍的专业职务系列外，还要将辅导员和班主任的岗位津贴等纳入学校内部分配体系筹考虑，确保辅导员和班主任的实际收入与本校专任教师的平均收入水平相当。对辅导员实行"双重管理"，保证辅导员"双线晋升"，可按照助教、讲师、副教授、教授来评聘思想政治教育学科或其他相关学科的专业技术职务。辅导员作为后备干部，还可以被选拔、调派从事校内的管理工作或者被推荐至地方组织部门。辅导员的配备比例和辅导员的编制、职称评定、职务晋升、岗位津贴、办公条件、通信经费等方面要做更加细致的规定。

三、加强了队伍的培训

（一）对辅导员队伍的培训

2005年，教育部下发了《关于加强高等学校辅导员班主任队伍建设的意见》。提出要大力加强辅导员和班主任队伍的培养培训工作，切实为辅导员和班主任工作及其发展提供保障。2013年5月，教育部下发了《普通高等学校辅导员培训规划（2013—2017年）》，对辅导员培训工作做出了统筹安排。

（二）对思想政治理论课教师的培训

近年来，国家通过全员培训、骨干研修、在职攻读学位、国内考察、国外研修、以项目选人和选人给项目等多种途径进行思想政治理论课教师的培训，建设一支"让党放心、让学生满意"的高校思想政治理论课教师队伍。努力造就数百名政治坚定、理论功底扎实、善于联系实际、具有较高教学水平和科研能力的领军人物、中青年学术带头人；培养数千名思想政治理论素质高、业务精湛、具有发展潜力的教学一线骨干教师，以及数万名坚持正确方向、师德高尚、业务熟练、结构合理的专业化教师，为加强和改进大学生思想政治教育，培养德智体美劳全面发展的中国特色社会主义事业合格建设者和可靠接班人做出贡献。

第三节　加强高校思想政治教育工作队伍建设创新的策略

一、促进队伍建设的专业化和职业化

大学生思想政治教育队伍应由精干的专职人员和兼职人员组成，其中以专职人员为主、兼职人员为辅，构建合理的专兼队伍结构。正是由于党和政府坚持专兼结合的原则，才使得高校思想政治教育队伍不断发展壮大，结构不断优化，也才使得全员育人、全过程育人、全方位育人的工作思路在实际工作中得到贯彻落实。

在专兼结合的大学生思想政治教育队伍基本结构中，专职思想政治教育工作者是骨干力量。要实现思想政治教育工作的专业化和科学化，必须以专职人员为骨干，并且通过专业化和职业化建设，培养和造就一批思想政治教育的专家。专

业化致力于队伍成员内在素质的提升，职业化立足于外在的资格认证和职业要求。思想政治教育队伍的专业化建设，有助于提高队伍整体素质，使其掌握相关的专业知识和工作能力，确保有充足的时间和精力进行本职工作，提高思想政治教育工作实效。职业化是专业化发展的动力和保障，职业化使其具备崇高的职业理想，掌握过硬的职业技能，树立良好的职业形象，提升社会认同。个人职业取得发展，能够使他们安心本职工作，有助于队伍稳定和健康发展。

我们可以采取以下措施促进大学生思想政治教育队伍建设的专业化和职业化。

（一）培养培训

其一，培训的内容主要包括对大学生思想政治教育队伍成员的思想政治素养的培训、思想政治教育专业理论知识的培训，以及社会学、心理学、教育学等相关专业知识的培训和相关能力素质的培训，重点是对队伍成员政治素养的培训。还应该进行对大学生思想政治教育队伍工作方式方法创新的培训，引导他们树立运用新方法的意识，培育他们合理采用新方法的技能。其二，培训的形式可以采取岗前培训、日常培训、专题培训、学历培训和骨干培训等形式，要突出学历培训和骨干培训。学历培训一般是指对已经从事工作的队伍人员进行统一规划和安排，选送他们去攻读硕士学位或者博士学位，学成归来再继续回到原岗位参加工作，培育思想政治教育方面的专家和学者。骨干培训是指为了保证队伍的稳定性，选择一些表现突出的骨干力量进行社会实践、挂职锻炼及国内外的各种培训，培育一批教育能手。其三，完善培训保障机制。要重视精品教材和课程建设，积极吸收国内外优秀研究成果和实践经验，逐步建立科学合理、绩效突出，以理论学习、技能训练和案例教学为重点的培训教材和课程体系；要继续建立健全思想政治教育队伍人才培养基地，保障大学生思想政治教育者定期系统培训的实现；建立对培训结果相应的考核制度，培训最终的目的是要提高队伍成员的素质，不能简单上课、开会就算结束，在培训结束以后要检验培训实际效果。可以把队伍成员的培训作为其评优评奖、待遇和职称变化的一个标准，以激发他们参加培训的自觉性和积极性。

（二）以辅导员队伍建设为重点

作为大学生思想政治教育队伍之一的辅导员队伍，是大学生思想政治教育的骨干力量，保证辅导员队伍建设的专业化和职业化，必将促进整个队伍专业化和职业化的发展，保持队伍稳定。其一，设立辅导员专业。促进大学生思想政治教育队伍建设的专业化，不仅要继续深化原有学科专业发展，而且要适应新的实践需求，创建辅导员专业，促进辅导员学科发展。教育部可以结合当前大学生思想政治教育工作的实际需要和辅导员队伍建设未来发展需求，将辅导员学科作为思想政治教育的一个分支学科，在原来思想政治教育专业二级学科的基础上，创建能培养具备高水平理论素养和实践能力的高校辅导员专业，进行统一的招生培养，为专业化的辅导员队伍建设提供坚实的后备力量。辅导员专业的设立，将更有针对性、实质性地提升辅导员队伍的专业化和职业化水平，为辅导员队伍工作的开展提供强大的专业学科支撑和组织保证。其二，做好合理分流。未来辅导员队伍如果不能做到合理分流，必将影响这支队伍工作的积极性和创造力，高校应建立多个职业发展渠道，允许不同的人有不同的发展方向，让专职辅导员看到自己的职业前景。一方面，培养一部分科研能力突出、具备敏锐科研思维能力的辅导员成为思想政治教育专家；鼓励一部分善于管理学生事务、善于疏解学生心理问题、能够创新性地开展大学生主题教育活动的辅导员，继续从事辅导员工作，把辅导员工作当作自己的终身职业来对待。另一方面，一部分具备行政管理能力的辅导员，可以推荐其在学校机关部门工作，发挥其行政管理能力。这样各展其能，让他们在工作中获得最大的积极性和成就感，就能更科学、更有效、更全面地引导辅导员的工作，有利于形成辅导员队伍的长效发展机制。总之，让辅导员这个角色成为人才成长和发展的平台，更让辅导员成为一种职业，促进整个队伍建设的稳定性。

二、促进队伍建设的制度化和规范化

（一）建立健全选聘机制

首先，扩大人数规模，按照国家相关文件的要求来配备思想政治教育人员。思想政治理论课专任教师要总体上按不低于师生1：400的比例配备，专职辅导员和学生按1：200甚至更高的比例来配备，保证每个院系、班级都有相应数量的专职辅导员。要以优厚的待遇和人文关怀为招聘条件，最大限度和最广范围地吸引有意愿者积极加入队伍中来。其次，规范选拔标准，按照政治强、业务精、纪律严、作风正的要求，坚持专兼结合的原则进行选拔。政治强是指队伍成员要具备的首要素质就是政治素质，必须有坚定的政治信念，拥护党的领导，这就要求队伍成员最好是中国共产党党员。业务精是指必须掌握开展思想政治教育工作的相关专业知识和能力素质，如语言表达能力、危机处理能力、应变能力等。纪律严是指大学生思想政治教育队伍要遵守严格的制度规范，有严明的工作纪律，以此来规范自身行为。作风正是要求队伍成员具有实事求是的作风、密切联系学生的作风、民主公正的作风，树立良好的形象。最后，完善选拔程序，包括笔试、面试、试用等环节。以辅导员的选拔为例，笔试的内容包括与大学生思想政治教育队伍相关知识的运用程度。面试主要是对应聘者的能力进行考查，测试他们职业能力、应对突发事件的能力、心理承受能力及语言表达能力。然后对拟录取者进行试用,根据其实际表现及学生反映进行综合评判,试用期间实行双向选择和淘汰机制。

(二) 建立健全考核机制

由于大学生思想政治教育工作的复杂性和特殊性,学校必须制定出一套符合实际、行之有效的考核机制来进行考核。从考核主体来看,应该全面考虑多方面的因素。其主体包括学生、队伍成员自己、同事及上级部门,对队伍成员进行学生评议、个人自评、院系考核、职能部门考核和同级互评,然后综合所有考核人员意见,得出最后考核成绩。从考核内容来说,包括对队伍成员的素质考评,即考查他们的政治、思想、作风、道德等素质;能力考核,即实际分析问题和解决问题的能力,组织协调、教学及科研能力;工作绩效,即考核队伍成员的工作数量、出勤、学生实际思想水平情况等。从考核的方法来说,首先,应该坚持定性与定量相结合的方法,根据队伍成员的实际工作特点,对其素质和能力方面进行定性考核、对工作业绩等进行定量考核,要尽量把考核标准量化转化为可以直接或者明确反映其工作业绩的具有可操作性的标准。其次,要坚持过程考核和结果考核相结合,结果考核主要考查队伍成员岗位职责完成情况和工作业绩,过程考核主要是看队伍成员平时的工作状态和表现,是一个动态的过程。最后,要将考核结果与奖惩相结合,对优秀的队伍成员进行表扬奖励,对于考核不合格的应予以批评、提醒,严重不合格者要考虑调离工作岗位或者解聘。

(三) 建立健全动力机制

动力机制即激励机制,建立健全的激励机制能够有效提升队伍成员工作的积极性和主动性,营造公平和谐的工作环境。首先,要帮助大学生思想政治教育队伍成员认识和评价自身工作的价值,对所从事的工作产生认同感,能从工作上得到满足和成就,这是解决动力不足问题的关键。其次,要将物质激励与精神激励结合起来。物质激励就是要为大学生思想政治教育队伍成员提供良好的工作环境,提高工作水平和福利待遇,对超负荷的工作要给予补贴,对表现突出的人员进行物质嘉奖。精神激励要通过表彰,授予荣誉称号,提供培训、晋升机会,解决个人发展问题来进行,主要是对队伍成员尊重、成就和自我价值的满足。再次,坚持正激励和负激励并重,对表现优秀的人员要给予及时的奖励,对消极怠工、工作不佳的人员要进行警告,必要时进行一定的惩罚。这就需要健全淘汰机制,对于不能胜任工作的人员及违反纪律、犯错误的人员予以警告、记过、辞退等。最后,国家、学校要有适当的政策倾斜,为队伍建设提供一定的环境保障和制度支撑。相关部门要在教育资源、硬件设施和资金供给方面给予队伍建设大力支持和一定的政策倾斜。就辅导员队伍建设来说，要继续完善教育部人文社会科学研究项目、辅导员专项课题及高校哲学社会科学辅导员专项研究，设立辅导员科研基金、规范科研项目管理、完善科研条件保障机制等。

三、增进交流合作以实现主渠道和主阵地的有机统一

大学生思想政治教育包括思想政治理论教育和日常思想政治教育两个重要方面。思想政治教育理论课是大学生思想政治教育的主渠道，思想政治理论课教师是主要教育主体，而日常思想政治教育是大学生思想政治教育的主阵地。大学生日常思想政治工作主要是指师生交流、职业生涯规划指导、学术活动、社会实践活动、心理健康教育咨询、学生社团活动、党团活动、校园网络等教育形式和途径。日常思想政治教育主要是由党政干部和共青团干部、辅导员和班主任开展的思想政治教育活动，辅导员是日常思想政治教育主阵地上的基层指挥员。主渠道和主阵地是相互配合、相互补充的，两者有机统一于思想政治教育实践中。首先，思想政治教育理论课具有明确的教学目标、系统的教学内容和完整的教学计划，日常思想政治教育可以按照大学生成长成才的规律安排教育内容，构建起完整的日常思想政治教育体系，在内容的选择上要围绕理论课讲授内容进行，实现双方在内容上的衔接。在工作的方式方法上，思想政治理论课教学在讲授和灌输的基础上，也要借鉴一些日常思想政治教育的形式，如利用网络教学、带领学生参加社会实践活动等，以激发学生兴趣，提高课堂教学质量。这都需要思想政治理论课教师与其他两支队伍尤其是辅导员队伍进行有效沟通和配合，形成思想政治教育的强大合力。其次，要为合力育人搭建平台，成立课题研究小组，共同组建课题研究团队。课题小组通过"实践—理论—实践"的良性循环模式，形成合力，提升大学生思想政治教育效果。最后，进行必要的岗位轮换，学校党政干部、共青团干部的工作不应仅仅停留在发通知、发文件、开会、考核这些层面上，必要时可以深入学生工作第一线，担任学生的兼职辅导员、班主任或者兼职学生党支部、团支部书记等。而优秀辅导员和班主任则可以兼职教授大学生思想政治理论课，同样，思想政治理论课和哲学社会科学课教师也可兼职做学生的班主任和辅导员。需要注意的是，大学生思想政治教育队伍相互配合，形成合力，要建立在明确队伍职责的基础上，并不是职能的混乱和无序。各主体队伍首先要明确自身职责，才能真正达到职能的互补与合作。

四、全面提高队伍素质

思想政治教育工作者素质，是指思想政治教育工作人员必须具备的思想、政治、品德、知识、能力、心理等各方面基本条件的总和。大学生思想政治教育队

伍成员"都要坚持正确的政治方向，加强思想道德修养，增强社会责任感，成为大学生健康成长的指导者和引路人。在事关政治原则、政治立场和政治方向问题上不能与党中央保持一致的，不得从事大学生思想政治教育工作"。中宣部、教育部《关于进一步加强高等学校思想政治理论课教师队伍建设的意见》指出，思想政治理论课教师要坚持正确的政治方向、理论功底扎实、善于联系实际，成为一支政治坚定、业务精湛、师德高尚、结构合理的教师队伍。

　　高校学生思想政治教育工作者应该具备以下基本素质：政治素质，即在事关政治原则、政治立场和政治方向的问题上与党中央保持一致，具有较高的政治理论水平、政策水平和优良的政治品质；思想素质，即具有辩证唯物主义和历史唯物主义世界观、正确的人生观、优良的思想方法和工作作风；道德素质，即具有无私奉献精神、高度负责精神、民主平等精神、以身作则的品格，在道德人格心灵境界和情操等方面成为学生的楷模；法律素质，即具有现代的明确的法律意识和理性精神，了解掌握基本的法律常识，并能在工作和实践中依法办事；智能素质，即具有扎实系统的理论知识、文化知识和专业知识，以及运用于工作实际的各种技能和艺术；心理素质，即具有广泛的兴趣、优良的性格、真诚的情感和良好的自制力等；创新素质，主要包括竞争和创新意识、独立性和创造性思维、开拓和创新能力等。

第七章　新时代新媒体与高校思想政治教育整合研究

在新媒体环境下，互联网络正以前所未有的速度向社会的各个领域延伸，而高校校园已成为我国互联网用户最密集的区域之一，网络所传递的信息对大学生政治思想、情感、品质、心理的影响日益深远。这种影响是极其复杂的，既有积极的正面的影响，也有不可忽视的消极影响。相应地，网络的迅速发展既带来了大学生思想政治教育的新机遇，同时也给传统的思想政治教育方法及内容提出了严峻的新挑战。因此，我们要全面地分析新媒体环境对大学生思想政治教育的影响，积极探讨大学生思想政治教育的对策创新，抓住新媒体为大学生思想政治教育带来的机遇，积极应对它所带来的新挑战，努力提高大学生思想政治教育水平。

第一节　新媒体环境下高校思想政治教育面临的机遇与挑战

新媒体对经济社会发展和人们的日常生活产生广泛而深刻地影响，也给高校学生思想政治教育机制带来了机遇。这些机遇主要包括思想政治教育的时空维度、内容维度和效果维度三个方面的内容。新媒体蕴藏着无比的能量，思想政治教育的方式与载体也获得了提升和创新，为思想政治教育的发展提供了前所未有的机遇。准确把握新媒体时代给高校学生思想政治教育机制带来的机遇，进一步拓展高校学生思想政治教育的时空，丰富其内容，提升其效果，推动高校思想政治教育在新媒体时代的发展和繁荣，开拓高校思想政治工作的新局面。

一、新媒体环境下高校思想政治教育面临的机遇

（一）新媒体环境下高校思想政治教育的时空维度

1.新媒体打破了高校思想政治教育的时间限制

新媒体技术的普遍应用不断打破时间与空间的限制，使得人与人之间的交流沟通更加便捷化。新媒体环境下高校学生思想政治教育机制的运行不仅仅局限于课堂教学时间，很多高校的思想政治理论课或者学生辅导员在学生课余时间、假期时间以及其他空闲时间利用微信、微博和QQ等信息交流工具和平台发布或转载与思想政治教育相关的内容。他们也可以通过新媒体技术手段随时与学生交流沟通，了解和把握高校学生的生活、学习和思想状况，更有针对性地进行思想政治教育。高校学生也可以通过新媒体技术手段随时搜索与思想政治教育相关的内容。就思想政治教育的时间维度而言，新媒体环境为高校学生思想政治教育机制提供了"全天候"的机遇。

2.新媒体打破了思想政治教育的空间限制

网络是开放的、自由的，它不再有地域上的界限。无限延伸的网络，使人们足不出户就可以尽览世界风云，世界变成了一个小小的"地球村"，真可谓"一网打尽天下"。网络结构的无边无际，极大地拓展了思想政治教育的空间，提高了宣传教育的覆盖面，使受众人数从传统的有限变成了无限，为我们在网络社会传播真理，宣传马克思列宁主义、毛泽东思想、邓小平理论、"三个代表"重要思想、科学发展观、习近平新时代中国特色社会主义思想以及党的各项方针政策创造了前所未有的条件。如人们不必按传统方式在规定的时间到规定的场所接受教育，"聆听"教诲，而是可以在任何一个设有终端的地方随时获取所需要的知识，迅速了解国内外已经发生或正在发生的政治、经济、科技、教育、军事、社会生活等各个方面的信息。

交互式远程教育为思想政治教育提供了广泛的传播途径。学校"围墙"的概念将逐步消失，不同地点的学校学生，既可通过网络共享思想政治教育资源，又可在网上自由地向老师咨询问题，与其他同学开展思想交流和讨论。同时，网络使家庭与学校对学生的思想教育连为一体。通过网络，家长可以随时查询子女在学校的思想表现、学习生活等状况，学校也可随时与学生家长保持联系，做到家校结合，共同做好学生的思想政治工作。因此，交互式的远程教育使得原有相对狭小的教育空间变成了全社会的开放性、立体式教育空间，从而使思想政治教育的范围更加广阔。在高校，过去传统的大学思想政治教育往往局限于课堂教育，它对学生的影响占主导部分。网络的出现和发展，把学生带入一个更为广阔的天地，通过网络，学生了解到社会乃至世界上的各种社会形象、思想观点、文化思潮、学术流派，使得思想政治教育的社会化程度得以大大提高。过去，我们常常说，半年学校思想教育成果，一个假期就被冲垮了。网络拆掉了学校与社会之间的"围墙"，学生不再生活在"象牙塔"中。只要我们加以正确引导，思想政治教育的效果将更加坚实。因此，网络思想政治教育工作是大有可为的。

3.新媒体促进了高校思想政治教育的互动

在网络交往中，交往对象的社会角色往往都是虚拟的，交往对象之间不存在什么心理上的负担。角色虚拟使交往者能够保持相对平等的心态，无直接利害关系冲突的交往位置，有利于交流的双方建立宽松的人际关系。因此，在思想感情的传达上，交往者可以直抒胸臆，容易达到思想上的共鸣，并触及交流的较深层次。同时，网络上的角色也是可以变换的，在浏览网页、选择以及吸收各种思想政治教育信息时，参与者是以受教育者的身份出现的，而在参与网络上的各种信息的制作、发布等网络实践活动中，交流者将自己的思想、观点、看法以及信息传播出去的同时，参与者就又成为教育者。因此，依托以网络为主的新媒体在实施思想政治教育时，教育者与受教育者双方都能较好地发挥其主体性。这样便十分有利于教育的互动。

4.新媒体促进了高校思想政治教育工作的现代化

网络等新媒体的快速发展及其特点，促使思想政治教育在内容、形式、方式方法、手段等诸多方面也将发生很大的变化。网络等新媒体所具有的开放性和民主性等特点，要求网上思想政治教育既要坚持网上宣传的主旋律，又要研究宣传形式的多样化问题，以适应网上思想政治教育的需要，改进方式方法，努力增强说服力、影响力和战斗力。从自上而下的单向灌输和被动接受，转变为双向、多向的直接交流的互动；从单调的指示、命令、说教，转变为图文并茂、多媒体并用、生动活泼的思想和情感的交流；从工作周期较长、效果反馈较慢，转变为跨越时空障碍，即时性较强，周期短，见效快。一篇有说服力的好文章，在几分钟内可以得到网民的认可，并很快在网民中传播开来；相反，一句不得体的话，立刻就会遭到网民的攻击。随着网络等新媒体的广泛应用，思想政治工作的科技含量、文化含量以及管理含量都明显增强，思想政治教育工作者的现代意识也得到了相应的提高。

（二）新媒体环境下高校思想政治教育的内容维度

1.新媒体丰富了高校思想政治教育的机制

新媒体环境在更大范围和更高层次上丰富了高校学生思想政治教育机制的内容。新媒体环境下高校学生思想政治教育工作者通过新媒体技术手段与高校学生更加便捷地交流，了解高校学生的真实需要，适时调整思想政治教育的内容，更有针对性地开展思想政治教育；高校思想政治理论课教师运用新媒体技术手段收集讲课资料，进一步丰富课堂教学内容，并通过新媒体技术手段更加生动、直观地展示与讲课内容相关的典型案例，增强思想政治理论课的吸引力，激发高校学生的学习兴趣。高校学生也可以运用新媒体技术手段获取更多与思想政治教育相关的知识信息、具有一定影响力的新观点和新思想以及著名高校的网络视频公开课等。

新媒体环境下高校学生思想政治教育机制还要关注我国现实社会和网络社会的发展变化的具体实际，做好高校学生网络舆论宣传与引导工作和网络意识形态工作等。通过新媒体技术手段更加系统、生动地向高校学生积极宣传我国在社会各领域所取得的突出成就，教育引导高校学生明确自身所承担的历史责任，为全国各族人民"中国梦"的实现而不懈奋斗；在网络社会中要正确规范自身的言谈举止，增强网络法治意识，提高明辨是非的能力，坚决同网络社会中错误的思想观点作斗争，积极维护清朗的网络空间。这也是新媒体时代赋予高校学生思想政治教育机制的新内容与新使命。

2.新媒体拓展了高校思想政治教育的形式

长期以来，高校开展大学生思想政治教育的基本形式是以课堂教学为主，辅之以座谈、讨论、谈心、社会实践等，这在时空上存在着很大的局限性与限制性。在新媒体环境下，思想政治教育可以不受以往的那些局限性和限制性，而是突破了这些不足，通过专门的网络资源，如网站和网页、视频或信息报道等链接到互联网上，这样，教育者就可以方便快捷地提供大学生上网浏览、阅读大量的信息。为了帮助大学生形成正确的思想意识，可以在网上尽量多的发布正面信息，感染、鼓励大学生，进而达到引导的目的。通过网络还能便捷地交流，及时掌握大学生的思想状况，便于调查和统计。信息的集成性和双向性，信息的可选择性和便捷性是网络所特有的，高校思想政治教育工作与之相结合，就为大学生的思想政治教育提供了一个极具特色的环境；手机的及时快捷也为教育提供了更多的形式和方法，从而让传统的教育形式变得更为多样化、更为合理性、更为快捷性。因此，借助新媒体技术，必将有力地丰富大学生思想政治教育的形式，增强大学生思想政治教育的实效性。

3.新媒体丰富了高校思想政治教育的内容

以网络为代表的新媒体是当代大学生思想政治教育的一种新的载体形式，丰富了思想政治教育的内容，拓宽了思想政治教育的途径，使传统的大学生思想政治教育内容的定义发生了改变。首先，网络是信息量大、覆盖面广的新媒体，既使思想政治教育的内容更丰富多彩，也使教育者和被教育者都有了很好的选择性。通过一根网线、一个电脑终端，就能达到不出门而知天下事的理想效果，更能通过形象的、直观的、生动的动态信息调动并激发学生的好奇心和强烈的求知欲，达到更好地信息收集、传达和吸收的效果。其次，教育者也是因特网、手机、多媒体技术等的受益者，教育者可以根据自己的不同需求，通过新媒体来检索大量信息，从而利用相关手机或电脑软件对检索到的信息进行快速分析和再利用，使教学工作高效开展。思想政治教育网站能够提供全新的、更具有针对性的关于大学生思想政治教育方面的信息，对思想政治教育者和受教育者均具有十分强烈的吸引力，不论在内容上，还是在形式上，新媒体都能使传统的思想政治教育内容更加丰富。

4.新媒体丰富了高校思想政治教育的资源

网络上汇集了人类文明的精华，内容广泛而又丰富，并且图文并茂，网络受众可以根据自己的兴趣和需要有选择地尽情浏览，从容地吸纳和传播。人们可以坐在"网"前周游世界，"进入"图书馆、博物馆查找资料、搜索信息、阅读报刊。通过网络可以随时地了解国内外已经发生或正在发生的政治、经济、科技、教育、军事、文化、娱乐等各个方面的信息。网络的发展，为人们拓宽视野，更好地了解世界，在世界范围内吸纳优秀的文化遗产，以宽广的眼界看待中国和世界的发展，提供了极大的便利，为人们自觉学习新知识，培养科学的思维方式，提高自身素质，提供了更大的空间，从而有利于人们思想品德的形成发展。可见，网络等新媒体的发展使思想政治教育的资源更加丰富。

5.新媒体拓展了高校思想政治教育的方式

传统的思想教育，大多采用读报纸、做报告、课堂讲课等形式，思想政治教育者要花大量的时间、人力、精力去查找资料、撰写讲稿，受教育者则是被动地在一个封闭的空间接受"灌输"。网络等新媒体的运用及普及，大大提高了思想政治教育信息的传播效率。网络等新媒体传播信息容量大、范畴广、速度快、功能多、浏览方便，是传统媒体无法比拟的，便于思想政治教育工作者获取从事思想调查和分析所需的数据、资料，便于形成整合研究，形成教育合力。多媒体技术使网民的多种感官同时感知学习的效果，明显优于单一感官感知的学习效果。特别是虚拟现实技术的应用，为网民提供了色彩艳丽的图片、悦耳的音响、活泼的三维动画及其他多媒体仿真画面，使人犹如身临其境，其效果是传统思想教育方法所无法比拟的。因此，思想政治教育工作者如果能很好地利用这些现代科技成果和先进传播手段，必将促进观念的转变、载体的更新、方法的改进，从而大大提高工作效率。

（三）新媒体环境下高校思想政治教育的效果维度

1.新媒体丰富了高校思想政治教育的教学模式

新媒体环境下高校学生思想政治教育机制改变了过去单纯以课堂教学为主、以第二课堂和社会实践为辅的高校学生思想政治教育模式，其更加关注高校学生的个性需要，充分尊重高校学生的独立性和自主性，注重运用新媒体技术，为思想政治教育工作者和高校学生建立更加民主、自由、平等的沟通机制。高校思想政治教育工作者通过这种沟通机制与高校学生进行有效的沟通交流，及时掌握高校学生的思想变化和心理健康状况，发现和解决高校学生的心理问题，消除高校学生群体中存在的不稳定因素，提升思想政治工作的实效性，建设和谐文明校园。

新媒体技术为高校思想政治教育机制创造了新的传播载体，改变了传统的"一张嘴和一支笔"单调乏味的思想政治理论课教学方式。新媒体环境下高校学生视野开阔、思维活跃，乐于接受新鲜事物，对新媒体技术充满兴趣并能够灵活运用新媒体技术进行沟通交流，处理学习和生活中遇到的问题。新媒体环境下高校思想政治理论课教师综合运用图片、视频和动漫等高校学生喜闻乐见的方式全方位展现思想政治教育的丰富内容，满足高校学生多方面的需要，切实增强高校思想政治理论课的吸引力和感染力。

2.新媒体提高了高校思想政治教育的效率

传统的媒体信息传递的速度较慢，思想政治教育的内容不能及时有效地传送给受教育者，导致教育的效率不高。而新媒体比如网络、手机短信、手机网络等形式在信息传播方面就显得十分迅速，使用者可以在任何时间，甚至任何地点内接受、浏览以及查看任何有益的信息、关于思想政治教育的信息，而教育者同样可以以此方式及时地把思想政治教育的内容传送到每一位受教育者的手中。例如可以把大学生思想政治教育理论课的课件、讲义、案例分析、讨论题等发布到校园网上、班级QQ群里，让教师与学生们展开讨论，从而使思想政治教育课程的思想、内容从课堂上延伸到网络内，从课内延伸到课外，调动学生学习思想政治理论的积极性，增强教学效果。此外，大学生思想政治教育的专门网站还能够实现信息内容在组织上的超文本链接功能，在阅读电子化的理论著作中，任何一个概念、一个事件、一个人物、一部著作等都可以通过超文本链接而及时找到与之相对的非常详细的资料，供学生参考，满足学生在学习过程中查阅资料的需要。这不仅极大地提高了大学生思想政治教育理论学习的效率，而且还增强了思想政治教育理论学习的全面性、综合性以及现代性。

3.新媒体提高了高校思想政治教育的实效

因特网使地球上任何一个地方的人们可同时在网络等新媒体应用终端上"面对面"地交流，每个人既是信息的传播者，又是信息的接收者。这种交互式沟通，可吸引人们的传统的被动式接受"灌输"教育变为主动参与思想交流，在思想碰撞的火花中选择接受正确的思想观点。在网络世界里，教育者与被教育者是平等的。同时，由于网络的匿名性和隐秘性，使大多数人在网上流露的思想往往是最真实的，特别是一些受到普遍关注的社会热点、难点问题，网民们都会在网上发表各自的观点、意见，进行交流、讨论，这些都是网民真实思想的流露。通过网络等新媒体，教育者更能够真实地了解人们的思想情绪和他们所关心的热点问题，通过收集、整理、分析，找出对策并进行有针对性地解答和引导，从而实现思想政治教育由传统的单向传播向双向交流拓展，大大提高教育的传播实际效果。因此，依托网络等新媒体开展思想政治教育具有更强的针对性。

4.新媒体提高了高校思想政治教育的时效

网络时效性的优势，是信息网络的重要特征。信息高速公路所架设的四通八达的方便快捷的网络，使舆论信息、思想教育信息与其他网络信息一样，通过网络能在瞬间生成、瞬间传播，具有实时互动，高度共享，多路传递，随时随地获取和传播的特性。网络信息的迅速传播，使人类确实感到了"天涯若比邻"。只要在鼠标上轻轻一点，世界另一端的信息，就立刻以每秒绕地球七圈半的速度，通过光纤、电缆或卫星显现在你面前。在因特网上"即时新闻"已成现实，并且正以小时乃至以分钟为周期更新信息。人们通过网络，可以随时了解世界各地正在发生的政治、经济、文化等各方面的大事。可见，借助网络迅速、准确的传播方式，有利于及时传播健康、科学、文明、正确的思想教育信息，提高思想政治教育的时效。因此，一方面，我们可以通过网络等新媒体及时了解舆论信息，把握广大网民思想舆论动态；另一方面，还可以利用新媒体开设网络思想舆论阵地，进行广泛、及时的宣传教育，提高思想政治教育的时效，扩大思想政治教育的影响力。

5.新媒体提升了高校思想政治教育的吸引力

以网络为代表的新媒体是一种极具感染力的信息传播工具，它将文本、图画、图形、声音等信息集成于一体，可在屏幕上创造一种轻松、愉悦的受教育情境，使受众在图文并茂、声情融汇的语境中感知教育信息，从而达到"随风潜入夜，润物细无声"的效果，其影响力度远远大于过去任何一种曾经使用过的传播手段。运用虚拟现实技术，可通过计算机创造一种"真实"的教育环境。当受教育者戴上带有微电视屏幕的头盔和数字手套时，三维的图像、虚拟的声音和触觉的体验可让受众进入一种虚拟世界，产生身临其境的感觉，从而使思想政治教育更具感染力。人们拥有一台联网电脑，便可尽情地听、说、读、写、看，既可方便地获取大量信息，又可以与外界自由地进行思想交流，从而极大地激发网民的求知欲和想象力，最大限度地调动网民获取信息的主体性、自主性和参与性。因此，充分利用网络的这些特点于思想政治教育活动之中，使其手段、方法多种多样，生动活泼，将会大大提高思想政治教育的辐射力、吸引力和感染力。

从新媒体信息容量大、资源丰富、传播迅速、交互性强、覆盖面广、形式多元等优势来看，新媒体为促进思想政治教育实现内在效果提供了机遇。这种机遇主要反映在：新媒体丰富的共享资源，为高校思想政治教育工作者开展工作提供了充足的资源；新媒体的快捷性，为高校思想教育工作者大规模地、主动地、快速地传播正确的思想、理论和政策提供了方便，避免了信息传递过程中的衰减和失真；新媒体主体的平等性，促进大学生主动参与对话交流，实现了教育者与学生双方的随时互动交流，使教育者和学生之间的互动更广泛、更深入；新媒体传输的超媒体性，扩大了思想政治教育的覆盖面，将思想政治教育的课堂延伸到学生学习、生活的各个场所，促进了思想政治教育的社会化，使思想政治教育的实效性得到了大大增强。

二、新媒体环境下高校思想政治教育面临的挑战

在新媒体飞速发展的崭新时代，高校学生思想政治教育面临的机遇与挑战并重，新媒体在给高校思想政治教育机制带来了全新的发展机遇的同时，也给其带来了诸多挑战。就新媒体环境下高校学生思想政治教育机制的构成要素而言，新媒体环境主要给主体要素、媒介要素和环境要素都带来了挑战。大学生思想政治教育工作是一项高度复杂的系统性工作，其中的任何一个环节如果发生大的改变，都必然会引发整个系统的协调性问题。在我们享受巨大力量和方便快捷的同时，也引发了诸多社会问题。要准确把握并积极应对新媒体环境给高校学生思想政治教育机制带来的挑战，推动新媒体环境下高校学生思想政治教育机制的良性运行，实现思想政治教育的目标。

（一）新媒体给主体要素带来的挑战

1.教育主体对新媒体技术所带来的积极影响认识不深

新媒体技术的迅猛发展使得信息的传播速度更快、受众面更广，人们可以更加便捷地从互联网中获取信息、与他人进行信息交流、实现信息共享。在新媒体环境下高校学生运用新媒体技术从互联网中获取更多的信息资源，但是部分思想政治教育工作者在课堂教学和日常工作中使用的教育教学资料陈旧，学生已经掌握了这些教育资料甚至有的学生掌握的资料远远超过思想政治教育工作者；有的学生在日常的生活和学习中使用一些思想政治教育工作者所不了解的网络词汇来表达自己的观点。这就导致高校思想政治教育机制的主体要素逐渐丧失在信息资源上的优势。同时，高校学生根据自身需要从互联网上获取与思想政治教育相关的信息，并结合自己的独立思考做出筛选，并非被动地接受高校思想教育工作者传达的信息，这也使得高校思想政治教育机制的主体要素的权威受到挑战。

还有一些高校学生思想政治教育的主体要素没有适应新媒体环境，没有树立互联网思维，不能积极融入思想政治教育的新环境；他们在日常工作中不能根据时代的变化和高校学生的实际需要有效调整教育教学内容，创新教育方法，而是仍然固守传统的、落后的教育教学模式等。这对高校学生思想政治教育主体要素

的教育教学观念和工作方式提出了挑战。还有部分高校思想政治教育工作者使用新媒体技术手段的能力以及信息素养还有待于进一步的提高，他们对待新媒体技术发展的态度消极被动，只是片面地看到了新媒体技术的弊端，而没有正确地认识新媒体技术在高校学生思想政治教育机制中的重要作用。这也使得高校学生思想政治教育的主体要素学习和运用新媒体技术的能力受到挑战。

2.新媒体容易引发大学生人际信任危机及人格障碍

手机短信、互联网、移动电视、数字广播等新媒体形式都带有很强的互动性与虚拟性，在新媒体的平台上，大学生们以"隐姓埋名"的方式进行交流，角色的虚拟性与交流的间接性使他们卸下责任感的负担，因而他们的言论也就无所禁忌，也无须为自己言论的真实性负责。虚拟世界的这种人际信任危机可能直接导致大学生在现实生活中的人际交往偏差，忽视自身真诚性，对他人真诚性产生怀疑，从而阻滞其社会人际关系的良性发展。最后，一旦大学生在新媒体平台上的异于现实的表现得到固化，虚拟人格与现实人格频频更替，就可能引致心理危机，甚至引发双重或多重人格障碍。

3.大学生思想政治教育者的媒体素养不高

新媒体是大学校园的信息化平台，大学生思想政治教育者不仅应对其熟悉掌握，还需懂得如何创新运用，因为这将直接关系到大学生在接受思想政治教育过程中，对新媒体的了解、使用和发展。新媒体环境下的大学生对新生事物往往有着强烈的好奇心和天然的认同感，这使他们成为新媒体首批接收者、使用者及推广者，而思想政治教育者则相对处于信息天平的另一端，在过去较封闭的条件下，他们活动的范围有限，视野、思维难免局限于比较狭隘的时空。就当前的情况而言，他们对新鲜事物的敏锐性不够，缺乏新媒体技术意识，网络技术水平不足，观念更新略滞后于学生发展的需要，甚至部分教师对网络等的熟悉程度还不如学生。因此，高校迫切需要努力建设一支思想水平高、网络业务水平强、熟悉学生特点的网络教育者专业队伍。换言之，新媒体环境对思想政治教育者的媒体素养提出了全新要求，提高新媒体素养将是提升大学生思想政治教育水平的关键要义。

4.新媒体会影响大学生的价值选择和判断

处于生理和心理成熟期的大学生，自由地参与到无中心状态的交流之中，成为话语主体并作为信息方式中的主体。新媒体的迅猛发展，使得信息传播的路径和形态发生了根本性的变化，出现了"去中心化"的显著特点。无法回避的现实问题是，出于商业利益考虑的网络媒体为了追求"眼球经济"，暴露出"经济人"的逐利本性，严重败坏职业形象、背弃社会责任、突破道德底线。同时，境内外反动势力也不失时机地借助新媒体载体，到处散布谣言、颠倒是非、混淆视听、鼓吹西化，企图达到攻击政府、煽动暴乱、颠覆我国政权的不可告人目的，这些都严重影响着青年大学生的价值选择和判断。作为年轻人,青年大学生总是喜欢新鲜事物、追求时尚和刺激,但是他们分辨是非、真假和评判善恶、美丑的正确认知和分辨能力还不强,因而容易将上述人为制造的误导视为标准和乐趣而盲目追随,这就给高校学生思想教育工作制造了难题、提出了考验。

5.新媒体使思想教育工作者的主导性话语权削弱

新媒体的"平民化"与"草根性"特点,注定了其使用者具有"反权威性"的心理。这不仅是因为人人都可以通过新媒体手段轻而易举地获取相应的信息,而且是因为青年大学生更趋向于相信自己的独立判断,他们的思想活动和思维模式不再拘泥于传统,常常通过新媒体来表达自己的想法与观点。同时,在新媒体环境下,大学生们以娱乐化和碎片化的阅读方式,解读各种复杂而深刻的社会问题,传统教育所强调的思想深刻性、逻辑条理性、内容全面性则被置之边缘化。受教育者从习惯性"问老师",转变成习惯性"搜百度";从对教师传播的"主流价值观"的深信不疑,转变成"将信将疑"甚至信仰危机;从对学术权威的敬畏与仰视,转变成无所顾忌乃至不屑一顾。在这种情况下,思想政治教育工作者依靠不对称性信息途径获得专业知识、社会阅历、实践经验等比较优势的主导性话语权正在逐渐被削弱。

(二)新媒体给媒介要素带来的挑战

1.新媒体对高校思想政治教育的方法及内容带来了挑战

新媒体给高校学生思想政治教育机制的媒介要素带来挑战主要是给高校思想政治教育的教育方法和教育内容方面带来的挑战。传统媒体时代高校学生思想政治教育主要通过思想政治理论课教学、主题班会、私下谈话以及第二课堂等方法教育、引导高校学生,方法较为单一、缺乏新鲜感,很难吸引高校学生的兴趣和注意力,所以高校学生思想政治教育的效果并不明显。新媒体环境下高校学生充满活力,富有朝气,思维活跃,乐于接受新鲜事物,能够灵活使用新媒体技术手段获取信息,进行网络学习和沟通交流,充分有效发挥新媒体技术手段在高校学生思想政治教育中的优势。

新媒体环境在给高校学生思想政治教育的教育方法带来挑战的同时,也给高校学生思想政治教育的内容带来挑战。传统思想政治教育内容主要是以思想政治理论课教材为主,进行马克思主义理论教育、意识形态教育以及道德和法律基础知识教育等。而新媒体环境下高校学生思想政治教育在讲授传统思想政治教育内容的基础上,还要关注新媒体环境对高校学生的思想和行为产生的双重影响,教育引导高校学生树立正确的网络法治观教育和网络道德观等,在现实社会和网络社会中都要遵守相关的道德和法律,学会运用互联网思维解决学习和生活中遇到的问题,这也为高校学生思想政治教育机制增添了新内容,提出了新的时代命题。

2.不良的传媒带来了消极的影响

市场化进程中的不良倾向弱化了大学生思想政治教育的影响,而这种影响正被互联网日益放大。在我国推进经济市场化的进程中,部分传媒媒介和个人为了一己私利,为了争取更多受众,大多采用迎合受众的方式推销自己的观念。难于全方位有效监管的互联网上充斥着庸俗、猎奇和虚假内容的信息,这些都严重影响了大学生受众的身心健康,削弱了大学生思想政治教育的影响力。

3.现有的高校思想政治教育显示出了滞后性

大学生思想政治教育面临着崭新的新媒体技术背景,新媒体信息技术的迅猛发展,模糊了真实社会与虚拟社会的界线,过于直接的认知方式从根本上改变了人们的认知体系,大学生的独立性认知在不知不觉中被剥夺,他们被动地接受了"虚拟时空"形式的存在,并渐渐失去理性和自我。然而,面对新媒体的这种挑战,现有大学生思想政治教育的发展速度却远远跟不上新媒体技术发展的步伐,由于相关理论实践研究缺乏前瞻性,大学生思想政治教育的教育环境、教育制度、教育理念、教育形式等维度已严重滞后,从而导致当代高校现有的思想政治教育形式受到严峻的挑战。

4.新媒体携带的外来思想造成新的冲击

外来文化与日俱增对大学生思想政治教育造成了强烈的冲击。新媒体本身是在全球化的背景下形成的,其具有超越地域、民族、语言、国籍的障碍,更易为受众接受的特点。美国作为国际互联网的发源地,是掌握互联网核心技术最多的国家。有学者指出,"进入交互网络,从某种意义上讲,就是进入了美国文化的万花筒"。这种文化融合对促进民族进步有着积极影响的同时,其负面作用也是显而易见的:国际上处于支配地位的国家不会忽视意识形态领域里的"殖民主义",某些外国传媒刻意夸大我国的阴暗面,甚至无中生有,造谣惑众。因此,必须采取积极有效的措施保护中华民族文化,确保我国的文化安全,同时针对信息社会的特点改进思想政治教育工作,特别是要加强对年轻的"网上一代"的教育。

(三) 新媒体给环境要素带来的挑战

1.新媒体的网络环境给大学生思想政治教育带来负面影响

新媒体深刻改变着高校学生思想政治教育机制的环境,也使得其环境更加复杂化。改革开放40年来,我国在经济社会各领域均取得了举世瞩目的成就,人民群众的生活水平日益提高,"我国社会主要矛盾已经转化为人民日益增长的美好生活需要和不平衡、不充分的发展之间的矛盾",人民群众利益诉求的范围不断扩大、层次不断提高,人们的价值观也更加多元化。现实环境的这些变化也会在不同程度上影响高校学生的思想和行为，这会给高校学生思想政治教育机制优化提出新的时代要求，也带来新挑战。

新媒体环境下高校学生思想政治教育机制不仅要关注现实环境的深刻变化，而且更要积极应对来自网络环境的挑战。高校学生能够灵活运用新媒体技术进行网络信息交流、网络消费和网络学习等，潜移默化地接受网络社会环境的影响。在网络社会环境中，一些不健康的、虚假的网络信息恶意传播，网络诈骗、网络个人信息泄露和网络犯罪等现象不断出现，严重影响了网络社会生态环境，也或多或少地对高校学生产生负面影响，给高校学生思想政治教育带了更大的挑战。

2.新媒体的网络传播给大学生思想政治教育带来负面影响

大学生思想政治教育的内容包括世界观、人生观、价值观以及政治、道德与法制观念的教育。中共中央、国务院《关于进一步加强和改进大学生思想政治教育的意见》提出，当前大学生思想政治教育的主要任务之一便是"以理想信念教育为核心，深入进行树立正确的世界观、人生观和价值观教育"。而新媒体环境下，校园信息传播失去了时间、空间的屏障，信息使用发布的自由化程度加深，这便给了诸多腐朽落后的非主流思想文化以可乘之机，这些思想文化妄图扭曲大学生三观，给当前大学生思想政治教育带来了许多严峻的新挑战。透过新媒体传播的消极信息复杂多变，可控性较弱，极易对大学生的道德认知及理想观念形成渗透，并由此令高校思想政治教育的许多前期工作劳而无功。从"火星文"到"脑残体"，从"非主流"到"恶搞"风潮，消极的新媒体信息一次又一次地冲击着大学生的道德与心灵，一次又一次地将大学生推向虚拟王国的狂欢毒池。新媒体信息传播的负面影响的滋生，不仅提升了思想政治教育导引工作的难度，同时也抵消了传统思想政治教育的部分效果，从而给高校思想政治教育者鸣响了警笛。

3.新媒体的海量信息给大学生思想政治教育造成选择干扰

信息量剧增和信息污染对大学生思想政治教育尤其是正确的价值选择产生干扰。新媒体使海量的信息涌入受众的视野，这种日益膨胀的信息开阔了人们的眼界，同时也为信息的分辨和筛选带来了难度。信息量太多太滥，往往会让人无所适从；信息控制和过滤技术相对滞后，使得许多腐朽的思想如暴力、色情等混杂在正常的信息流中。这些信息污染严重影响了有用信息的清晰度和效用度，不利于大学生对知识的吸收。尤其是对思想觉悟和识别能力、抵抗能力都比较低的大学生来说，这种信息污染更为危险，对大学生思想政治教育形成了不容忽视的挑战。

新媒体的传播方式带有虚拟特征，新媒体的使用者具有较强的隐匿性，造成现实生活世界和网络虚拟世界截然不同的精神体验。人们在现实世界里许多不敢说的话、不能做的事都很容易在虚拟世界找到发泄的场所。在如同大染缸的虚拟世界里汇集了无以计数的良莠不齐的海量信息,受网络群体非理性和需求刺激、冒险猎奇心理的影响,人们更容易摆脱社会道德约束,突破社会伦理底线。特别是青年大学生正处于心理从不成熟到趋于成熟、人格从未定型到趋向定型的关键时期,他们的世界观、人生观、价值观更容易被具有情绪化、煽动性的信息所动摇和挟持,再加上相关法律法规尚未完善,网络监管困难重重,网络的"超现实性"大大弱化了思想政治教育工作对大学生的道德约束功能,使青年大学生极易沦为传播不良信息的主体,这无疑给大学生思想政治教育工作增添了极大的障碍与阻力。

综上所述,在新媒体环境下,互联网已经成为思想文化信息的集散地及社会舆论的放大器。新媒体对大学生思想政治教育的影响是一把"双刃剑":一方面在丰富资源、增强自主性、提高效率和增强效果方面,为大学生思想政治教育创造了良好的机遇;另一方面给大学生思想政治教育的控制力、辨别力、引导力和主导力提出了新的挑战。为此,全面分析新媒体环境对大学生思想政治教育的影响,积极探讨大学生思想政治教育的对策创新,将有助于提升当代大学生思想政治教育的整体水平,增强大学生思想政治教育的实效性。

第二节 新媒体环境下高校思想政治教育的实践探索

在互联网一统"天下"的新媒体环境下,加快思想政治教育传统方式向现代方式转变,成为思想政治教育内在的需要和趋势,也成为大学生思想政治教育创新发展的新航向。正是在这种背景与趋势驱动下,思想政治教育迈进了网络思想政治教育的新阶段。

网络思想政治教育的诞生,从某种意义上可以说是互联网发展与思想政治教育"联姻"的产物,是新媒体环境下思想政治教育实现网络化的一个进步标志。就我国而言,从1994年我国正式接入国际互联网开始,我们思想政治教育网络化的序幕就由此正式拉开,经历了从无到有、从萌芽到不断成长和成熟的历程。

一、新媒体与思想政治教育相结合的实践探索

(一)新媒体环境下大学生网络舆情引导的依据和途径

在信息大爆炸、新媒体称雄的信息时代,互联网+新媒体平台日益成为社会舆情的敏感区和发源地,其重要性、影响力和渗透力已经远远超越了传统媒体。网络舆情深刻改变和重塑社会舆论生态,对当代大学生的思想、行为和生活产生直接作用和广泛影响,给青年大学生的健康成长和实现党在新形势下的大学生思想

政治教育工作目标造成了不容忽视的冲击。

1.网络舆情改变和重塑社会舆论生态

(1) 网络颠覆了传统的信息传播方式。在信息社会到来和网络时代崛起之前，人们之间的信息传播主要依靠人与人之间的口耳相传、文字交流和纸质媒介等方式，呈现出点对点、单向度、被动性、线性的特征。公众掌握和接收的信息极其有限，个人发表意见、发布信息、传播思想的渠道和平台十分狭窄，也决定了信息传播速度、传播范围和影响力的局限性与效度。社会舆论基本处于官方掌控和主导的范围，对一些不利于社会安定团结和有悖国家治理的信息，政府有关部门可以轻而易举地进行防范、删除、封堵。然而，网络技术以其层级扁平性、多向互动性和交流开放性等特点，使信息传播和交流实现了自由顺畅、高度共享、即时交互的目标。

事实上，智能手机的出现，已经将我们带入另一个世界。在这个世界，信息不再是稀缺物，很难再成为垄断资源。网络消除了参与者身份、地位、阶层等个体性的差异，人人都可以自由、简易、快速地在网络上发布信息，也可以根据自己的兴趣、爱好和关注话题发表观点、搜索信息，并与其他用户就共同关心的话题进行广泛讨论、深入交流。这种无障碍的信息传播模式完全改变了传统信息传播的主客体关系，模糊了信息创造者、发布者、传播者以及接收者之间的界限，传统的"我说你听"传播模式被大家都是"言说者"的传播方式所取代，权力主导的话语权力体系也被解构。网络技术发展和网络工具的普及，改写了信息传播的规则，带来了信息传播方式的彻底变革，颠覆了传统的信息传播模式，解除了政府部门对信息的垄断权和控制权，使得公众信息以由此形成的及社会舆论大面积形成、大范围传播与产生巨大社会影响成为可能。

(2) 网络具有很强的舆论放大效益。在网络上，每个人都可以作为信息的制造者、传播者和接收者，并且可以同时兼具三种身份、扮演多种角色。特别是随着自媒体时代的到来，"随手拍"成为常态，"微博直播"日益普及，公民记者大量涌现，标志着整个社会舆论环境已经从"大喇叭"时代转型升级为"麦克风"时代。在"麦克风"时代，无形无色的网络力量无孔不入地渗透到经济社会的各个领域和人们生活的各个方面。在网络上，一则消息、一句评论或一张图片都有可能引爆网络舆情，只言片语、点滴涟漪可以在刹那间波及全球、辐射全世界，引发网络社会甚至是现实社会的轩然大波和广泛反响。正是凭借着便捷性、平民化、普泛化、自主化和快速性等压倒性优势，网络的强大互动功能推动着信息传播朝着社会的广度和深度扩散与渗透。网络舆论以其跨越时空的强大生命力、渗透力演绎了社会舆论世界和现实生活中的"蝴蝶效应"。

(3) 网络日益成为社会舆论的"发酵器"和主推手。随着我国网民队伍的日益壮大，网站、网页的成倍增长，互联网已经成为人们生活中不可缺少的重要部分。人们在网上或"指点江山"，或"激扬文字"，或"隔网喊话"……在这样多元而复杂的网络舆论生态下，许多与公众切身利益相关的社会热点难点问题，尤其是社会关注、百姓关切的消息一经"上网"，就会立刻被无所不在、无时不在的网民迅速"围观""转载"和"追踪"。网络上关于某一现象或特定问题所给予的关注、所形成的讨论也随之向现实社会渗透、扩散和影响。很多社会舆论事件往往发端于网络信息，许多现实生活中的集体行动或群体性事件最初都是在网络中酝酿和发酵。可以毫不夸张地说，"自媒体时代，是每一个人只要有简单的条件（有电脑或手机，能上网，会发帖、跟帖，会发微博等）就拥有了个人能够使用和控制的媒体，就可以随意向外界披露信息和发表意见，就相当于手中有了'麦克风'"。而网民中有关较大影响力或极大影响力的意见领袖，甚至掌握关着"核按钮"，产生舆论聚变和裂变，最后酿成舆论海啸。网络对社会公共生活与社会舆论生态的影响随着时间的推移而更加明显、日益深刻。网络不仅完全改变了信息传播的方式和形态，而且彻底颠覆了社会舆论的生成机制和演变格局，一跃成为社会舆论的"发酵器"和推手。

2.网络舆情的新特点及其对当代青年的影响

由于网络打破信息传播主体的一元化和垄断性地位，网民既不是传统意义上的"受众"，更不是人云亦云、毫无主见的"应声虫"，而是集信息的挖掘者、发送者、接收者、加工者、使用者于一体。每个网民对网络事件的围观、点赞、转载或评论，都有可能直接影响网络舆情的发展方向，甚至是对现实社会的影响。网络舆情表现出与传统社会舆情大相径庭的新特点。

（1）网络舆情内容丰富但复杂化

网络的开放性为求知欲极强的当代青年打开了知识宝库的大门，网络海量的信息和形式多样的服务功能给当代青年带来了极大便利的同时，也面临着许多问题和挑战。一方面，由于网络公共理性发育不足，尚未形成规范有效的网络参与秩序。网民对网络信息的关注往往止于表面，通常按照自己既有的思维去认识、了解，容易忽略甚至不愿相信事件背后的真相；另一方面，当前正处于社会利益结构重大调整的转型时期，各种社会问题层出不穷，各种社会矛盾趋向激化，各种社会情绪此起彼伏。得意者、得益者、得利者可以在网上尽情潇洒，失意者、失败者、失利者也可以在网络上找到属于自己的"领地"。在网络这个对任何人、任何事几乎都可以畅所欲言的缥缈空间里，既有积极健康向上的意见，又有消极偏激虚假的蜚语，既有理性审慎、科学严谨的态度，又有无理取闹、无中生有的"奇葩"，网络虚假信息防不胜防，各种网络闹剧层出不穷，整个网络秩序呈现出无秩序的混沌状态。甚至"可以发现，互联网中网络暴力现象大量存在，不少网络舆论质量低下，很难找到理性探讨的网络空间"。由于大多数青年尚处于世界观、人生观、价值观从幼稚到成熟转型的关键阶段，极易受到外界思想观念的影响。良莠不齐、鱼龙混杂的网络信息，在使网络舆情趋于复杂化的同时，也深刻影响着青年的价值判断和价值选择。

（2）网络舆情传播迅速，难控性强

当碰到新奇的情况或一个热点事件发生时，网民可以在第一时间于微信"好友圈"、微博、QQ群、社交网站等网络平台发表看法、高谈阔论，尽情享受、挥霍网络赐予的言论自由，使其形成网民关注的焦点，使得个体零散的意见快速聚合，不同见解或意识形态的舆论剑拔弩张，就在这种汹涌澎湃的舆论"拉锯"中，迅速形成初具规模的舆情声势。在网络知名人物、"意见领袖"和主流媒体等介入后，网络舆情对事件的影响力度将以指数级倍增，影响范围将呈波浪状向外扩散、放大，很快就形成了"滚雪球式"的传播效果。缺乏理性和价值观的引导，个别的、局部的甚至是不真实的问题，经由网络传播，可以轻而易举地演变为全局性、社会性的问题。但问题并未仅限于此，网络舆情形成后，与现实社会中的舆情交替传播，相互影响，对社会生活中的各个方面产生深远影响。特别是对公共决策、民主政治、社会伦理道德和文化安全等方面产生正面或负面影响。与其他舆情形态相比，网络舆情具有突发性、多元性、交互性、扩散性和偏差性等特点，个人主观判断、情感直觉和情绪化意味浓厚，因此极为容易出现非理性和群体极化的倾向。这对网络舆情的可控性提出了挑战，也使青年网络舆情引导增长了难度。

3.大学生网络舆情引导的基本策略和实现途径

以"00后"为主体的大学生群体处在一个世界观、人生观、价值观趋于成熟的关键阶段，但尚未最终定型，极其容易受外界因素的影响和形塑，波动性极大。思想文化对大学生思想观念、理想信念和价值取向的影响不可小觑。要实现"两个一百年"奋斗目标和中华民族伟大复兴中国梦，保证中国特色社会主义现代化建设事业后继有人，就要准确把握社会信息化、网络生活化对青年思想和行为的深刻影响，扎实有效做好大学生网络舆情引导工作，使网络舆情引导成为当代大学生成长、成才、成功的重要武器。

（1）抢占网络舆论阵地，牢牢把握网络舆情引导权

当前，社会意识形态领域的竞争、斗争和博弈日趋复杂，各种思想文化交流交融交锋此起彼伏。网络作为各种社会思潮宣扬和兜售其"价值秘方"的重要市场，是各方势力竞相争夺的敏感地带。在网络社会，一些热点话题和敏感问题极易被居心叵测的人利用，通过歪曲事实、挑拨离间、添油加醋等手段，造成"波涛汹涌"的网络舆情。网络舆情对青年大学生的思想、思维、性格、道德和日常行为的影响与日俱增。从这个意义上讲，互联网已然成了宣传思想战线和意识形

态领域争夺人心、争夺大学生的主战场。要赢得未来，必须赢得大学生，而只有贴近网络，方可赢得大学生。对此，高校各级党委、各个部门和思想政治教育工作者必须牢固树立阵地意识，及时跟上互联网发展的步伐，做好官方网站、官方微博的建设和应用，积极促进传统媒体和新兴媒体融合发展，通过创建校务微信、思政专家微博、公众微信平台等方式，全面进军新媒体舆论场，主动抢占网络舆论阵地、网络舆论空间，做到平时"润物细无声"，重大问题不缺位，焦点问题不迟钝，关键时刻不失语，牢牢把握网络舆情引导权、主动权。

（2）加强预警机制建设，正确引导网络舆情走向

由于网络信息鱼龙混杂、良莠不齐，因而在网络世界里，既能"乱花渐欲迷人眼"，又如"黑马激起万里尘"。网络在给人们带来便利的同时，也对网络谣言、网络暴力的产生蔓延起到推波助澜的作用。网络谣言扭曲事实真相、颠倒是非黑白、混淆舆论视听，而网络暴力则会破坏社会正常秩序、颠倒社会主流价值。由于大学生网民年龄偏小、认知受限、经验不足，缺乏鉴别网络谣言、抵制网络暴力的定力，极其容易被网络谣言所误导、被网络暴力所俘获。这些"网络病毒"毒性极强、危害极大，并且具有隐蔽性和传染性，一旦"中毒"即被毒害思想、侵蚀灵魂、腐蚀情操，导致大学生道德崩溃、精神颓废、信仰缺失、心灵物化、物欲横行，进而侵蚀社会的主流价值观和道德观，最终掏空国家和民族长远发展的精神根基。因此，做好大学生网络舆情引导工作意义非凡，关键是要建立一套反应灵敏、响应快速、运转顺畅、应对有力的网络舆情预警机制，建设完善网络舆情收集、分析、研判、应对工作机制。通过经常性、不间断获取网络舆情信息，全面分析、科学甄别，合理研判网络舆情中苗头性、倾向性问题。宣传思想战线和青年工作者要增强政治鉴别力、政治敏锐度，对涉及政治立场、社会思潮、重大问题等网络舆情，要及时迅速捕捉热点焦点，掌握全面、准确、详细的信息，做到率先发声、权威发声、引导发声，努力抢占舆论先机、舆情制高点，通过主动回应社会关切、满足大学生网民关注心理，引导网民在互动参与、真诚对话和理性讨论中发现事实真相、辨明是非曲直，消除公众的疑虑和不安，稳定和安抚网民情绪，杜绝网络谣言的产生和扩散，引导网络舆情从无序、混沌的状态朝着正常、有序、可控和建设性的方向发展。

（3）掌握基本规律和方法艺术，提升对大学生网民的网络舆情引导力

在复杂多变的网络舆论生态中，"舆论导向正确的刚性要求，与讲求良好的传播效果和引导效果的柔性做法，力求实现和谐统一"。而要达成这种统一，必须要以熟悉网络舆情形成特点、传播规律和掌握驾驭网络舆论的艺术，提高防范和化解网络舆情危机的能力与水平。一是要深入研究大学生网民的网络心理、行为习惯、网络偏好以及大学生网络沟通、联络、交流和聚集方式，通过主动设置议题、

利用舆论领袖、增强人性化关怀等手段巧妙、灵活地引导网络舆情，做到网络舆情引导有方、有术、有力、有效。二是要贯彻尊重包容、平等互动的原则。广大思想政治教育工作者与大学生网民进行对话、交流，要坚持理性的精神和谦卑的态度，抛弃高高在上、盛气凌人的姿势，用真诚、坦诚、热诚赢得大学生网民的认可、信任和支持，建立起与大学生网民有效沟通和良性互动的长效机制，努力实现对大学生的引导、吸引和凝聚。三是要善于用新媒体环境下高校思想政治教育的实践探索|第四章|6大学生的语言、大学生的思维、大学生的逻辑以及大学生乐于接受的方式与大学生网民进行交流，准确掌握大学生普遍关心、高度关注的现实问题，对接大学生网民多样性、多元化的网络需求、心理问题、思想困惑，广泛运用微博、微信、手机媒体等新媒体工具，认真做好解释说明、分析论证和网络舆情引导工作，引导广大学生树立网络文明意识，帮助大学生培育积极向上的价值观。

（4）激发网络正能量，进一步强化社会主义核心价值观对网络舆情的引导功能

做好大学生网络舆情引导工作，必须要高扬社会主义核心价值观的旗帜，传播"好声音"，激发正能量。一方面，要依托网络技术和网络平台，在网络上设论坛、定主题、立专栏，讴歌真、善、美，鞭挞假、恶、丑，传递真、善、美，传递向上、向善的价值观，引导大学生树立和实践正确的利益观、权利观、道德观，自觉抵制庸俗、低俗、媚俗之风，增强道德判断力和道德荣誉感，向往和追求讲诚信、尊道德、守戒律的生活；另一方面，要根据当代大学生的特点、兴趣和爱好等，把文学、影视、音乐、艺术乃至生活，赋予网络的表达形式和展现途径，把社会主义核心价值观的内涵和要求活灵活现、淋漓尽致地充分镌刻在网络作品之中，做到春风化雨、润物无声，最大限度地增强广大青年对社会主义核心价值观的价值认同、情感认同和理论认同度，不断提升社会主义核心价值观在网络舆情中的影响力、渗透力和主导力。

（二）新媒体环境下创新高校校园文化建设的原则与对策

高校校园文化是高校在长期的办学实践和发展过程中逐步创造、不断积淀而形成的具有自身特色的一种特殊类型的社会文化形态，它是高校办学思想、育人理念、理想追求、教学实践、管理机制、行为规范的总和，是高校发展进步的精神基石、动力源泉和核心竞争力。新媒体的广泛应用和日益普及对高校校园文化建设产生新的影响，赋予了高校校园文化新的内涵、特征和发展趋势，通过新媒体传播大量互联网信息等正在逐渐影响着师生们的学习和生活，对高校校园文化的建设既带来了新的机遇也迎来了新的挑战，研究和加强新媒体视域下高校校园

文化建设意义深远、势在必行。①

1.新媒体对高校校园文化的影响

（1）新媒体对高校校园精神文化的影响

新媒体具有音乐、收音、录音、照相、摄像、上网浏览和信息交流等众多功能，随着移动互联网时代的到来，新媒体环境下的高校校园生活更容易在网络的海量信息中搜索到自己需要的学习资料和生活信息，真正做到了"足不出户，尽知天下事"，极大地方便了师生的学习生活，大大拓展了他们的视野。在当前中国特色社会主义事业蓬勃发展的新时期，新媒体的广泛发展有利于社会主义主流思想的传播和正能量的传递，能很好地帮助学校开展德育教育，帮助学生树立正确的世界观、人生观和价值观，直接或间接地促进中华民族伟大复兴的中国梦的实现。但是，由于整个世界意识形态及思想环境的多样化和复杂化，使人们对个人利益的要求成了社会生活的基本动力，久而久之便大大地削弱了社会主义核心价值观的主导地位，导致了部分老师和学生缺乏爱国主义、集体主义、责任心、奉献精神等；另一方面，由于大多数的学生都处于一个思想尚未成熟的阶段，认知体系比较片面，没能拥有一个辩证全面看待问题的态度，导致负面的思想弥漫了整个大学校园，影响了整个校园主流文化发展。

（2）新媒体对高校校园行为文化的影响

大学作为人们心中的"象牙塔"，是培养高层次人才的摇篮，学习是大学生的第一要务，课堂是老师传递知识的主阵地。以往师生的课堂都只局限在三尺讲台上的黑板和粉笔，但随着新媒体应用日益普遍，促使高校的教学方式和学习方式等多种校园行为文化发生了深刻地变化。多媒体、视频、图片等技术在课堂上得到广泛应用，课余时间同学们也可以在网络上查阅下载学习资料，甚至通过网上寻找答案排疑解难，极大地方便了师生的学习和生活，大大提高了学习的效率，彻底改变了传统单一枯燥的学习方式。此外，新媒体环境下校园网络的日益发展和新媒体技术的迅速普及，突破了不同国家、地域、民族之间的制度、观念、语言和风俗等传统束缚，把整个世界连成一个小小的"地球村"，世界的时空界限变得日益模糊，几乎消除了社会交往的"社会藩篱"。在大学校园，人与人之间的交往非常频繁，各种活动的组织、恋爱的发展和交际的拓宽都离不开新媒体技术传播，以往人与人之间单纯的书信和面谈已经不能满足现代人交流的需要，特别是随着智能手机的出现和普及，还有QQ和微信的出现，使人与人之间的交往打破了时空的限制，提高了沟通的效率，降低了沟通的成本。但同时也让人与人之间的交往增添了许多的陌生，交往中缺乏了真感情的流露，变得敷衍甚至虚伪。

①郭世华著.新时期高校思政教学新面貌［M］，62页，昆明：云南科技出版社，2020.06.

(3)新媒体对高校校园制度文化的影响

新媒体在校园新闻中的广泛应用和迅速发展，使在传统媒体意义上建立的校报、广播站等逐渐退出了校园文化的中心地位，取而代之的是跟新媒体技术息息相关的一些新兴机构，如校园网、官方微信、官方微博、网络电视台等，这些管理机构正在出现并发展壮大，已经成为校园生活及新闻宣传不可或缺的文化重要平台。这些平台的产生一方面是为了更好地服务学校的教学工作，打破传统的教学模式，丰富教学手段和形式，拓展教育渠道和途径；另一方面是为了保证社会主义核心价值体系得到正确的传播，加强正能量的输送，更好地帮助师生树立正确的"三观"。在这些平台产生的同时，相应的管理制度也要应运而生，逐步形成和丰富适应新媒体环境的制度文化。加强对这些平台的监督和引导以及对新媒体制度文化的建设，才能保证校园文化的主流思想得到发展，保证学校成为社会主义人才培养的基地。

2.新媒体环境下创新高校校园文化建设的原则

随着新媒体发展步伐的不断加快，加强对新媒体环境下高校校园文化建设是不容忽视的重大问题。新媒体确实给师生们带来了很多的方便，改变了传统的教学模式，提高了学习和交往的效率，但是也带来了很多负面的影响，如果我们不能很好地引导和规范新媒体技术的应用，不仅影响青年大学生的健康成长，而且还关系到我国高等教育事业的科学发展。移动互联网和媒介融合时代，繁荣发展高校校园文化需要牢牢把握以下几项原则。

(1)坚持传承和发展相统一

高校校园文化是高校在长期办学实践的过程中，经过历史积淀而逐步形成的一种特殊的社会文化形态，这种积淀的过程既是传承的过程，也是发展的过程。新媒体的快速发展和普及应用，开辟了高校校园文化建设的新领域：一方面，高校作为创造知识、培育人才的重要摇篮，是传承优秀传统文化的重要平台。高校校园主体可以结合各自学科的不同理念、专业特点、办学特色和历史传统等，运用新媒体手段积极传播中华文化的历史价值、优良传统和知识体系，充分展现高校校园文化的独特魅力和发挥其引领社会风尚的功能；另一方面，新媒体的出现使得发展高校校园文化比任何时候都显得更为重要和迫切。高校应按照高校校园文化的独特价值和发展规律，充分发挥高校师生的思想文化创造活力，广泛运用新媒体打造更多的校园文化精品，推动高校校园文化在传承中创新、在创新中发展，使高校校园文化成为我国社会主义文化"百花园"中的一朵艳丽奇葩。

(2)坚持开放与融合相统一

高校校园文化是一种依托于社会文化又区别于社会文化和其他亚文化的相对独立的文化体系，它随着社会文化的发展而变化。媒介融合的加速，新媒体的应用普及，促使高校对外联系互动的渠道、方式和形式变得日渐丰富且推陈出新，对外开放的广度越广、深度越深，变得越来越便捷、快速而富有效率，构筑出一种全新的文化交流和传播方式，赋予了高校校园文化建设新的内涵和发展方向。高校校园文化与社会文化之间的融合程度、趋同性、互动性日臻明显。例如，高校学者在其微博上发布其对某个社会问题或事件的看法和意见，可以在瞬间把信息传达到其"粉丝"和其他用户手中，广播、电视、报纸等传统媒体纷纷跟进，就会在现实生活和网络社会之间掀起对这一问题或事件的轩然大波，进而影响社会管理和政府决策。因此，在移动互联网和媒介融合的时代，高校校园文化建设应该坚持开放性和融合性相统一，努力借助新媒体的强大力量，积极汲取和借鉴一切社会优秀文明成果，古为今用、洋为中用，让高校校园文化绽放绚丽光彩。此外，新媒体对经济社会发展和人们生产生活的影响已经远远超越了纯技术或某一学科的研究范式，必然要求对人才培养和科学研究的理念与模式进行调整，这是社会生活网络化、信息化在高等教育领域中的新确证和新影响。高校应适时调整学科设置和专业结构，敢于打破学科间的壁垒，更加注重不同学科之间的融合与渗透，增设新媒体应用、管理和对经济社会发展影响方面的课程，积极搭建产学研一体化、跨学科融合研究等各类平台。

（3）坚持多元化与主导性相统一

高校校园文化对青年大学生的成长成才具有潜移默化的熏陶作用，对社会主义文化发展进步及社会风尚具有明显的导向和引领作用。在移动互联网和媒介融合的时代，高校师生不仅可以随时随地利用各种终端在网络上发微博、玩微信、聊QQ，参与各种讨论，进行信息交流，还可以在网络上开展各种商业活动，铸就了一种全新网络社会文化。这种文化作为高校校园文化的重要组成部分，致使高校校园文化更加多元化：一方面来自于高校不同学科、专业和办学理念的差异和历史传统的不同，形成形态各异、种类万千的文化风格和品位；另一方面也来源于媒介融合造就网络文化的多样性。尽管高校校园文化具有多元化的特征，但是，我国高等教育的性质、根本任务和社会主义办学方向，决定了高校园文化建设必须坚持主导性，即必须坚持马克思主义指导思想在高校校园文化建设中的主导地位，用社会主义核心价值体系引领高校校园文化繁荣发展，善于占领网络信息传播和网络舆论的制高点，毫不动摇地坚持用社会主义荣辱观引领网络舆情，引导青年大学生知荣耻、明是非、识美丑、辨善恶，坚决抵制庸俗、低俗、媚俗之风，积极营造文明和谐、健康向上的高校校园文化环境，使网络成为宣传党的主张、弘扬社会正气、创造先进文化的重阵地。因此，坚持多元化与主导性相统一，是新媒体视域下高校校园文化建设必不可少的一个重要原则。

3.新媒体环境下创新高校校园文化建设的对策

今天，我们正处于移动互联网和媒介融合时代，媒介融合是以计算机技术、移动通信技术和互联网技术等多种技术相融合为基础，众多传播媒介汇集一体发挥多种功能的媒介传播形态。随着媒介技术、媒介业务的融合程度不断加深，新媒体获得迅猛发展，这对校园文化产生巨大的影响。为了更好地营造积极向上的校园文化氛围，在坚持"三统一"的原则上打破传统思维，根据新媒体发展的规律和校园文化建设的特点寻找新的对策。

（1）完善新媒体应用管理制度，营造积极向上校园文化环境

首先，新媒体在大学校园的广泛应用是社会进步的体现，是高等学校发展的需要，但是新媒体带来的各种思想广泛传播对健康校园文化的塑造带来了很大的冲击，这需要我们在思想上重视新媒体这把"双刃剑"，使之在校园中更好地服务我们的学习和生活。此外，需要我们警惕新媒体带来的负面思想冲击校园健康生活，加强对新媒体应用管理制度的完善，使风险得到有效管控，积极营造高雅和谐的校园文化。

其次，新媒体环境下西方资本主义国家宣扬的各种拜金主义、享乐主义和个人主义思想迅速传播，大大削弱了学校开展德育教育的积极影响，学生的健康思想受到了侵蚀，这需要对信息源头进行监管，阻止、隔离腐蚀的落后文化。同时，建立师生互动的公共平台，并且做到身份公开、信息交流真实，及时发现和过滤各种庸俗、反动和低级的信息，尤其是西方敌对势力进行渗透活动而发布的有害信息，建立起校园网络文化的安全"防火墙"，必要时候运用技术、行政和法律手段及时制止。

最后，在学校层面要加强对新媒体管理人员进行教育培养，完善新媒体管理人员的选拔、管理和考核制度，使之成为一名校园文化主流思想的传播者，同时相应新媒体平台例如校园新闻网站、官方微博、官方微信等需要在相关老师指导下开展工作，规范他们的日常管理制度，把好新闻报道的出口关，提高他们对事情的认知能力，减少负面思想的传播，保证整个校园文化积极向上。

（2）加强媒介素养教育，增强文化自信

媒介素养教育就是指导公众正确理解、建设性地享用大众传媒资源的教育。为了更好地运用新媒体技术，使之成为我们学习和生活的好帮手，必须要加强师生的媒介素养教育，也就是增强师生对网络媒介的认知能力、对网络信息的解读和评估能力、创造和传播能力、利用网络媒介信息发展和完善自我的能力。只有增强了媒介素养教育，才能保证校园主流文化得到发展，保证青少年学生的身心不受西方腐朽思想的影响，保证学校的各项教学工作沿着社会主义方向进行。在提高师生的媒介素养教育中必须坚持"引进来"和"走出去"相结合战略。"引进来"即引进一些新媒体教育的专家和学者通过学术论坛、交流会、报告会等各种

形式教会学生如何提高自己对信息的辨别能力，如何抵制腐朽思想的影响，做到更好地运用新媒体技术服务我们的生活和学习；"走出去"即通过引导学生走出校园，走入社会，用心去了解新媒体技术的发展对社会带来的利弊，认真去揭露西方腐朽思想通过新媒体技术毒害人们心灵的真面目。只有坚持"引进来"和"走出去"战略，才能真正提高师生的媒介素养能力，才能帮助学生树立正确的"三观"，才能真正了解中华民族五千年的灿烂文化，从而增强了对社会主义文化建设的自信心。

(3) 传播社会主义核心价值观，维护社会的正能量

网络具有开放性、自由性和无边界性的特点，在给人们带来方便和快乐的同时，也为各种谣言和错误思潮的传播"插上了翅膀"，是一把锐利无比的双刃剑。面对世界范围思想文化交流交融交锋形势下价值观较量的新态势，面对改革开放和发展社会主义市场经济条件下思想意识多元、多样、多变的新特点，积极培育和践行社会主义核心价值观，对巩固马克思主义在意识形态领域的指导地位、巩固全党全国人民团结奋斗的共同思想基础，对促进人的全面发展、引领社会全面进步，对集聚全面建成小康社会、实现中华民族伟大复兴中国梦的强大正能量具有重要现实意义和深远历史意义。由于现在的青年学生处于一个思想尚未成熟的阶段，再加上对网络媒介的认知能力、对网络信息的解读和评估能力、创造和传播能力、利用网络媒介信息发展和完善自我的能力都较为薄弱，往往容易被社会上一些负能量思想的侵蚀，对问题的了解停留在表面，缺乏对新媒体商业属性和政治属性的分析，进而导致主流思想传播受到阻碍，负能量在校园粉墨登场。

"网络垃圾"毒害大学生的思想、侵蚀他们的灵魂、腐蚀他们的情操，冲击、淡化青年大学生的主流价值观和道德观，甚至扭曲马克思主义主流意识形态。社会主义核心价值观是社会主义核心价值体系的内核，体现社会主义核心价值体系的根本性质和基本特征，反映社会主义核心价值体系的丰富内涵和实践要求，是社会主义核心价值体系的高度凝练和集中表达。党的十九大以来，中央高度重视培育和践行社会主义核心价值观。习近平总书记多次做出重要论述、提出明确要求。所以新媒体环境下的校园文化建设一定要坚持社会主义核心价值观，维护社会正能量，教会学生从历史和现实的角度去批判西方腐朽文化，教会学生懂得如何抵制负能量的传播，教会学生如何掌握中华文化的优秀成果，要让学生懂得今天西方国家利用新媒体的技术在极力推行文化殖民主义实行文化霸权主义，必须加强对西方国家腐朽思想的警惕，坚定共产主义的理想信念，保证整个社会正能量的传递。

在新媒体环境下，各种网络信息充斥整个校园文化，影响社会主义建设者和接班人的教育，这不仅迫切需要高校尽快打造一支具有良好媒介素养和新媒体技

能的校园文化建设者队伍，更需要校园文化建设者们能够进一步统一思想、形成合力，坚持"三统一"原则，完善校园文化管理制度，加强媒介素养教育，保证社会主义核心价值观成为高校文化建设的主流思想，只有这样，大学校园文化才会更好地迎合移动互联网和媒介融合时代，并呈现出勃勃生机，社会主义现代化的建设才能拥有可靠的保证。

二、新媒体环境下高校思想政治理论课教学探索

新媒体时代的到来对青年学生而言开阔了视野，拓展了知识面，丰富了交流方式，增强了自主性，但同时也对传统思想政治教育造成了一定的冲击，对思想政治理论课教学提出了新要求。所以，加强新媒体环境下的思想政治教学的研究并进行创新显得尤为重要。

（一）新媒体时代加强思想政治理论课教学的重要意义

在我国高校普遍开设思想政治理论课，这是由我国社会主义制度的性质所决定的，是执政党的指导思想和执政理念在高校的传播和贯彻，是培养大学生树立科学的世界观、人生观和价值观的主渠道。因此，正确认识高校思想政治理论课的作用及意义十分重要。

1.大学思想政治课的定位

这门课的性质是什么？或者说，这门课应归于哪一类课程？该如何定位？比如，从事这门课程教学的老师，当他走上讲台时，可能会认为这是政治课；而下面听课的学生可能会认为这是政治宣传课、政治说教课、政治灌输课；一些校级领导会认为这是上级部门布置下来的硬课程，动摇不得；其他专业课的老师会认为，这种课我也会上，没必要占用这么多课时，还不如让出一些课时给我的专业课；家长会认为这种课应该为那些思想品德不好的学生开设，自己的孩子思想品德没问题，这类课应该免修，甚至学费也应当少缴……

对这些模糊思想的产生作具体分析：高校思想政治理论课是执政党执政理念的主旋律，涉及上层建筑的意识形态领域，属于政治课，这是毋庸置疑的。但是高校政治理论课的教师不是承担一般的传道、解惑和授业职责，他传播的是执政党的指导思想，高扬的是马克思主义的伟大旗帜。在这旗帜下，每个人都是平等的。教师丝毫不具有天生的马克思主义面孔，或者是一副绝对真理在握的样子。师生之间应当进行平等的对话，教师不仅要做到以理服人、以情感人，还要以自身丰富的知识和社会阅历、以扎实的理论功底和理性的思辨能力去获得学生的共同语言。

2.大学思想政治课的作用

思想政治理论课究竟起到怎样的作用？作用有多大？其实是有不少争议甚至是误解的。圈外人士认为，它关系到大学生的世界观改变、人生价值的选择、高素质人才的培养；而圈内人士认为，大学生队伍中涌现出的优秀学生代表是思想政治理论课的积极成果。笔者认为，圈内人士不以为然的态度可能只是少数，而圈外人士的期望值过高，也许会失望。学校领导将自己优秀学生的事迹，归咎于思想政治理论课的作用，这也使人多少感到有一些往自己脸上贴金的嫌疑。提高大学生的政治素质是一项系统工程，思想政治理论课只是其中的一个重要环节，其实学校的众多社团活动如暑期实践、党团组织，辅导员工作等，都对大学生的世界观、人生观和价值观的转变起到了积极作用。那么思想政治理论课起到什么作用呢？笔者认为包括以下四个方面。

（1）感悟的启迪

"三字经"的首句是："人之初，性本善。"鲁迅说，即使是一个天才，他的第一声啼哭也不会是一首好诗。一个人的成长过程，也是不断感悟的启迪过程。这里的家长、各级学校、社会条件，甚至一段生活阅历都会起到积极作用。大学生时代是即将走上社会的最后学习时期，但给予积极的感悟并没有结束。思想政治理论课教师应该以自己的人格魅力、品德修养、社会阅历去启迪人生。

（2）知识的传授

感悟毕竟是经验的，经验必须要有理论作为支撑。目前的大学生所学的四门必修课，各自有自身的理论特点，尤其是"原理"课，是从整体上概括了马克思主义的基本原理，是科学的世界观和方法论。原理本身虽然比较抽象，但它由一系列的知识点、概念和范畴组成，具有内在的、严密的逻辑性，认真教授这方面的知识是十分重要的。这就要求教师具有深厚的理论根基、较强的科研能力，还要有高超的授课艺术，这三者是统一的。

（3）信念的确立

大学生是具有激情、富有理想、朝气蓬勃的群体。但他们没有走入社会，人生经历不丰富，一方面对有些事情容易陷入理想化；另一方面又会感到不理解和困惑。尤其是当今社会上一些负面的价值观念和理想判断，经常影响学生们的日常学习和生活，大学校园早已不是一块纯净的世外桃源。信念的确立有助于大学生毕业后走上工作岗位时，能够积极面临各方面的挑战。但在大学时代，通过教师的一系列教学活动，让学生们在比较中选择，在困惑中认清，逐步确立各自的理想信念很重要。我们不可能期望大学生都具有整齐划一的信念，但我们可以积极引导大学生们确立不同层次的理想信念。

（4）行动的引导

无论是怎样层次的理想信念，最终都可以落实在行动中得到体现，大学生的日常行为也反映了其整体的思想素质。例如校园社团活动,既有高层次的专家讲座,也有陶冶艺术情操的各类文化活动,更有社会流行的大众娱乐文化,如那些影视明星、歌星的粉丝,在大学生的群体中也大量存在。作为思想政治理论课的教师,有责任引导大学生积极参与高层次的校园文化活动,这对提高大学生身心健康是十分重要的。

总之,大学生是国家宝贵的人才资源,是民族的希望、祖国的未来。要使大学生成长为中国特色社会主义事业的合格建设者和可靠接班人,不仅要大力提高他们的科学文化素质,更要大力提高他们的思想政治素质,形成健全人格。只有真正把这项工作做好了,才能确保党和人民的事业代代相传、长治久安;加强和改进大学生思想政治教育,是当前全社会共同关注的一个时代课题。党和国家领导人高度重视高校学生思想教育工作,因此,中共中央、国务院《关于进一步加强和改进大学生思想政治教育的意见》指出,"高等学校思想政治理论课是大学生思想政治教育的主渠道",应"大力推进多媒体和网络技术的广泛应用,实现教学手段现代化"。

(二)新媒体环境下思想政治理论课教学方法的运用和创新

在新媒体环境下,应对混杂在纷繁信息中的负面不良信息挑战,维护马克思主义意识形态的核心地位和社会的和谐稳定,巩固党的领导地位,思想政治理论课教学必须顺应时代潮流,深化教学改革,积极运用新媒体手段,大力提高教学效果,努力提高大学生思想政治素质,服务于大学生健康成长和顺利成才。[①]

1.目前思想政治教学存在的问题

目前,一些高校政治理论课的美誉度偏低,处于"三不满意"状态:领导不满意、学生不满意、教师自己也不满意。大学生的思想政治理论课程学习效果令人担忧:一是多数学生觉得当前思想政治理论课的理论知识过多,内容枯燥,难以激发兴趣。二是思想政治类课程缺乏有效的教学方式,大多是纯理论课,造成台上老师捧着教材照本宣科,台下学生打瞌睡、玩手机、看课外书等不良的课堂状态。

2.积极应对新媒体对思想政治教学的挑战

在新媒体环境下,信息传播自由、获取快捷、内容不可控等特性不仅给人们获取信息带来便捷,而且作为一种有效的潜移默化的思想政治教育形式,对大学生思想政治意识、价值尺度、道德观念的形成有着重要的影响。思想政治理论课作为大学生思想政治教育工作的主要渠道,必须主动适应新媒体环境下的新要求,

---

[①] 曹顺仙,郭兆红.高校思想政治理论课教学的实践与探索[M].合肥:合肥工业大学出版社,2010.07.

采取新对策，唯有如此，才能增强大学生思想政治教育的实效性。

(1) 与时俱进革新理念

新媒体环境对高校思想政治理论课教学理念的影响主要体现在两个方面：第一，现代技术本身的特点对教学理念的影响。以互联网为例，互联网自诞生之日起，就以其时间的无限性与空间的延伸性彰显一种开放、自由以及平等的创新精神和技术理念，这种理念必然延伸到高校思想政治理论课的教学之中。第二，新媒体的广泛使用对大学生思维特点、价值观念以及行为方式产生巨大影响，这种影响进一步对高校思想政治理论课教学理念的创新发挥巨大作用。因此，大学生思想政治理论课理念创新应体现在以下几个方面。

①虚实互补理念：虚拟社会的形成与发展不断丰富人类自身的发展内涵，使人类虚拟发展成为人类本质的必然组成部分。因此，正确处理好虚拟社会与现实社会的关系成为重大的理论课题。虚拟社会与现实社会是人类生存与发展的必然组成部分，这两大社会的和谐发展促进人类本质的实现。我们"不能因为人的基本生存和需要离不开现实社会，就以现实社会取代和压制，甚至决绝虚拟社会，因为虚拟社会已经不可置疑地成为一个客观存在的社会场域。同时，我们也不能以虚拟社会取代和消解现实社会，更不能远离现实社会，因为人的物质需要、情感、亲情等需要在现实社会中完成，再加上虚拟社会只有在现实社会基础上才能健康有序地发展，那种离开现实社会追求在虚拟社会生活的人，不仅不能发展自己，反而限制自己的发展，导致自己畸形地发展"。高校思想政治理论课教师在利用新媒体技术与手段时必须正确把握虚拟与现实的关系，将虚拟与现实的和谐互补作为高校思想政治理论课教学的首要理念贯穿高校思想政治理论课教学的各环节。

②平等交互理念：新媒体使教师的权威地位开始动摇，传统教学中教师与学生的不平等地位以及单向灌输式教学理念受到极大挑战。这种挑战主要基于两方面依据：第一，现代信息技术的发展突破时间与空间的限制，使大学生的思维能力、创新能力得以提升。大学生通过网络等载体可以自由获取大量科学文化知识以及其他各种信息，这导致在某些情况下教师与学生观念的冲突甚至教师的信息量不及学生。第二，新媒体上的资源作为一种公共资源具有共享性，任何人都有在新媒体平台上进行构建和创新的机会。面对这一挑战，高校思想政治理论课教学工作者必须与时俱进，树立平等交互理念。

③双主体理念：双主体理念是在现代建构主义教学观与现代信息技术相结合的基础上提出的一种高校思想政治理论课教学理念。现代建构主义强调学习的主动性、社会性和情境性。现代建构主义教学观强调，教师不单是知识传授的载体，不是知识权威的象征；教师应该以学生学习为中心，重视学生对各种现象的不同

理解和看法，并以此为依据对学生的看法进行调整，这时教师便由知识灌输者变为学生学习的组织者与指导者。这种建构主义教学使学生的主动性、积极性和创造性得以充分发挥。新媒体技术为现代建构主义教学理论的落实搭建了良好平台，其中最典型的就是网络教学。它游离于传统教学的物质空间之外，减少了传统教学对学生的肉体与精神的束缚，增加了更多的虚拟因素。它强调以学生为主体，通过多样丰富的媒体呈现真实的环境创设、不受时空限制的沟通交流，正在改变着传统教学中教师和学生之间的关系，使学生能够真正成为知识信息的主动建构者，从而呈现出常规教学所没有的优势。教师在现代建构主义的指导下，利用现代信息技术的巨大优势，可以科学合理地进行课堂教学内容、方式的创设与选择，从而有利于学生的自我学习。

④个性创新理念：高校思想政治理论课教学个性创新理念的提出是基于新媒体技术对大学生产生的影响的积极回应。现代信息技术为大学生创新意识的激发和培养提供了肥沃的土壤。"有时仅仅是一个想法，或仅仅是两种或几种新媒体因素的创意组合，便能掀起一股新的应用潮流，甚至获得风险投资者的垂青。"高校思想政治理论课教师要积极响应这一趋势，树立个性创新的理念：第一，高校思想政治理论课教师必须尊重大学生的个性意识与创新精神，努力激发他们内心深处的思想火花。第二，高校思想政治理论课教师须对大学生的个性意识与创新精神进行积极正面的引导。第三，高校思想政治理论课教师必须积极探索适应新时期大学生个性特点的教学内容和教学方法，使教学内容具有选择化，学习方式具有多样化以及学习形态具有多维化。

(2) 巧思妙想制订方案

①方案制定过程更趋便捷化：高校思想政治理论课方案的制订过程是资料的获取、选择和重组的过程；是高校思想政治理论课教师把握学生思想动态和思想疑惑的过程；是教师根据所占有的资料和学生的思想问题进行目标确定和方法选择的过程。新媒体技术的应用在很大程度上克服了传统的教学方案制定过程中的时空限制、经费不足、图书资料有限以及资料陈旧等问题。教师可以利用电脑的易操作性去实行网上备课，可以利用网络信息资源以及网络图书馆，以花较少时间和精力去获取最新信息，还可以通过手机、QQ、微信、微博等新型交流工具及时了解学生思想动态，从而大大提高了教学方案制定的效率，使教学方案制定更趋便捷。

②方案涵盖内容更趋合理化：高校思想政治理论课教师在选择方案的内容时应该要更加的合理化。要想合理化，就必须达到以下要求：第一"全"，即教师所选取的内容不能零散、残缺不全，而应该是围绕既定目标形成体系。第二"准"，即方案的内容必须具备客观性，既符合高校思想政治理论课教学的规律和特点，

又符合社会和大学生发展的客观需要。第三"精",即方案所涉及的内容抓住主要矛盾,突出重点,具有针对性。第四,"快",即所选内容必须及时有效。现代信息技术的应用,为高校教师达到以上要求提供了前所未有的机会。教师可以利用网络搜索相关的网络书籍和资料,尤其是前沿性的知识;可以获取社会热点问题以及学生所关心的诸多焦点问题;可以及时了解学生的认知结构与认知需求,从而使自己的教学更具突出性;现代信息技术的反馈功能也使教师及时根据反馈信息去调整、丰富自己的教学内容。

(3)灵活运用实施模式

将现代信息技术的交互性、灵活性、开放性、共享性以及协作性与高校思想政治理论课方案实施相结合,从而可以产生更具时效性的方案实施模式,主要有以下几种。

①基于多媒体教室的课件型教学实施模式:这种教学实施模式是以教师为主导、以课件为前提的演示型教学实施模式,也是当前被教师普遍采用的一种教学实施模式。教师在教学之前利用丰富便捷的网络技术,通过 Flash A Power Point 等多种网络软件把思想政治理论课的教材内容制作成教学课件。课件的内容与传统的备课一样必须包括教学目标、教学内容、教学难点和重点、教学案例分析、教学阅读书目以及教学课后思考题等。同时,这种课件要求集图、文、声、影于一体。在具体的课堂教学中,教师利用计算机和学生进行交互,多媒体与教学内容的结合给学生呈现出一幅生动活泼的画面,有利于激发学生的参与意识和学习意识。

②基于传统媒介与现代媒介有机结合的混合型教学实施模式:在传统的思想政治理论课教学中,教师利用板书向学生传递教育信息。为达到较好的教学效果,教师必须具有真实的情感投入,必须通过板书、仪表、手势、语言、声音等艺术去活跃和丰富课堂教学。但是在传统教学中信息传递量小,而且教师也不可能时刻想出新花样去吸引学生的眼球。新媒体的应用,可以在很大程度上克服这一弊端。现代媒体通过图、文、声、影的合理配合,不仅为学生创设了一个图文并茂、声像并举、能动会变、形象直观的教学情境,而且可以根据学生的喜好和课堂教学的需要及时调整多媒体的呈现方式,把学生的积极性和主动性充分地调动起来。网络教学并不是没有弊端,网络教学使学生和教师、学生和学生之间的隔离成为可能,这样就缺少了人与人之间的情感投入、情感互动以及情感交流。因此,传统媒体教学和网络媒体教学是非替代性的关系,必须使两种教学密切结合,有效整合传统教学模式和网络化教学模式的优长,建构一种混合型教学模式。

③虚拟课堂型教学模式:在虚拟课堂型教学模式中,师生无须面对面,教师和学生人手一台电脑,通过网络介质进行知识的传授和讲解,学生可随时根据自

己的观点去向老师提问并就相关问题和老师进行探讨。同时，学生可以在接受这一教师的教学时接受其他课程的教育和学习。以微信教学为例，教师通过创建一个微信群把选修这门课程的学生添加为成员。教师通过语音、视频以及发送文字的形式去讲授这门课程，学生可以在微信群里发表问题和看法，也可以通过微信与老师进行一对一的交流互动而不打扰其他同学的学习和思考。教师通过邮箱把思考题以及考试考核重点群发到各个学生邮箱中，学生则在规定的时间内把教师规定的作业发到教师的邮箱。这种教学使教师和学生都处在平等的地位，教师成为教学的主导者，学生成为教学过程的主体者，从而使双方的参与意识相对提高，教学效果得以充分的体现。

③基于新媒体通信工具的个别辅导教学实施模式：新媒体技术的发展和普及，为高校思想政治理论课个别辅导教学模式的建立和实施提供了契机。比如，现在有很多大学通过QQ进行个别辅导教学，教师通过QQ就可以深入了解每个学生的学习情况和学习问题。教师可以以"朋友"的姿态在QQ上和学生进行一对一交流，了解学生的家庭情况、生活学习以及面临的种种困惑，从而使问题的解决更具针对性。教师还可以就国内外大事或国家政策和学生进行探讨，对学生进行积极引导，这比单纯地灌输教师的观点更具时效性。同时，教师和学生可以通过E-mail发送节日贺卡、动漫以及电影；通过微博相互关心关注；通过微信进行全方位沟通交流，为进一步的思想政治理论课教学的实施打下了良好的情感基础。

（三）构建新媒体环境下的思想政治理论课教学考评体系

1.教学考评概念

教学考评是教学效果评价的一系列方法制度的统称，主要由考核内容与方法、考试命题与评分、成绩评价与统计反馈等环节构成。高校思想政治理论课的教学考评关系到"培养什么人""如何培养人"的问题，既可以衡量大学生马克思主义理论素养和道德品质，也能够反映教学理念和教学水平。

2.高校思想政治理论课考评弊端

当前，各高校思想政治理论课教学效果的考评方式各不相同，总体上仍以期末考试为主、平时为辅，这种传统考核方法存在考试内容与教育教学内容脱节的弊端，采用标准化试题，题型固定、内容稳定的闭卷考试，这样的考试形式不利于学生创新意识的培养和学风建设。此外，还存在重视知识点考核，轻视实践行为的考核等弊端。改革和创新学生成绩考评体系，是高校思想政治理论课的内在要求和提高教学实效性的重要手段以及培养合格人才的重大课题。

3.高校思想政治理论课考评方式改革及与创新

结合新媒体环境下信息传播方式的改变以及与当代大学生及大学思想政治课

堂的巨大改变，我们应思考构建一种全新的、适合时代要求的大学思想政治教育考评理念和方式。

(1) 转变考评理念

高校思想政治理论课兼具理论教育和知识教育功能，政治性、思想性和实践性都很强，特别是在新媒体环境下，更强调对受教育者高尚品质的培育、创新思维的训练和实践能力的开发。因此，今后我们要改变以往淡化、弱化"创新型"人才培养的考试方式，实现教学考评由"理论型""知识型"向"创新型"的转变；由重理论概念考核向重应用能力考核转变；由重书本知识考核向重社会实践考核转变；由重考核结果向重学习过程转变。着眼于提高学生对实际问题的理论思考能力，对理论知识的实践运用能力；着眼于提高学生的精神境界和道德理想来确立考评标准。

(2) 扩大考评体系外延

结合大学生的个性特点，把学生在思想政治理论课教学过程中的参与程度、能力表现等纳入考评范围。对学生参与专题讨论、上台演讲等活动进行评定，将成绩考评和能力的培养融为一体，完善相应的激励和竞争机制，使学生自信、自强、自立等自主性品格在教学中得到充分尊重与完善，不断提升学生分析问题、解决问题的能力及创新的品质和能力。

(3) 健全灵活多样的教学考评方法

评价方法的确立与评价者、评价对象、评价目的甚至评价程序等密切相关，是一个相当复杂的过程。高校思想政治理论课教学评价作为一个动态的过程，涉及诸多环节和方面，任何一种评价方法都不可能面面俱到，只有健全灵活多样的评价方法并交互使用，才能确保评价结果的客观性、真实性和准确性。尤其是在新媒体条件下，大学生日益敏感、自尊和自主，灵活富有实效的考评方法更容易为他们所接受和配合，可以采取以下几种方式进行教学考评。

①笔试考核与实践考核结合法。笔试考核具有形式统一、题型多样、覆盖面广等优点，能够有效地检测学生对相关知识的掌握程度。实践考核更直接、更真实，能让学生通过完成实际任务和真实情景来表现其学习成效，既能反映学生的知识和能力，又能揭示出学生的态度、责任心、合作精神等，应加大对实践活动的考察力度，包括调查、参观、看电影、课堂辩论赛、办展览等。

②平时作业与期末测验结合法。这种方法需要增加平时作业在评价中的地位和权重，且平时作业可采取机动灵活、形式多样的方式，如课程论文、读书体会或者是教学录像的观后感等。在对平时作业的评分上，可分为优秀、良好、一般和较差四个等次，按一定权重进行换算后与期末测验成绩相加。

③理论认知与日常行为结合法。在高校思想政治理论课教学中，经常出现理

论认知与日常行为之间相脱节和背离的情况，理论考核高分并未及时转化为思想道德行为的良好表现。因此，高校思想政治理论课教学要把能否做到"知行统一"作为考核评价的重要标准。

④课内表现与课外实践结合法。我们不仅应该重视学生的课堂表现，还应把学生的课内表现与课外实践有机结合起来。课内表现主要由任课教师进行记录和考评，课外实践则由班主任、班干部和学生代表等共同评价。在学期末把每个学生课内表现和课外实践的总成绩按一定权重换算后将其作为学生总评成绩的重要组成部分。

总之，随着新媒体时代的到来，思想政治理论课的教学应顺应时代变化，善于运用微博等新网络媒体，线上教育与线下教育相结合，通过各种途径激发学生的学习兴趣，提升教学的质量，为构建社会主义核心价值体系，培养优秀的社会主义建设者服务。

第三节　新媒体时代高校思想政治教育的话语变革

新媒体给高校思想政治教育提供了全新的环境，它的发展使思想政治教育主体的信息优势丧失、某些传统方式方法失灵，话语权也发生了变化。因此，加强对高校思想政治教育话语研究，系统探讨高校思想政治教育话语权的变化及其缘起，变革和重塑高校思想政治教育话语权，是新媒体时代提高高校思想政治教育有效性的一项迫切任务。

一、新媒体时代高校思想政治教育话语的特征与功能

（一）新媒体时代高校思想政治教育话语的内涵

新媒体时代思想政治教育话语是指思想政治教育活动主体运用新媒体技术，通过多形式、多模态的信息传播而展开的沟通活动，包括说话人、受话人、文本、沟通、语境等要素，以达到指向一定思想政治教育目的的言语符号系统。

本定义的内涵体现了以下三点：

第一，新媒体时代思想政治教育话语已超越了作为社会符号的语言。传统意义上的话语，可以理解为是一种社会符号的语言，而在新媒体时代，话语已超越了作为社会符号的语言、成为使用两种或者多种符号资源（语言、图像、空间等）完成意义建构的社会实践。语篇的含义也从传统的静态文字语篇扩展到了动态多模态语篇。因此，思想政治教育活动主体只有适应这种变化，才能更好地完成思想政治教育目的的建构的社会实践。

第二，新媒体时代思想政治教育话语传播呈现多形式、多模态。新媒体时代，在信息传递过程中，信息发送者和接收者之间的交流是双向的，大大改善了传统媒体传播信息过程中受众的被动地位。如互联网已经成为接收者与传播者之间一个相当重要的相互沟通工具，"点对多""多对多"等信息交换方式也相继出现。话语在现代新媒体技术的作用下，呈现出多形式、多模态，基于此，思想政治教育话语唯有通过这些新的形式以及不同的模态才能得以体现。

第三，新媒体时代思想政治教育话语沟通更具人性化和契合性。新媒体时代的话语具备了很大的开放性，大众从单纯的受众变成媒体的主体，具有了更大的主动性。如在网络个人博客中，个人掌握着话语权。虽然新媒体对技术有很强的依赖，但在这个时代，信息的获取越来越快捷、方便、自由。因此，在新媒体时代，突出思想政治教育话语的人文关怀和以人为本的宗旨，是实现思想承载性、主体主导性和内容契合性的保证。

（二）新媒体时代高校思想政治教育话语的特征

与传统高校思想政治教育话语特征相比较，新媒体时代高校思想政治教育话语特征是有所不同的。主要有四个特征：

1. 思想开放性

传统高校思想政治教育所传播的思想主要是通过话语来实现的，没有话语也就没有思想。话语具有多种表现形式或者话语方式，任何一种话语方式都承载和传递着一定的思想内容；离开了这种"表达方式"就不会有任何思想体现，无论是表达者还是接受者，都是首先通过话语方式来表达和理解语言信息的。而新媒体时代却使这种"表达方式"发生革命性变化，新媒体在传播时间、内容和方式上都表现出了极大的开放性。新媒体信息的传播可以突破时空界限，跨越千山万水，抵达世界的各个角落，成为真正意义上的"全天候媒体"。新媒体尤其是网络新媒体的广泛传播带来了海量信息，实现了"资讯无屏障"，使网络用户可以获取的信息"永不枯竭"。因此，新媒体时代高校思想政治教育所传播的思想，必须体现极大的开放性，它应当善于借助这种"开放性"的"表达方式"来承载和传递着一定的思想内容；可以说，离开"开放性"话语，思想政治教育活动主体的教育思想既无法表达，也无所依附。

2. 主体交互性

传统高校思想政治教育话语，通常是以思想政治教育工作者作为教育的主体的，所采用的控制式和劝导式话语方式与思想政治教育工作者在思想政治教育实施过程中的主体地位是相适应的，表现为"实施主导性"。新媒体时代，新媒体的传播方式是双向的，传播者和受众在信息交流过程中都有对等的控制权或主动权，每个人既是传播者，又都是受众，传播信息和接受信息几乎可以同时完成。由于在网络空间里每个主体都以相互区别的代号平等存在、平等对待、平等交流，要求学校思想政治教育话语的对话方式表征着教育者与受教育者之间是一种民主交往关系，双方拥有平等的话语权，教育者与受教育者可以采取自愿、自由的方式展开对话，并且这种对话不是封闭式而是开放式的，不是控制式或劝导式而是交互性的。施教者只有充分认识到思想政治教育话语主导性的变化，不断调整自己、完善和发展自己，才能更好地发挥自己在新媒体时代高校思想政治教育中的教育和引导作用。

3. 形式多样性

传统高校思想政治教育话语形式比较单调，主要通过课堂、讲座、报告会等形式来实现。新媒体时代，由于新媒体技术的广泛运用，话语表现形式丰富多彩，就互联网而言，就有网络即时聊天、网络博客、播客、微博等多种形式。它们巧妙地绕开现有结构的控制，使得人们对信息的获取越来越快捷、方便、自由。新媒体所具有的多样性话语形式，不仅超越了报纸版面、电视时段、地缘等方面的限制，更突破了高校课堂、讲座、报告会等话语形式的局限，大大改善了传统媒体传播信息过程中受众的被动地位，在时间和空间两个维度都极大地提高了话语传播的可能性和有效性。因此，新媒体时代高校思想政治教育话语必须切实掌握这种"点对多""多对多"等话语形式，只有这样，话语意义才能通过这些新的形式以及不同的模态得以体现。

4. 内容个体性

传统高校思想政治教育话语的内容历来强调两点：一是思想政治教育话语必须与思想政治教育对象的日常生活及利益、需求相契合，具有相应的联系；二是思想政治教育话语的表达要与思想政治教育对象对信息认识、理解的程度相契合。即：思想政治教育话语所指向的思想政治教育目的、所表达的思想政治教育内容都要与教育对象具体的接受能力和接受特征相适应。但是在实际操作时，由于受到各种因素的影响，效果不明显，尤其是对有个性化需求的更难以有效。新媒体技术的运用，也为高校思想政治教育话语带来了两个革命性的变化：一是对等，即 Peer to Peer。在新媒体世界，没有老幼尊卑，人们随时享受到的是对等的关系、对等的权利。由此带给我们的是思想教育主客体关系本质的变化。二是点对点，即 Point to Point。过去"一令众应"的指令性话语发送在新媒体世界变成了"个性化"的问题解决，由此带给思想政治教育的是对传统的、相对粗放的工作模式的变革，是注重每个学生的个性需求，强调学生的主观能动性，更新固有的工作理念和方法

的变革。新媒体时代高校思想政治教育应当注重话语内容的变革，融图形、

文字、声音、动画等为一体，为大学生提供"点对点"的传播服务，尤其是针对不同需要的大学生提供个体性的服务，使得思想政治教育话语内容更具契合性和实效性。

（三）新媒体时代高校思想政治教育话语的功能

新媒体时代高校思想政治教育话语的功能，概括起来主要有6大功能：

1. 载体功能

所谓高校思想政治教育话语载体，是指能够承载和传递思想政治教育话语内容的物体或工具。新媒体时代，新媒体技术为高校思想政治教育和学习交流搭建了一个数字化、网络化和智能化的话语载体。所谓网络化是指利用通信手段把分布在不同地理位置的计算机连接成为一个计算机的集合体，主要是指广域网（Wide Area Network）和局域网（Local Area Network）的充分互联。互联网高度整合局域网上的各种教育和科研上的资源以及整个社会的知识资源，是一个超越时空限制并且完全开放的教育和学习平台。所谓数字化是指利用现代科技信息技术将图像、文本、声音与动画等物理信息以某种数字格式进行录入与存储并进行传播。那些充分共享的数字资源发展成为全社会进行教育和学习的共同拥有的知识财富。所谓智能化是指包含超媒体、人工智能、多媒体与知识库等都在内的信息技术，与计算机网络进行统一，从而能够更有效地使用数字资源，进而创造出一种具备智能化的思想政治教育系统和环境。高校思想政治教育作为一种教育活动，需要有一种纽带把思想政治教育主客体有机结合起来。这种纽带就是高校思想政治教育话语载体，或者说是承载和传递高校思想政治教育话语内容的物体或工具，高校思想政治教育者可以通过运用和发挥这些话语载体功能，把高校思想政治教育的内涵传递给学生，使高校思想政治教育内容和信息作用于学生。没有这些话语载体功能作用，高校思想政治教育工作者和学生的关系就会断裂，无法实现二者的沟通和互动，教育内容自然无法传输给学生，思想政治教育的效果也就无法显现出来。

2. 导向功能

导向功能是高校思想政治教育话语最主要的功能。思想政治教育的话语实现，必须通过各种传播媒介，而传播媒介的发展，尤其是新媒体的出现，使得高校思想政治教育话语的导向功能更为显现。随着传播信息的扩展和传播速度的加快，当今社会信息传播方式大大丰富起来，现在人们通过手机微信，除了可以发送文本信息外，还可以发送音频、视频信息。同样，通过网络，可以以在线聊天的方式以文字、信息、视频等多种形式通话、聊天；可以通过博客发表自己的见解，阐述自己的观点；可以通过文本、多媒体播件传递各种信息，等等。总之，各式各样的信息都可以通过新媒体进行多种方式的传送,其形式变得越来越复杂多样。由此传统的思想政治教育的单向灌输话语不再可行,取而代之的是思想政治教育导向话语,通过思想政治教育的导向话语营造主流话语氛围。所以,思想政治教育话语的导向功能是时代所要求的基础功能,而其功能的体现必须借助新媒体才能实现。为体现高校思想政治教育话语在价值、目标和行为导向方面的功能导向作用,思想政治教育工作者可以利用新媒体即时性的特点,将学生感兴趣的思想政治教育素材发布到网络空间,促进高校思想政治教育学习的即时性;还可以利用新媒体的开放性、随意性特点,将自己在道德观、人生观、价值观方面的观点,通过简单凝练而富有哲理的文字形式发布到微博空间,对学生进行教育,从而提高思想政治教育的针对性。在网络环境中,由于每个人的认识能力和处理信息能力不同,大众媒体时代所遗留下的"权威性"仍将在网络新媒介中习惯性地发挥作用。当网络上出现大量不同议论、争辩激烈时,人们往往会自觉、不自觉地关注权威评论家的话语,希望"意见领袖"为自己答疑解惑。为此,应发挥好"意见领袖"话语的导向功能作用,加强对舆论的正面引导。"议程设置"是大众传媒所具有的一种为公众设置"议事日程"的功能,指的是传媒在新闻报道和信息传达活动中,可以通过赋予各种"议题"不同程度的显著性的方式,影响人们对事件重要性的判断。在新媒体环境下,虽然信息发布者的话语为公众设置议程的影响力因舆论主体公众化、舆论内容多元化而大打折扣,但网络媒体议程设置的话语仍然存在,如果巧妙运用,同样能够发挥好其话语的导向功能作用。

3.互动功能

思想政治教育是一个双向互动的过程。新媒体时代,网络改变了人际沟通的模式,使人际沟通与互动的广度和深度达到了一个新的层面。网络将私人空间与公共空间结合起来,给人们的沟通提供了前所未有的便利。这是一种心理与科技结合的渐进革命。在网络人际沟通中,个人以局部参与互动,实际上是个人自我认同的互动,但参与者共同组成的社会,支撑着互动的进行,个人甚至有时也援引在真实世界中的身份来推动这一互动过程。网络所有的多媒体特性都隐含了互动的功能。过去的人际传播是"点对点"的"对话式"双向传播,大众传播"点对面"的"独自式"单向传播。新媒体为人类传播活动提供了第三种传播形式——电子"交互式"的网络传播。这种话语的传播形式既综合了人际传播与大众传播的特点与优势,又不是两者简单的整合和延伸,而是一种全新的沟通互动功能的创造和体现。

从某种意义上说,新媒体时代高校思想政治教育话语既是广义上的信息传播和通信过程,它同样也是一种特殊的远程信息传播或通信,一种情感传播的过程。其话语的互动功能主要表现在:有助于高校思想政治教育工作者能够按照一定的教育目的要求，选择合适的思想政治信息，通过有效的媒体通道，把知识、观念和技能等远程地传送给教育对象，在教育者和受教育者之间实时地进行双向话语交流活动。同时，也有助于发话者在话语互动的过程中，能够立足话语接受者的实际，结合接受者自身特点，充分尊重个体差异，从接受视角出发，合理满足话语接受者的话语需求，优化表达语境，准确表达教育信息，及时提取反馈信息，从而使接受者在话语的互动中也能够积极主动地接受教育，并通过内化、外化形成良好的思想道德品质和品德行为。因此，可以说新媒体时代高校思想政治教育话语所具有的互动功能，是一种网络思想政治文化传播，是一种在时间和空间上拓展人的语言和情感的融政治性和思想性为一体的网络双向互动行为。正是从这个意义上来说，新媒体时代高校思想政治教育话语传播的主体不仅是教育者，还是受教育者，教育者往往同时又是受教育者，而受教育者往往又是教育者，是他们双方共同的行为和作用，促成了话语传播的进行。教育者和受教育者的关系是两个主体相互依存、相互制约的互动过程。

4.渗透功能

所谓渗透功能指的是，新媒体时代高校思想政治教育工作者在进行思想政治教育的过程中，通过采用新媒体技术，将思想政治教育的话语渗透到受教育者实际生活的各个方面，从而使受教育者在渗透功能的影响下，潜移默化地接受这种思想政治教育话语并将其内化为自己的符合社会需要的思想观念、政治观点、道德规范的一种教育形式。新媒体时代高校思想政治教育话语的渗透功能主要体现三个方面。

（1）利用校园网渗透高校思想政治教育话语

利用高校校园网这一途径可以使学生获得对各种新闻、观点和主题进行自主表达意见和评论的便利条件，即使这种自由评述是在虚拟的背景下进行的，而且有别于实际生活当中的自由对话，然而它与具有无形特征的文化、思想和意识形态有吻合之处，会对大学生的话语造成不同程度的正面或负面的影响。所以在大学生面对众多话语选择的同时，高校传媒的文化与意识形态领域的渗透方式应当更加潜移默化、令人难以觉察。高校传媒利用这种潜移默化的渗透方式改变大学生的观念、思想和舆论，功能发挥的方式更具有隐蔽性，在渗透中可以实现教育功能。

（2）借助新媒体的隐匿性渗透高校思想政治教育话语

新媒体技术的匿名性、隐蔽性等特点，使网友的性别、年龄、身份、地位等社会角色得到屏蔽，网络在线的每一个人，只用符号就可以实现畅所欲言。新媒体技术的这一特征，在一定程度上缩小了人际交往的心理距离，去除了先入为主的交往恐惧，可以使人在精神完全放松的情况下交流认识和思想，这有助于教育者了解大学生的思想动态，获得真实而有价值的信息，解答大学生在成长过程中出现的困惑，并针对他们的各种问题及时准确地加以引导，提高思想政治教育话语渗透的有效性。同时，也可以通过互动互助的论坛、交友、电子邮箱等形式，引导大学生对学校的发展、管理等自己感兴趣的话题发表自己的观点，在话语的碰撞中充分发挥出新媒体"渗透式"隐形教育的功能，这样无形中的思想政治教育往往比面对面的交谈等思想政治教育方法更有效。

（3）把握新媒体的广泛性渗透高校思想政治教育话语

作为高校思想政治教育新载体的新媒体具有覆盖无限空间的功能。以往的大学生思想政治教育经常以"一对一"的形式开展，通过促膝谈心，可以很好地解决个人的思想问题，但这种教育手段因为要受制于场地和时间等因素，覆盖面比较有限。新媒体的发展使高校思想政治教育话语传播可以突破时空的局限，使得高校思想政治教育话语传播得以进一步的发挥，更具有广泛性和影响力。随着思想政治教育话语渗透功能的拓展，渗透到组织规范制定和管理过程之中，可以让思想教育在大学生学习、生活的多个角度不知不觉地展开，对教育对象的思想、行为将会产生潜移默化的影响和塑造作用。同时，由于这种渗透功能有意识地将思想教育话语渗透到人们各种活动之中，可以使过去与思想教育无关的部门、单位、人员和活动领域，成为思想教育的载体，进而形成多种社会因素和多方面人员参与的教育合力的功能，从根本上改变高校思想政治教育话语传播的有限性局面。

5.规范功能

思想政治教育话语的规范功能是思想政治教育学科话语实现的目的功能。所谓高校思想政治教育话语的规范功能，是指通过思想政治教育具体话语的传播，运用思想政治教育话语权力，对受教育者的政治意识、道德意识等进行规范，从而使受教育者的政治道德意识提升到社会所要求的水平上，使高校思想政治教育的目的得以实现。

高校思想政治教育话语的传播，离不开话语"权力"，而"权力"的运作必须进入特定的话语并且受特定的话语控制才能发挥其力量，没有话语，"权力"就缺少运行的重要载体。同样，任何话语的形成及其实践"权力"运作的结果，也是"权力"运作的方式，"权力"能够让一部分话语成为主流话语，而让另一部分话语隐匿消解。毋庸讳言，高校思想政治教育话语应具有这种"权力"，而这种"权力"是思想政治教育话语必需和必要的，并且它的规范功能就是依靠这种"权力"而实现的。新媒体时代，由于信息传播速度快、范围广，高校思想政治教育内容与社会发展有时具有不同步性，导致思想政治教育话语滞后于社会发展，导致教育者和受教育者之间难以使用思想政治教育话语进行有效沟通，从而使得其话语权力受到一定影响，规范功能不能得到充分体现。鉴于此，为使高校思想政治教育话语的规范功能得以充分发挥，应牢牢掌握三个方面"权力"。

（1）掌握话语"以快制快"的主动权

近年来，国际国内大事频繁出现，对这些情况，高校思想政治教育工作者应当利用新媒体的快速反应能力，抓住问题实质，及时传播思想政治教育话语。例如通过网上开辟"时势论坛"，第一时间向广大师生"即时播放"信息，引导大家的思想评论，以形成良好讨论氛围，提高师生的政治敏锐性和政治鉴别力。尤其当不良风气在师生中刚露头时，就充分估计到可能带来的后果，及时弘扬新风尚，倡导新风范；当消极的东西只是表现为一般言行时，就意识到在思想上政治上可能带来危害，从而掌握话语主动权，把工作做在前头'把问题解决在萌芽状态。

（2）掌握网络话语的"把关"主动权

网络话语的"把关"主要体现在三个方面：一为"时机把关"当热点话语发生时，应迅速做出反应，给予合理解释，可以有效扼制问题话语的产生；引导显舆论的困难程度远大于潜舆论，当潜显转换时，对初露端倪的热点话语给予有效引导，可以把握话语引导的主动权，运用思想政治教育话语权力，制止有害话语的传播。二为"内容把关"。始终把宣传党的创新理论、社会主义核心价值观作为思想政治教育话语引导的根本任务和重要内容突出出来，精心设置话语内容，调控大学生话语导向。三为"网络把关。把关气高校网络把关人既包括宏观上的网络主管机关和网络管理机构，也包括实践中的网络管理者和论坛版主等。网络主管机关和网络管理机构主要从法理的角度指定"把关"规则，实施宏观把关；网站则对信息的选择"把关"，用各种网络技术或编辑手段来体现自己的意图，使受众获得的信息总是在把关人设置的框架中，论坛版主则通过删改、关注主题等特殊权力对论坛内容"把关"。

（3）牢牢掌握第一时间的话语的主动权

新媒体是把双刃剑，往往话语传播的快慢都可能给不良话语留下传播空间。因此，高校思想政治教育工作者必须在网上第一时间与网络亲密接触，有针对性地传播思想政治教育话语，使现行的高校思想政治教育模式更加贴近社会的实际，更加贴近生活的实际，更加贴近高校的实际，更好地体现以人为本的理念。

6.评价功能

所谓高校思想政治教育话语的评价功能，是指对思想政治教育话语描述、传播、灌输思想政治教育内容的结果进行评价，这种评价既是对他者的评价，又包括对自身的评价，对自身的评价即自我评价，对思想政治教育话语效果的评价实际上就是话语的自我评价。

新媒体时代，高校思想政治教育话语的评价功能主要体现在三个方面。

(1) 正效果评价

所谓正效果评价，主要是指在高校思想政治教育活动过程中，思想政治教育话语描述、传播、灌输思想政治教育内容的积极效果，即有效结果。其特征：一是描述有效，是指高校思想政治教育工作者利用新媒体快捷传播的技术，使思想政治教育话语能够准确、恰当、及时地描述思想政治教育内容。二是传播有效，是指高校思想政治教育话语在描述有效的基础上通过自上而下的传播方式、又包括自下而上的传播方式（即传播的双向度）适时将思想政治教育内容传播到大学生中间去。三是灌输有效，是指高校思想政治教育工作者充分运用新媒体交往引入的特点，使灌输更加充满人文关怀和时代特征，即通过教育者和受教育者之间的话语交往引入，在交往的过程中达到灌输思想政治教育内容的目的，使有形的内容通过无形的方式实现灌输目标。

(2) 零效果评价

所谓零效果评价就是没有效果，它介于正效果评价和负效果评价之间。主要是指在高校思想政治教育活动过程中，思想政治教育话语描述、传播、灌输思想政治教育内容失效。具体而言，就是思想政治教育话语无法描述、传播、灌输思想政治教育话语内容，以及教育者和受教育者之间的对话难以取得任何效果。思想政治教育话语失效就意味着思想政治教育话语的存在失去意义，即思想政治教育话语失去存在的依据。导致思想政治教育话语失效的根本原因在于思想政治教育话语的滞后，这个滞后包括两个层面：一是思想政治教育话语滞后于思想政治教育话语内容，导致思想政治教育话语无法对思想政治教育内容进行描述和传播。二是思想政治教育话语滞后于时代发展，导致教育者和受教育者之间难以使用思想政治教育话语进行有效沟通。

(3) 负效果评价

思想政治教育话语的效果评价还存在另外一种状况，即负效果评价。高校思想政治教育话语的负效果评价主要是指在思想政治教育活动过程中，思想政治教育话语描述、传播、灌输思想政治教育内容所产生的消极效果或者是负面影响。思想政治教育话语的负效果是与正效果相背离的，是对正效果的一种消解和阻滞。它表明思想政治教育话语已经异化，即异化成为自身的对立面，从而导致随着自身的演变而不断消解自身的恶果。一般来说，思想政治教育话语的负效果，在正常的思想政治教育活动过程中不会形成，但是在特定的历史时期就有可能发生。

总之，要重视和发挥思想政治教育话语的评价功能，不管是正效果、零效果、还是负效果，都要进行理性分析和评价，在此基础上，扬长避短、趋利避害。重点增强思想政治教育话语的正效果评价，而要使其实现，就必须建构思想政治教育话语的实效体系；同时，要从负效果评价中吸取教训，从而更好地推进新媒体时代高校思想政治教育话语发展。

二、新媒体时代高校思想政治教育话语权的转移现象与成因分析

（一）新媒体时代高校思想政治教育话语发展面临的新机遇

在新媒体时代，高校思想政治教育话语发展面临许多新的机遇，主要体现在以下几个方面。

1.新媒体拓展了高校思想政治教育话语的新空间

传统高校思想政治教育话语，主要基于地缘、职缘的交往范围，以点对点交往的形式来实现的，由于受话语传播局限性的影响，无论是话语传播的空间，还是话语传播的效果，都很难以达到预期目的的。随着新媒体的普及和高速发展，高校思想政治教育话语的拓展已成为迫切需要。

首先，网络世界、虚拟现实、虚拟空间、虚拟社会、虚拟世界等一系列的交往模式日益受到大学生的青睐。这就为思想政治教育话语向网络世界、虚拟世界拓展提供了新的机遇。思想政治教育对象的需要是思想政治教育话语发展的最根本因素。具体来说，一方面新媒体为大学生提供了相对自由的独立空间。网络语境的无中心性、情境性等为受教育者提供了一个相对自由的独立空间，使他们能够自主地浏览网页，选择信息，而不再被单一的信息渠道或价值观所束缚，也不再被任何话语权威所控制，他们可以通过对不同价值取向的比较，发现其中的善恶、优劣，培养独立的人格。另一方面新媒体为高校思想政治教育工作者拓展了教育范围。新媒体语境下的高校思想政治教育过程突破了以往点对点交往的局限性，超越了基于地缘、职缘的交往范围，通过网络进行全方位、多层次的信息传播，为受教育者提供了更为方便且范围更大的教育机会。

其次，新媒体为高校思想政治教育话语注入新的动力。传统的高校思想政治教育对新媒体关注不够，甚至在一定范围内导致新媒体环境下思想政治教育话语真空的现象。新媒体具有即时、简明、快捷、时代性强等特征，许多网络的话语形式、话语内容和话语方式为高校思想政治教育话语发展注入了新的血液。

再次，高校思想政治教育话语的宏观领域已经无法满足虚拟世界的需要，这就迫使思想政治教育话语向微观领域拓展，这个机遇虽然不是极为主动的，但是确实是个难得的机遇。高校思想政治教育话语向微观领域拓展，在一定程度上，才能形成真正的思想政治教育话语体系。宏观领域的思想政治教育话语体系算不上是真正完美的话语体系。因此，高校思想政治教育话语向微观领域拓展才刚刚开始，大有可为，机不可失。

2.新媒体创新了高校思想政治教育话语交流互动的新范式

近年来,学界对高校思想政治教育话语展开了深入研究,一些研究者认为高校思想政治教育话语作为一种实践性的话语,是主体间(包括思想政治教育者、思想政治教育受教育者和思想政治教育利益攸关者)沟通、说服、意义表达、意愿培养等实践活动的参与者和建构者。高校思想政治教育话语主要是针对大学生这个特殊的青年群体而言的,是高校思想政治教育者(专业教师、政工师、辅导员等教师群体)对大学生的沟通、说服、意义表达、意愿培养等实践活动的参与者和建构者,以促进大学生的身心健康发展,促进大学生实现人与人、人与社会、人与自然、人的内心的和谐发展,进而实现大学生的全面发展。在当代中国,广大教师和大学生作为社会的特殊群体,他们以敏锐的社会眼光和深邃的洞察力紧跟时代步伐,关注社会动态、社会思潮、国际局势、全球性的各种浪潮等。他们广泛涉猎政治、经济、文化、社会、网络等各个领域的话语资源,尤其是全球性的社会思潮、浪潮的话语资源,使得主体在交往、沟通中不断丰富高校思想政治教育话语的内涵,为高校思想政治教育话语发展提供良好的实践平台。但是,由于传统高校思想政治教育话语的交流范式,是"面对面"的直接交流,不仅形式比较单一,更重要的是受教育者处于比较被动的位置,难以达到交流互动的效果。新媒体创新了思想政治教育双方的交流范式,它把传统的思想政治教育中主客体间的"面对面"直接交流,演变为新媒体语境所提供的虚拟的间接式的交流模式,隐去了每个人先天赋予的各种自然条件和后天形成的社会地位差别,传统社会对固定群体的身份认同不复存在,提供给每个人以平等的机会。这种交流范式,有利于加强教育者和受教育者之间的沟通,有利于教育者进一步了解受教育者的真实想法,有利于有的放矢地进行思想政治教育。简言之,正是由于高校思想政治教育主体间话语的丰富性和创造性,在他们的交流与互动中给高校思想政治教育话语发展提供了良好的发展机遇。

3.新媒体推动了高校思想政治教育话语适应构建社会主义和谐社会的新要求

从总体上来说,高校大学生的心灵和谐,是实现全社会和谐的重要组成部分,也是高校思想政治教育适应构建社会主义和谐社会的新要求。但在实际工作中,高校思想政治教育如何与构建社会主义和谐社会相适应,是思想政治教育工作者在新媒体时代碰到的一个新课题。一方面,它要求思想政治教育要与构建和谐社会相适应,不断促进人与人、人与社会、人与自然的和谐及人的内心的和谐。在诸多和谐中,心灵和谐是人与人关系和谐的基础、是人与自然和谐的前提。另一方面,新媒体时代,来自网络的各种信息会对人的心灵和谐产生影响,这种影响有正面的也有负面的,而负面影响往往会有害于人与人、人与社会、人与自然的和谐。要协调好两者之间的关系。高校思想政治教育话语则是促进大学生心灵和谐的重要沟通者。高校思想政治教育话语可通过新媒体的途径和方式，走进大学生的内心世界，对大学生的内心进行充分的评估，并采取相应的对策，对他们的心理机制进行干预、对心灵世界的混乱秩序进行梳理，进行潜移默化的影响、化解其内心的矛盾。通过对大学生的良性机制、心灵机制、情感机制的干预和友善对话，使得他们的内心达到一种和谐的状态。因此，高校思想政治教育话语在构建社会主义和谐社会中具有更加突出的作用，这也就给高校思想政治教育话语发展提供了新的机遇，为思想政治教育话语向微观拓展提供了舞台。

4.新媒体提供了高校思想政治教育话语与全球化话语接轨的新机遇

与全球化话语展开对话是高校思想政治教育话语国际化发展的必然取向。从理论上来说，高校思想政治教育话语作为一种特殊的话语理论与全球化话语理论一样同属于一般性的话语理论范畴，具有一般性话语理论的共同的特征、属性和价值取向。换言之，高校思想政治教育话语与全球化话语在理论层面上具有某些共同性、相通性。高校思想政治教育话语与全球化话语可以在一定的环境和场合下相互沟通、相互吸收，而不是完全相排斥。而全球化话语是一个涉及全球性的话语理论，内涵极为丰富，其边界远远超出了高校思想政治教育话语理论乃至整个思想政治教育话语理论的视域，这就为高校思想政治教育话语发展提供了新的广阔的空间、机遇和契机。从实践上来说，由于受到全球化话语的冲击，传统高校思想政治教育话语的滞后性，导致在高校思想政治教育活动过程中出现了话语失语、话语失效等现象。在文化全球化、信息全球化、网络全球化快速发展的时代，高校思想政治教育话语发展离不开新媒体，只有借助新媒体技术，去获取更多、更加丰富的世界各民族文化话语资源，才能够不断拓展自身的话语理论，搭建好高校思想政治教育话语与全球化话语接轨的平台，从而在国际舞台上获得更加广阔的话语空间。

5.新媒体促进了高校思想政治教育话语理论更新的新自觉

当前，高校思想政治教育工作者或者习惯于传统思想政治教育方式方法，或者对新媒体时代的思想政治教育还难以适应，高校思想政治教育话语权已经或者正在失去，思想政治教育话语的空间也不断遭到挤压。此外，一些已经涉足新媒体时代思想政治教育话语的工作者，由于对思想政治教育话语基本定位在宏观领域，对微观领域涉足不多，往往对思想政治教育话语在微观领域中的解释退隐，或者解释力较匮乏，从而使得思想政治教育话语逐渐失去吸引力和战斗力。高校思想政治教育话语迫切需要进行理论反思，在反思中逐渐实现理论更新的新自觉。"全球视野""世界思维"是新媒体时代话语的新特点。高校思想政治教育话语应当把握新媒体时代话语的新特点，努力促进思想政治教育话语的理论更新，以此激发思想政治教育主客体之间的创造性，使得思想政治教育话语深入一个新的微观世界，从而为高校思想政治教育话语提供更加广阔的发展空间。

（二）新媒体时代高校思想政治教育话语权的转移现象

新媒体时代高校思想政治教育话语在面临发展新机遇的同时，也面临着新挑战，这种挑战主要表现来自话语权转移，概括起来存在如下转移现象。

1.新媒体"海量共享"特性

新媒体"海量共享"特性，解构了高校思想政治教育的话语权威和信息优势。在高校传统的思想政治教育中，教育者就是信息的传播者，有稳定可靠的信息来源，掌握着学生不曾了解抑或无法得知的教育资源。因此，教育者在教育过程中比较容易树立威信，其话语权的主体地位受到制度的确认和学生的尊重。而新媒体的广泛应用以及所呈现出的"海量共享"特性，极大地拓展了受众获取信息资源的机会和渠道，教育者不再是主要的信息源，学生可以直接从网络获取大量的信息，甚至是教育者所不曾掌握的信息，学生有了更多地参与教育活动的自由权、信息选择的自决权、价值认同的自主权、信息反馈的主动权等。传统思想政治教育的"一元话语体系"被解构后，取而代之的是师生间的平等互动、自由选择，思想政治教育工作者的教育行为只是给学生提供选择和引导。由于教育者和受教育者面临同样的信息环境，因而教育者的信息优势地位相对减弱，这无疑对教育者原先独有的话语权造成了很大的冲击。这是不以人的意志为转移的客观事实。如果思想政治教育工作者不能适应这种新情况并采取相应对策，势必降低高校思想政治教育的权威性和话语权的影响力。

2.新媒体"信息传播无屏障"特性

新媒体"信息传播无屏障"特性，削弱了高校思想政治教育的话语调控力和引导力。在高校传统的思想政治教育中，大学生主要通过电视、广播、报纸及各项校园活动来了解信息。高校思想政治教育工作者的话语权是建立在一定控制力的基础上，他们可以运用管理手段对来自这些渠道的信息进行过滤，尽量抹去不良信息。与此同时，思想政治教育工作者还能直接参与信息的制作，对大学生接触的信息具有较好的可控性。而在新媒体环境下，由于"信息传播无屏障"特性，任何观点、思想都可以在网络上自由的接收和传播，这使得高校思想政治教育工作者对信息源的限制和对信息的过滤变得力不从心，随着作为"把关人"的话语调控力的削弱，思想政治教育工作者的话语权也将无从谈起。

高校思想政治教育工作者的引导力是其发挥主导作用的关键因素，若引导力下降，思想政治教育工作者话语权也会受到很大的影响。本来网络的多元化使多种思想和文化并存，更需要思想政治教育工作者发挥引导力。然而，大学生对信息选择空间越来越大，极有可能拒绝自己不喜欢的政治教育的网络信息。新媒体中充斥的各种非马克思主义甚至反马克思主义的东西与思想政治教育工作者向大学生"灌输"的马克思主义思想形成激烈交锋,在一定程度上给大学生的思想造成了混乱。大学生的好奇心和求知欲及不成熟的分辨能力,往往会增加其选择和接受错误思想观念的概率。高校思想政治教育工作者的引导力如果削弱,则其话语权也会遇到不可避免的冲击。

3.新媒体"全天候即时互动"特性

新媒体"全天候即时互动"特性,降低了高校思想政治教育话语模式的吸引力。高校传统思想政治教育大多是单向的以"灌输"为主的教育模式,学生成为信息的存储器让教育者习惯于"自上而下"的路径,手段单一、方法简单、形式一律,而忽视对不同层次的学生及其身心发展规律的认识,教育者与受教育者的关系被演绎成知识传授与接受的关系,因而缺乏对人性提升的作用。相对于传统思想政治教育固定时段的课堂教学或者有限数量、有限形式的社会实践等第二课堂活动而言,新媒体为大学生提供了全天候的信息获取渠道和发布平台。任何学生在任意时间、任意地点以新媒体终端接入互联网,都可以自由获取资讯、应用服务、与别人分享观点。新媒体这种"全天候即时互动"的特性凸显了传统思想政治教育手段的乏力。从数量上看,有限时间的思想政治教育教学难以企及新媒体随时随地、潜移默化的影响;从形式上看,新媒体天然的即时互动特征更大地刺激了学生的参与热情,进而加强了互动的频率,扩展了互动内容的深度和广度。这无疑调动了大学生的主体意识,改变了大学生的认知方式。他们不再满足于单方面的接受灌输,更青睐于以新媒体作为沟通的手段平等地与教育者交流,从而使教育者不再有依靠角色权威控制思想教育话语的优势。面对新媒体环境下的新变化,一些思想政治教育工作者并未及时转变居高临下的角色和传统的教育方式。如此,思想政治教育工作者在思想政治教育过程中面临尴尬,其话语权显得苍白无力、其话语模式失去吸引力已成为一种必然。

4.新媒体"个性鲜活"特性

新媒体"个性鲜活"特性,影响了高校思想政治教育话语的实效性。传统的高校思想政治教育话语体系作为社会主流文化的具体体现,在内容与形式上有着语境的严肃性、话语的规范性、语词的固定性、叙事的宏大性等特点,教育语言缺乏个性、审美特征和生活化。教育者习惯这种语言表达方式,而大学生对于缺乏新鲜话语的思想政治教育兴趣不高,内心往往萌发出对教育者的排斥和反感。新媒体的显著特征之一是个性化。新媒体形式赋予了用户尽可能展示自己的工具,博客、微博、微信等的应用,使所有普通人拥有了轻松、随意表达个性的渠道和平台。鲜活的个性特征、丰富的精神需求、各异的态度观点在新媒体环境下自由绽放。传统的高校思想政治教育的"说教"方式在新媒体环境下遭遇传播瓶颈。

一方面，一些教育者的创新意识和对于新鲜事物的接受能力往往不如大学生，因而对于流行于大学生群体中富有"个性鲜活"特性的网络语言难以适应，或者不以为然，更不能主动利用网络语言在网上和大学生交流。另一方面，网络话语的迅速更新使教育者的信息很难进入大学生所熟悉的文化语境，甚至可能与他们所认同的网络语言和文化心理产生激烈冲突。这样，教育者的工作便陷入了信息不对称、交流不畅通的困境。如果思想政治教育工作者不能有效地了解并利用网络语言，必然造成其话语权某种程度的旁落，影响高校思想政治教育话语的实效性。

5.新媒体"碎片化"特性

新媒体"碎片化"特性，呼唤高校思想政治教育话语传播的组织方式更新。"碎片化"是近年来社会学领域的一个关注焦点，也成为新媒体下信息生产、传播的典型特征。表现为：一方面，人们应用新媒体的时间越来越零碎，高频率、短时间成为使用者在新媒体环境下互动的常态；另一方面，人们对信息的关注与需求越来越发散，传统的、倾向于无差异的普遍的广大受众，被分割为志趣相投的或者利害相关的"小众部落"在"小众部落"的圈子中，人们更容易找到有着共同话语的伙伴，关注相似的热点话语。新媒体"碎片化"特征下，传统的高校思想政治教育话语传播的组织方式亟待更新。思想政治教育工作者必须主动进入大学生的新媒体世界，成为"圈内好友""粉丝"，才有可能第一时间了解大学生的即时状态、观点态度、利益关切，进而为在新媒体环境下传播思想政治教育话语奠定基础。

（三）新媒体时代高校思想政治教育话语权的转移成因

当前，新媒体时代高校思想政治教育话语权缺失是客观存在的现象，究其原因主要如下。

1.从话语传播形式上来说：滞后于思想政治教育的发展和要求

现阶段，高校思想政治教育话语并没有完全突破原有的形式，尤其是理论课话语体系的主体依然是政治话语、文件话语、权力话语等，甚至从教材上呈现的文本到教师课堂讲授的语言都是用以上对下的姿态来传达党和国家对受教者的要求和规定的。随着新媒体时代的到来，作为教育者和受教育者的话语传播形式传统交往关系已经发生了深刻变化。一方面，话语的传播和获得表现出极大的开放性，各种信息、组织和人员可以自由地进出，人们的思想可以得以自由驰骋，没有任何人可以永远是话语的拥有者、话语规则的制定者，新媒体中的人际交往呈现多元性，话语传播形式呈现无中心性和多变性。每一个人都可以是话语的传播者，也都是话语的接受者。另一方面，新媒体的发展使得受教育者的独立意识、民主意识、自我意识进一步增强，他们对于自我和与他人关系的重新认识和评价，更大程度上具备了改变自我的从属地位的现状，力图获得更多的话语权。他们期望在交往中更多地被以平等的眼光和平等的话语进行交流。在这种情况下，传统思想政治教育模式中的受众将被重新定义。但在实践中，由于传统的影响，一部分人仍然将高校思想政治教育话语传播视为是一种"传—受"关系，把教育者单纯视为一个话语传播者，而把学生单纯视为一个被动的话语接受者。这样实际上把思想政治教育看作了一种简单的"传—受"过程，是一种由外向内施加影响的过程，从而忽视了学生的平等主体和自我建构，完全剥夺了学生作为平等参与主体的权利和机会。由于话语传播形式远远滞后于思想政治教育的发展和要求，这样就容易导致话语失效，使高校思想政治教育难以取得预期效果，产生话语断裂的现象。

2.从话语传播内容上来说：疏离于大学生的生活世界

以互联网为代表的新媒体已经影响并且深刻地改变着我们的现实生活，创造了一个新的空间"虚拟空间"或"虚拟世界"。在观念变化、人际变化和现实社会感知变化上，虚拟空间已经介入到人们常态生活之中，而随着新兴媒体技术的不断进步，虚拟空间与现实空间的互动性不断增强，相互作用、相互影响。

信息传递与现实行动间的时间差急剧缩短。今天，新媒体的触角已经伸到了世界的几乎每一个角落，信息在网上的流通已经不再受到时间和空间的限制。新媒体技术带给大学生较之传统社会更为丰富的生活资讯，带来了巨大的便捷，不管是任何地方的信息都可以使用网络以最快的速度获得进行分析整理，从而做出对自己有利的选择；新媒体技术帮助大学生更为快捷地掌握了生活技能和对各种难点问题的分解，新媒体已深深地扎根在大学生的生活世界之中。然而，反观高校思想政治教育话语内容传播的现状，长期以来疏离了生活世界，主要表现为：一是思想政治教育话语内容只注重方向性，缺乏时代性、层次性和生动性，存在过度理想化倾向。二是思想政治教育话语有意规避现实生活中有争议的热点和难点问题，存在过度封闭化倾向，导致了受教育者在社会生活现实价值冲突面前无所适从，引发对思想政治教育话语的质疑。尽管多年来我们一再强调要理论联系实际，加强社会实践活动，但由于我们的高校教学是从"理论世界"出发来观照生活世界而不是相反，所以很难使大学生对思想政治教育话语内容传播入脑、入心。由于高校思想政治教育话语传播内容与生活世界的高度隔离，不与受教育者的生活世界发生联系，学校对大学生生活世界中的公共话题不掌握话语权或者缺乏有效介入，致使受教育者陷入了面对课程文本无言可说，面对有话可言的现实生活却又无处可发的"失语"困境。

3.从话语传播视域上来说：主客体之间话语共识域缺乏

新媒体时代，由于高校思想政治教育工作者一时难以适应话语传播的新视域，往往出现教育者和受教育者集体失语的状态。教育者和受教育者双方共识域的缺乏，即共同话语的缺失，使话语传播层面出现多种现象，其中受教育者对这类话语兴趣不大、冷漠，以致抵触，教育者就会感到无奈，甚至对自身职业价值产生怀疑。从教育者的角度看，教育者话语权虚化，在思想政治教育过程中，教育者的话语权形同虚设。他们不能表达真实的自己，只能做政府与社会的代言人，往往用极其刻板、封闭的教学方式传播思想政治教育话语，用严厉、高压的手段控制着受教育者的言行，完全成为受教育者心目中的"他者"而非可以交心的朋友，从而消解了受教育者的表达欲望与探索批判精神。教育者的话语依附着行政的强势话语体系，成了行政话语运用和实现的工具。教育者的言说必须围绕制度性话语，他们的声音被纳入了行政的"话语场"内，代言人的角色决定了他们必须努力去追随行政话语，将自己的话语自觉地隐藏或限制在制度许可的界限内。教育者只能在仔细地揣摩行政话语的意图后发出与自己的生活世界隔离的话语，从而陷入失语的境地、使自己成为自己的"他者"，使自己由一个思想政治教育话语传播的"在场者"变成"缺席者"教育者的话语权在这样的场域中被虚化乃至消解。从受教育者的角度看，受教育者话语权弱化。在思想政治教育过程中，受教育者正当的话语权得不到保障，被无情地边缘化。在课堂上表达权被随意中止，话语空间受到特定的话语情境、特定的话语内容、特定的话语方式的限制。因此，受教育者欲说不能的尴尬已经成为普遍的现象，受教育者最终处于失语和缺席状态。教育者和受教育者都陷入了"无我"言说的境地。

4.从话语传播手段上来说：理性话语结构失衡

从本质意义上来说，在高校思想政治教育过程中，教育者和受教育者之间是民主交往关系。但由于工具理性的扩张与宰制，造成了在思想政治教育领域理性话语结构失衡。所谓工具理性，是指人们排除价值判断或立足价值中立，以能够计算和预测后果为条件来实现目的的能力，或是为达到一个明确的目的考虑和使用一切最有效的手段所体现的特质。工具理性所造成的理性话语结构失衡，主要表现在两个方面：一是思想政治教育交往实践在很大程度上撇开了思想政治教育主体之间的交往关系，使思想政治教育话语传播单一化，将思想政治教育本真存在的"主—主"关系介入"主—客"关系，导致了教育者和受教育者之间的关系异化为权威服从关系。二是由于理性话语内在结构的失衡，使得作为独立人格的受教育者对于思想政治教育文本和自身道德行为进行理解、表达、解释和反思的权限受到漠视，加剧了思想政治教育者话语权的垄断和受教育者话语权的缺失。

在新媒体时代，思想政治教育话语传播的格局已经发生了重大变化，一些高校思想政治教育工作者仍然习惯沿用传统教育环境中对思想政治教育话语的工具理性控制模式，而没有注意到随着新媒体的深入发展，学生的交往话语与从前相比发生了很大的变化。与传统话语相比，网络语言与传统的交往话语有着较大的不同，这种自由、开放的网络语言其实本质上是当代大学生探索自我、追求真理的内在需求的一种外显反映，大学生们已经习惯于在新媒体语境中对话、思考、寻求自我精神的提升，但是，有的思想政治教育工作者并没有及时地了解学生的这一特点，甚至有的教育者故步自封，无视学生的这一需求，刻意回避了新媒体带来的这一新的变化。在这种情况下，高校思想政治教育话语场域，如果放任工具理性的无限扩张显然是不合时宜的，其结果势必在教育双方之间形成理解差异，不仅思想政治教育的价值取向无法彰显，而且丧失思想政治教育话语权也成为一种必然。

5.从话语传播趋势上来说：思想政治教育主导话语权受到解构威胁

随着我国改革开放和社会转型的推进，经济全球化、政治民主化和社会信息化的浪潮，让我们迅速进入到一个文化、价值取向多元化的语境。过去那种在社会相对封闭条件下形成的一元化意识形态控制的主文化"话语优势"受到多元文化的冲击和解构，以致在一定程度上出现了社会主文化"价值失范"的现实问题。这早已经引起人们的关注和重视。对作为受教育者的大学生而言，他们有着自我意识强、个性张扬和求变求新的心理特征，但同时又存在着实践经验欠缺和思想意识不成熟的社会属性，这就难免会使一些大学生对外来、异质文化的"话语""风格"和"趣味"盲目追随和效仿，并转而对社会主义文化主导话语的怀疑、抵触和否定，从而造成对高校思想政治教育主导话语权的解构。这种主导话语权的解构威胁，主要指向三个方面。

(1) 主导话语的权威受到挑战

近年来社会中尤其是网上流行的对传统的、经典的、权威的话语或本文的任意拆解和"恶搞"现象，从某种意义上可以说是一些大学生对主导话语权威的一种反叛和挑战。从行为层面看，这种反叛性又多表现为以一种符号化象征，显现出德国学者沃尔夫·林德内尔所称的"风格化反抗"发型、服饰、流行语、网络语言、音乐、舞蹈、用品以至"另类"行为等象征符号，不仅成为大学生获得身份认同的标志，而且透露出一种个性、独立、反叛、挑战权威等文化意蕴。进入这种文化氛围的受教育者，也就容易在这一文化"集体无意识反抗"的作用下产生对主导话语权威的拒斥或反抗心态，使教育中的沟通出现心理上的隔阂。

(2) 主导话语的价值受到消解

从高校来说，思想政治教育主导话语的价值或意义，就在于体现社会主文化的意志和期望，帮助大学生形成一种"做人"或"为人"的规范。这在教育中是通过对大学生正确的世界观、人生观、价值观、法律观和道德观等"观"的建构及其规范行为的培养而实现的。在这个意义上，这一主导话语所传输的内容本质上是一种社会主文化要求的"规范（正确、约定）的规则"或"游戏规则"需要指出的是，当代大学生对主导话语价值的消解，大众传媒实际上起着推波助澜的作用，在这一过程中有意无意地迎合了青年文化的反叛性，并围绕这些文化特性制造时尚，促使青年文化走向世俗化甚至庸俗化；容忍甚至宣扬这一文化的反叛性中隐藏着的相对主义价值取向，致使在青年文化中逐渐形成一种无原则的宽容、滑头、世故、玩世不恭和游戏人生等"处世哲学"，并渗入大众文化中演变为"潜规则"，加速了高校思想政治教育主导话语价值的消解。

（3）主导话语的教化方式受到抗拒

基于文化传播视角，高校思想政治教育话语也属于一种文化传承（文化的代际传播）的教化方式。文化传承要借助媒介，媒介传播又形成媒介文化。古代的前喻文化是建立在言语符号和印刷符号媒介之上的，它使成人对资讯有着垄断权，长辈教化晚辈就理所当然了；近、现代的并喻、后喻文化是建立在电子符号为代表的大众传播媒介基础上的，它使信息在全社会、全球共享，青年有可能在一定程度上"绕过"成人权威，自主接受文化传承。电子媒介在传播中也自然形成了一个"隐性教育"环境。正是在由电子媒介和网络建构的信息化社会环境中，青年学生能够凭着观念和技术等优势迅速介入成人社会并逐步成为文化变革和创新的主体，从而在文化创造中获得成人社会的认同与新的权威，使文化传承出现长辈向晚辈学习的方式。因此，尽管我们应充分意识到大学生在这种复杂的信息化、网络化的社会环境中自主社会化必然会遇到种种问题，但更应看到的是青年文化形成的双向式、参与式和主动式的新社会化方式必须得到尊重，并努力去改变主导话语权落后的教化方式，在教育中建立一种新的为受教育者所接受的、体现其学习的主体地位和自主学习方式的话语模式。否则，就必然会遇到青年文化的抗拒。而今天高校思想政治教育话语权陷入困境的一个重要原因，就是在这一话语传播中实际上还存在着上述那种传统落后的教化方式。

6.从话语传播者自身上来说：应用新媒体技术能力欠缺

在新媒体环境下，高校大学生思想认识、价值观念、思维方式呈个性化、多元化、复杂化的态势，思想政治教育话语面对着新媒体资源自由性的信息环境和舆论环境。高校思想政治教育工作者若无政治敏感，没有必要的新媒体操作能力和控制能力，就无法占领新媒体思想政治教育的阵地；若不能利用网络发布思想政治教育信息和控制网络上的垃圾信息，就无法引导大学生正确辨别和利用信息。而这些都由于高校思想政治教育工作者自身缺乏应用新媒体技术开展思想政治教育的自觉和能力，再加上教育者往往受到年龄、精力与固有思维模式的影响，在信息占有上甚至不及教育对象，以至于限制了自身话语的威信，已经无法真正独占思想政治教育的话语权。其实，思想政治教育的方式方法，是与科学技术的发展相适应的，面临新媒体环境，思想政治教育工作者只能主动适应，而不能回避。否则，新媒体时代的新要求和思想政治教育工作者与之不相适应之间的矛盾，就会使思想政治教育的效率大打折扣，进而弱化了思想政治教育工作者的话语权。

三、新媒体时代高校思想政治教育的话语重塑

（一）新媒体时代高校思想政治教育话语重塑的基本原则

新媒体时代高校思想政治教育的话语重塑，应遵循以下基本原则。

1.政治性原则

所谓政治性原则，就是指高校思想政治教育话语重塑要把握政治性，把握社会主义意识形态性。由于思想政治教育的政治性、意识形态性决定了高校思想政治教育话语必须要把握一定的政治性、意识形态性。而这些都需要通过高校思想政治教育话语来表达、描述和建构。在当代中国，高校思想政治教育话语必须要坚持中国特色社会主义理论体系为指导原则。新媒体时代高校思想政治教育如何坚持话语的政治性呢？首先要坚定马克思主义的话语立场。任何一种思想政治理论都包含有特定的立场，即理论本身反映"谁"的价值和主张，体现"谁"的利益和追求，为"谁"服务。新媒体背景下，各种社会思潮和理论主张五花八门。无论是高校思想政治教育工作者还是大学生，如果立场不坚定，就容易眼花缭乱，陷入理论迷茫。

因此高校师生要提高鉴别力、判断力，应对来自网络媒介的干扰，坚定马克思主义的话语立场；其次在主导思想和话语内容选择方面，要坚持不懈地用马克思列宁主义、毛泽东思想、邓小平理论、"三个代表"重要思想和科学发展观等武装大学生，深入开展党的基本理论、基本路线、基本纲领和基本经验教育，开展中国革命、建设和改革开放的历史教育，开展基本国情和形势政策教育；此外还要强化制度性资源话语。思想政治教育的长效机制，要更多地依靠法律、制度、政策来保障。通过制度化的规范管理，引导大学生的思想，规范他们的行为，使他们在长期遵循某种规章制度中潜移默化地接受蕴含在其中的思想观念，并逐步内化为自己的思想意识，进而规范自己的行为，提升自己的思想境界。

2.主体性原则

所谓主体性原则，是指高校思想政治教育话语对象对思想政治教育信息和环境，具有能动地感受、选择、判断、内化和践行的能力。新媒体的发展使得大学生的独立意识、民主意识、自我意识进一步增强，对自己以及自己和周围的关系有自我的认识和评价。因此，新媒体背景下高校思想政治教育话语重塑必须要突出学生的主体地位，尊重学生的网络自主话语权。

3.人本性原则

所谓人本性原则，是指高校思想政治教育话语传播要坚持以学生为本，既要坚持教育人、引导人、鼓舞人、鞭策人，又要做到尊重人、理解人、关心人、帮助人。在新媒体背景下受教育者话语权的获取是对教育者话语霸权的一种消解，因此应采取平等、自由的对话式话语，使双方既阐明和叙述自己的观点，又能倾听和理解对方的意见，站在对方的立场展开置换式思考和沟通。在高校思想政治教育实践中，要突出服务性话语，从注重教育管理转向教育管理和服务并重，充分了解大学生的实际需求和困难，把思想政治教育寓于解决实际困难中，用实际行动来感动人、说服人、教育人、引导人，教育者要积极营造融洽的话语言说场景，真诚地尊重、关爱和激励学生，将积极的情感因素融注到思想政治教育话语中去，从而调动大学生内在的积极情感，实现双方有效的交流与沟通。

4.现实性原则

所谓现实性原则，是指高校思想政治教育话语传播要坚持从实际出发，贴近实际，服务现实，服务生活，以此作为思想政治教育话语传播的落脚点。贴近现实，是新媒体时代高校思想政治教育话语创新的时代性要求，因为思想政治教育话语只有贴近现实，从现实出发，才可以帮助大学生实现思想认识上的飞跃；同时，思想政治教育话语只有服务现实，在服务现实的过程中经受社会实践的检验，才能真正体现出思想政治教育话语传播的效果。服务生活，贴近生活，是思想政治教育话语生存的根基，也是坚持思想政治教育话语现实性原则的深层体现。思想政治教育工作者必须走进大学生的生活世界，增加对学生生活的体验与认识。话语内容要更加贴近现实生活，通过归纳提炼和抽象形成通俗化、生活化的思想政治教育新话语，从而将学术性话语体系向生活性、形象性的话语系统还原，使大学生能在这种话语的熏陶中获得更多的对生活的真正感悟。

5.创新性原则

所谓创新性原则，是指高校思想政治教育话语要坚持时代性，能够超越传统话语的束缚，不断创造适合时代需要的新话语。新媒体的快速发展，对思想政治教育话语创新提出了创新需要，这就要求我们要不断与时俱进，通过理论创新推动实践创新，使思想政治教育话语充满生机和活力。高校思想政治教育话语创新，其内容应该包含有目的创新、内容创新、方法创新，只有带有创新性的目的、内容和方法，才能更好地发挥思想政治教育话语传播的最大功效。

6.开放性原则

所谓开放性原则，是指高校思想政治教育话语要以开放性为基本取向，在话语传播方面要立足国内，放眼全球，形成开放的体系。新媒体是开放的，这就要求新媒体背景下高校思想政治教育话语传播要把握时代脉搏，密切关注网络文化的发展变化，善于从网络话语中汲取新话语，从而丰富高校思想政治教育话语的内容。同时，还要求高校思想政治教育工作者要具有全球性视野，立足于全人类的立场，树立全球意识，着眼现在，远观未来，积极吸纳和借鉴包括发达资本主义国家在内的一些成功的经验和做法，与我国的思想政治教育方法相融合，创新与我国国情相一致的思想政治教育方式方法。同时比较同一背景不同社会制度下思想政治教育的共性，探求思想政治教育规律，深入挖掘多元文化背景下思想政治教育的时代性要素。这是增强高校思想政治教育话语开放性的必然要求。

7.价值性原则

所谓价值性原则，就是指高校思想政治教育话语创新要体现一定时期的价值导向。大学生对新鲜事物的好奇心使得他们对当前社会各种思潮比较感兴趣，然而，他们又对社会思潮的多样性、复杂性等特征难以把握，很难看清楚各种思潮的真面目，容易产生价值混乱。因此，话语创新必须考虑一定社会主流价值观的导向性。

8.有效性原则

所谓有效性原则，在这里包含两种含义：一是话语专业化。就是说高校思想政治教育话语与其他话语要有一定的区别和联系。毕竟不同的学科有不同的话语体系，高校思想政治教育话语不能用其他学科话语体系来代替。二是话语时代性。大学生是一定时期的特殊群体，高校思想政治教育话语创新要体现时代性，符合大学生接受心态和接受方式。如90后、00后之间的话语形式、心理接受方式往往有差别，这就决定了高校思想政治教育话语要取得实效就必须把握大学生的话语接受方式等。

9.统一性原则

所谓统一性原则，是指高校思想政治教育的话语体系，必须坚持体系内部话语的统一性和一致性，应尽量做到协调、统一，减少重复、交叉。在高校思想政治教育话语传播过程中，只有做到内部一致的话语体系，才能表达统一的内在思想。如果在话语的运用上破坏了统一性原则，什么时髦用什么，表面上看可能很新鲜，也颇能迷惑一些人，但实质上往往会造成话语传播上的混乱和矛盾，很难发挥话语对人的正确引导作用。另外，在属性话语的运用中所发现的新话语，即新话语主词、话语观点或新题材提炼的有应用价值的话语，尽管与原有的思想政治教育理论观点不完全相符，甚至从现象上看是矛盾对立的，但伴随着思想认识的不断统一，这些话语可运用事物发展的对立统一原则加以论证，从而得出符合马克思主义哲学命题下的思想政治教育新话语。科学辩证地把握好统一性原则，高校思想政治教育就能在话语传播中较为自如地进行边缘属性与非常规属性话语运用方法的构建。

（二）新媒体时代高校思想政治教育话语重塑的路径选择

新媒体时代高校思想政治教育的话语重塑是一项系统工程，需要从多方面进行重塑，可从以下几个方面选择路径。

1. 尊重大学生的话语权

针对目前高校思想政治教育话语权的现状，需要切实加强高校思想政治教育工作者的平等对话意识。

（1）建立新型的平等主体交往关系

随着新媒体时代的到来和网络文化的形成，在很大程度上消解了高校传统教育环境下教育者的教育权威，使传统的教师权威模式受到极大挑战。教育者的话语不再具有唯一性，作为受教育者的学生逐渐通过新媒体掌握了话语的主导权。网络语言的形成，也在客观上要求教育者和受教育者双方消除身份、地位的差异，形成一种平等对话的关系，由传授型的对话关系转变为互动型的对话关系。这一关系的确立意味着大学生能够获取对思想政治教育文本和自身道德行为的解释权限，教育者与受教育者双方才能消除身份、地位的差异，敞开心扉进行真诚交流。唯有如此，思想政治教育话语才能真正成为联结教育者与受教育者交往双方的桥梁，教育者才能从一个控制者、支配者转变为一个真诚的对话者。

（2）突出学生的主体地位，尊重学生的网络话语权

要做到这一点，必须充分理解并认同大学生的网络话语权，允许他们把不同的思想通过新媒体表达出来；要积极疏通、引导，支持和弘扬正确的思想观点，反对和批评不正确的观点，引导大学生理性运用话语权，避免话语权的滥用。

（3）转变话语方式，从控制式和劝导式转向对话式

应采取平等、自由的对话式话语，使双方既阐明和叙述自己的观点，又能倾听和理解对方的意见，站在对方的立场展开置换式思考和沟通，这种对话不是封闭式而是开放式的，双方都能敞开各自心扉进行真诚交流，相互之间更易达成真正的理解与共识。在双方的对话中值得注意的是，教育者既要对交往的内容真实性、规范正确性和情感真诚性进行反思，也要对自身权威进行反思。在反思基础上认真听取受教育者对思想政治教育文本、自身道德行为和生命意义的理解与解释，依靠合乎若干有效声称的论据，通过对话与讨论，为受教育者提供可资信服的理由，引导、促进他们的自我觉悟与反思。使之意识到自身与社会要求的不适应，并且愉悦地接受、积极地超越这种不适应。

2. 关注生活维度

（1）要在思想政治教育理念上回归生活世界

高校思想政治教育必须面向学生，面向学生生活实际，高校思想政治教育话语是以生活世界作为背景的，不可能游离于学生生活世界之外，不可能在生活世

界之外构筑一套理想的思想政治教育话语。回归生活世界的思想政治教育理念，要求高校思想政治教育话语必须深深根植于生活世界之中。以往的思想政治教育偏重于满足社会的即时需要，这种思想观念在思想政治教育实践中，容易造成一种追求近期效果的短期行为。为此，高校思想政治教育话语必须深深地根植于大学生的生活世界中，要勇于和善于介入大学生的生活世界中，放弃高高在上的一贯做法，要更加贴近大学生的生活，在这种近距离的接触中了解和把握大学生丰富多彩的生活世界，并从他们生活世界的实际出发，研究和选择适合的思想政治教育的内容，使得思想政治教育话语更加贴近大学生的实际。

(2) 要在价值取向上关注思想政治教育话语的生活维度

其一，对思想政治教育的理解，不能仅仅从政治需要的角度出发，还要从张扬人在生活世界中的主体性出发，将思想政治教育从过去的宏大叙事中解放开来，真正回到个体生活世界，首先是关注大学生的精神生活的重建，尊重人的生命意义和生命价值，其次才会考虑政治的需要。

其二，思想政治教育应将大学生的日常生活作为价值起点，重视日常生活中的价值构建。思想政治教育应真正尊重个体的生命体验，承认人性的复杂和多元，同时善于从鲜活生动的、富有生命意义的日常生活世界中提炼出真正能够烛照人性，提升人的境界的元素。

其三，强调思想政治教育回归日常生活世界，并不意味着思想政治教育对日常生活世界的沉沦和妥协，而应该是一种建基在对日常生活世界有深刻了解、理性反思基础上的有条件的超越。这也正是高校思想政治教育的价值目标，即既要对生活世界保持谦恭的态度，尊重生活世界的生命体验，又要穿越生活世界的迷雾，对生活世界保持一种审慎的反思态度，一种有所超越的理性态度。

(3) 要在话语内容上更加贴近生活世界

一要善于转化语言，把党的重要文件、重要会议、历史文献等类型的语言转化为适合大学生特点的话语，这样既把握住了正确的政治教育方向，又能使大学生乐于接受。二要善于从大学生的校园生活中提炼新话语，使思想政治理论课不断地生活化、现实化，这也是高校思想政治教育向"生活世界"回归的重要内容。三要从大学生的网络话语中汲取新话语。教育者可以大胆借鉴网络中的一些健康、有益的、流行的话语形式和内容，丰富其话语体系。四要关涉受教育者当下的虚拟化生存。新媒体的出现极大地拓展了生活世界的内涵，成为受教育者个体日常生活的重要构成，并对其产生着不容忽视的积极和消极的双重影响。思想政治教育话语要为虚拟化生存的规范化提供思想道德文化的支撑，以符合网络特点的网络文本的形式，恰当而生动地展现博大精深的中国传统文化和代表时代特征的马克思主义文化，使受教育者在虚拟环境下通过网络文本的选择与解读接受规范传递与价值引导。

3.借鉴网络话语

积极拓展话语资源，整合有利因素，形成高校思想政治教育工作新的话语优势，是新媒体时代对高校思想政治教育提出的新要求。

（1）要充分利用新媒体技术，积极拓展高校思想政治教育话语的辐射空间

高校思想政治教育工作者要将博大精深的中国传统文化和代表时代特征的马克思主义文化，以符合新媒体特点的网络文本的形式予以恰当而生动的展现；将人类丰富的精神成果，诸如政治、法律、道德、艺术、科学、宗教和哲学的思想和观点，科学理论和艺术作品以及中国五千年的优秀传统文化，尽可能多地转化成网上可点击的内容。只有丰富了网上的信息，才能拓展高校思想政治教育话语的辐射空间，使大学生在网络环境中通过文本的选择与解读以及交流而在潜移默化中接受规范传递与价值引导。

（2）要善于从网络话语中汲取新话语

网络作为一种新兴的传媒方式，给大学生无限的诱惑和想象的空间。网络的出现大大拓展了思想政治教育的领域和战线，从现实走向虚拟、从宏观走向微观等。网络话语的生成，既是网民的话语沟通和表达形式，又是网民虚拟现实的生活方式。高校思想政治教育工作者要摒弃对网络话语的轻视、漠视心理，了解大学生网络话语的特点和规律，善于运用网络话语。要大胆借鉴网络中的一些健康、有益、良性的话语，借鉴一些符合大学生群体的话语形式和话语内容，丰富高校思想政治教育话语的内容，这样才能与大学生网民更好地对话与沟通。

（3）要密切关注网络文化的发展变化

高校思想政治教育工作者要善于把握时代脉动和网络文化发展趋势，了解当今大学生的审美取向，分析他们的观赏心理，采用大学生常用的话语修辞手法，采撷和创造出更多表现时代和事物特征的新鲜话语，实现思想政治教育工作话语的再创造。

4.注重人文关怀和心理疏导

（1）要坚持人文关怀和心理疏导，增强话语的人文关怀

高校思想政治教育工作实际上是做"人"的工作，必须注重对大学生的人文关怀。一是高校思想政治教育话语传播必须紧密联系大学生的实际生活，教育者应及时了解大学生的所思所想、喜怒哀乐和兴趣爱好，准确把握大学生的思想脉搏，并把这些融进话语当中。二是高校思想政治教育话语应充分尊重和理解大学生的情感和需求，及时关注和化解大学生在现实生活世界遇到的困惑和困难，让他们充分体验到教育者的温情与关爱，营造温馨舒适的话语氛围，从而使大学生真正认同教育者的话语理念，进而内化于心，形成独立的道德人格。三是高校思

想政治教育工作者应在网上开设心理知识宣传栏、心理咨询室、心理门诊室等对大学生进行心理疏导。在网上倾听学生的倾诉与情绪宣泄，尊重其感受与体验，引导其主动分析面临的困境，共同探求心理困惑的诱发根源，挖掘大学生内在心理需求等。通过双向交流激发大学生的心理潜能，缓解大学生的焦虑、压力等负面情绪，促进大学生健康发展。伴随这一过程，教育者便能赢得大学生们更多的信任，从而增强自身的感染力和话语权的影响力。

(2) 要营造融洽的话语言说场景，在话语内蕴上融注更加积极的情感

情感在高校思想政治教育交往中扮演相当重要的角色，在某种程度上，思想政治教育话语传递的只是言语的表层信息，因而在思想政治教育交往中作用相当有限，甚至会由于情感的不当而导致思想政治教育话语的失效或反效。比如教育者在褒奖受教育者时，如果带有明显的讥讽语气或神态，话语本身再具有正当性也不会被受教育者所接受，教育者与受教育者之间的相互理解与解释就会出现障碍，思想政治教育交往就难以顺利展开，双方也就很难达成相互理解与共识。因而，高校思想政治教育工作者要积极营造融洽的话语言说场景，真诚地尊重、关爱和激励受教育者，将积极的情感因素融注到思想政治教育话语中去，从而调动大学生内在的积极情感，实现双方有效的交流与沟通，为思想政治教育交往的顺利进行提供不可或缺的推动力。

(3) 要发挥大学生的主体性，加强思想政治教育工作者的服务意识

新媒体时代高校思想政治教育对话的有效进行离不开"服务育人"理念的确立。这一理念的确立有利于思想政治教育话语实现知识和爱的统一，由"传达信息—宣传教育"向"传达信息—推销自我"的转变；教育者才能放下架子，真正从学生的立场出发，进行思考和表达，大学生才能从思想政治教育话语中感受到教育者真诚的关爱与帮助。这种饱含爱的思想政治教育话语能够增进受教育者对生命意义与生活价值的理解，提升思想政治教育话语传播有效性，思想政治教育工作者在学生中才会有威信。

5.倡导立体化引导

(1) 充分发挥多种媒体之间的协同作战，以形成话语引导的合力

校园报刊、广播、电视等传统媒体在信息的权威性、受众的广泛性等方面具有独特的优势。面对新媒体环境，我们应将传统媒体与网络媒体相结合，实行立体化的引导，可以推动校园话语共识的形成，而且具有公信力和权威性。由于传统媒体对网络话语进行选择、过滤，容易得到受众的认可，促进话语共识的形成。这种多种媒体之间的协同作战、立体化引导策略，可以带来高校思想政治教育话语引导的合力效应。

(2) 建立网上权威的思想政治教育话语体系,

第一,通过多种途径对大学生加强理想信念教育,保证话语传播的正确方向。第二,采用"疏堵结合-引导为主"的方针,来引导话语传播。"疏",即把握动态,实施网上疏导,澄清错误言论,及时公布正面信息。"导",即主动出击,因势利导。要主动出击,批驳反面声音,弘扬社会主义主旋律与核心价值体系。第三,要探索多种途径努力发挥高校思想政治教育正面话语功能,在加强监控、有效预防的同时,依法查处利用网络传播有害信息的当事人,不断推进网络道德建设。第四,要在大学生中积极开展媒介素养教育。教会学生正确认识、使用网络的能力,增强他们的网络责任意识和自律能力。第五,在高校建立一批既懂思想政治教育又懂网络技术和网络文化的队伍,用富有教育性、感染力、学生喜闻乐见的方式引导话语传播,增强思想政治教育话语的正面影响力,从而促进大学生网络言行向健康的方向发展。第六,要高度重视网上评论工作,形成一支专兼结合、反应灵敏的网络评论员队伍。网络评论员要主动介入校园BBS和校外网站的交互式栏目,采取"宜早不宜迟、宜疏不宜堵、宜解不宜激"的策略和"区分性质、讲究策略、把握时机、冷静处理"的要求,主动导帖、积极跟帖、适时结帖,以普通网民、平等方式参与网络讨论,挤压有害信息的传播空间。要建立网络管理和网络评论人员学习、培训、考核机制,加强提升其政治理论水平修养,使其形成马克思主义的价值观和道德观;加强培训其对网络信息技术的驾驭能力,使其能够及时解决网络传播中出现的问题,从而使思想政治教育话语传播生动形象,增强对大学生的吸引力和感染力;加强培养其应变能力,使其能够迅速准确地把握问题,有针对性地开展工作。

(3) 积极建设服务大学生发展要求的绿色网络载体

门户网站、专业网站、主题网站等,是大学生最常用的网络载体,在他们的学习、生活和娱乐中发挥着积极的作用。要遵守网络法规和社会道德,正确使用网络载体,共同维护网络载体。要加强技术创新,推出科技含量高、使用便捷性强和适合青年学生特点的绿色网络载体。

(4) 营造适合大学生身心特点的绿色网络场所

要对于网络话语的存在形态,如发跟帖、论坛、博客、视频等的管理,倡导网络文明公约,安装合格的过滤软件,防止不良信息对青年学生的伤害,建设有利于青年学生的上网场所。要制定规范和标准,推出促进青年学生成长发展的绿色网络场所。开展多种形式的网络竞赛活动,发现并积极举荐各类青年网络人才,培养更多的绿色网络人才。

6.重塑思想政治教育工作者素质

新媒体背景下,高校思想政治教育工作者要重塑自身素质,努力提高话语创新能力，必须做好以下几个方面。

（1）要能驾驭新媒体技术，熟悉网络文化和网络语言，掌握新媒体的使用技术和操作技巧

对高校思想政治教育工作者来说，只有掌握受教大学生群体的网络话语，适应受教群体的交流方式，才能敏锐地捕捉他们的生活习惯、心理动态，从而把握受教群体思维和行为上的发展变化；只有充分了解并掌握网络话语这一新的沟通方式，才有可能与受教群体建立信息上的沟通和交流，从而实现有效的语言表达形式对传递教育信息的帮助，取得思想政治教育话语传播的成功。

（2）要培养高校思想政治教育工作者参与大学生网络化生活的意识

高校思想政治教育工作者要主动融入网络生活，体验学生在网络空间的交往、学习、娱乐方式以及他们思想、心理及行为的发展变化，真正做到与学生在同一个环境下交流。

（3）要有创新意识，加强高校思想政治教育话语创新研究

高校思想政治教育工作者要在对传统思想政治教育话语进行深入研究、分析的基础上，积极探索话语创新规律，扩大语汇范围，丰富思想政治教育话语的含义，以构筑一种全新的、理想的话语。只有这样，才能发挥在思想政治教育中的主导作用，重建自己的有效话语。

7.健全新媒体信息监管机制

新媒体对大学生的负面影响的一个重要方面是网上不良信息的影响。大学生思想单纯，思想意识尚未成熟，很容易受到外来信息的影响。新媒体本身只是一种传播媒介，要做到趋利避害，高校就必须加强对新媒体的建设和管理，以增强思想政治教育话语传播的实效性。

（1）要加强网络管理和网络舆情分析工作

高校要成立专门的网络信息管理部门做好网络管理、网络舆情分析的工作，能够对网上的内容进行收集，制定相对应的管理措施。组建一支反应快速的"网上督查队"，可以由老师和学生骨干共同组成，对校园网进行全天候的监控和整理。比如对校园论坛上的讨论热点问题进行及时的捕捉和反馈，对于不符合事实和不良影响的论点及时澄清并做出正确引导；并且以适当的方式发布积极的学生关心的网络信息，这样可以吸引学生对校园网的关注度.也可以抵消消极信息对学生影响。对于网络上发布的信息要建立审查把关、管理监控的制度，对电子公告的服务信息、个人主页信息都要实行审查式的发布，包括校园网络的链接要一一检查通过，规大学生上网的安全规定和网络言行规范，真正营造一个积极健康的校园网络环境。

（2）研究和运用科学技术手段为网络筑造"防火墙"

现在网络上和市场上提供很多种网络防御和过滤软件的下载，能够防止包括特洛伊木马攻击、网页篡改、监视非法入侵的种种网络问题，还能够提供专为青少年设计的过滤保护浏览器、设定上网时间的监控软件等。高校思想政治教育工作者应该积极主动地利用一定的网络软件技术手段来保证校园网络的纯净。

（3）运用法律的手段维护网络的安全，打击网络犯罪

我国为加强对互联网管理，也先后出台了系列法律、法规或公约，高校要加强全校范围内的网络法律、法规的宣传和教育，还应根据本校的实际情况制定相应的校园网络规章制度，规范校园网络的运行和管理，使得高校大学生具备良好的网上法律意识、责任意识和安全意识，规范大学生的网络行为，倡导健康、积极的高校网络态度。

8.坚持话语创新发展，努力构建高校思想政治教育新话语体系

当前，推进高校思想政治教育话语的创新发展，应着力做好以下三个方面工作。

（1）加强理论研究

在现阶段，新媒体的发展及其影响在我国尚处于一个不断变化的过程中。对于新媒体建设与应用走在社会前列的高校而言，新媒体的发展及其对于大学生的思想和行为的影响更是处在一个动态变化的阶段，这需要我们立足实践，针对实践发展的具体状况进行理论研究的不断创新和发展。话语鸿沟现象是不断创新和发展的新媒体时代给高校思想政治教育工作带来的新问题之一，随着新媒体对社会的影响不断深入，新媒体必然会给大学生思想政治教育带来更多更新的课题。高校思想政治教育工作者要加强理论研究，坚持用马克思主义的立场、观点和方法分析社会政治、经济、文化、道德问题，以思想政治教育内容体系为支撑依据，对思想政治教育的言论和大量的教育素材进行归纳提炼，形成理性化、通俗化和生活化的思想政治教育说事话语和新话语，构建马克思主义中国化理论语境下思想政治教育话语新体系，形成思想政治教育话语学研究，应用于思想政治教育课教学和日常思想政治教育管理实践中，以激活思想政治教育工作者的教育话语系统，提高思想政治教育话语说事水平，从而提高高校思想政治教育的实效。只有这样，我们才能够在新媒体时代的新环境中，伴随和引导大学生健康成长。

（2）加强思想政治教育话语整合

在高校思想政治教育的发展过程中，其学科内部形成了实践与研究两类整合乏力的话语。实践话语的主体是思想政治教育的一线工作者。由于现有的思想政治教育理论欠缺应用性的特质，使得思想政治教育工作者普遍漠视现有研究理论的存在，甚至对现有理论存在不信任的态度，但是他们又要把自己的工作状况予以总结归纳、互为交流，因此只能求助于思想政治教育日常工作纯经验式的话语，

这种话语非常具体、琐碎，无法形成具有影响力的话语体系。研究话语的主体是思想政治教育理论工作者。由于思想政治教育学科发展时日较短，学科存在着理论奠基的任务，需要一系列的学科结构、学科范畴等思辨性的理论研究为思想政治教育建立学科基础，再加之思想政治教育学科的大部分理论工作者研究过于注重学理化的演绎和抽象，忽视了思想政治教育实践性的特点，使得在思想政治教育理论学界的思辨性话语占主导。在现实生活中，这两种话语往往相互交织，但是话语主体却相互轻视。理论工作者认为实践工作者缺乏理论素养，从事的低水平活动；实践工作者认为理论工作者缺乏实践能力，从事的务虚活动，这使得这两种话语沟通交流缺少，整合乏力。因此，加强思想政治教育话语整合，已成为构建高校思想政治教育新话语体系的当务之急。

(3) 加强话语系统的协调性

高校思想政治教育新话语系统要体现话语的协调性，这不仅是实现高校思想政治教育话语创新发展的需要，也是构建高校思想政治教育新话语系统的目标。这是因为：一方面，这种协调性要求教育者与受教育者话语系统在认知基础、价值取向和目的设计等方面的协调融合。当前，我国高校思想政治教育效果较差与话语系统权力主体话语信息重叠率较低有密切联系。所以，新话语必须不断消除话语系统中双方信息传递和交汇的阻力，寻找教育者和受教育者话语系统融合的途径。另一方面，这种协调性要求教育话语与教育环境的协调融合。高校思想政治教育有本体话语系统，但同时它必须受制于另一种非本体话语系统，也就是对应于本体话语系统而言的整个学术界的话语系统。任何一种话语都逃脱不了它所处时代普遍弥散的话语，即受制于特定的语境。社会的多元化必然孕育着价值、信仰与利益之间的冲突，种种冲突只有靠"协商"去解决——有关各方共同协商，以达成某一套解决争论的规则，社会秩序也借此得以维持；种种冲突可以靠协商去解决——教育主导者、社会各界和网络等亚文化思想影响者、受教育者等各方协调，形成受教育者的新思想。而这一过程中，高校思想政治教育新话语系统要实现主流话语与非主流话语的协调，传统话语与现代话语、后现代话语的协调，文本话语与网络话语的协调，全球化话语与地方性、民族性话语的协调。

总之，加强话语系统的协调性，要求高校思想政治教育新话语系统的内容要从偏重政治意识形态，向政治意识形态与政治、经济、文化、社会和个人生活并重转变，从偏重国家话题，向公共需求与个人需求并重转变，以建立起思想政治教育与生活世界的全面广泛的联系，拓宽思想政治教育的对话语境，从而形成一套以科学的"真"为基础、以人文的"善"为内涵、以艺术的"美"为形式、以技术的"实"为手段的新话语系统。

参考文献

[1] 赵艳芳著.新时代高校辅导员思想政治教育理论与实践探析［M］.北京：光明日报出版社，2023.01.

[2] 任永辉著.新时代高校文化育人理论与实践研究［M］.贵阳：贵州人民出版社，2023.02.

[3] 张雪霞，李娟，崔冬雪著.网络时代高校思政教育教学创新实践探索［M］.北京：中国纺织出版社，2023.04.

[4] 罗光晔著.当代大学生核心价值观培育研究［M］.北京：中国书籍出版社，2023.01.

[5] 金昕著.高校日常思想政治教育研究［M］.北京：中国人民大学出版社，2023.07.

[6] 常金玉著.高职院校思想政治教育教学与专业理论课创新改革研究［M］.延吉：延边大学出版社，2022.03.

[7] 冯刚，王振著；冯刚总主编.高校思想政治教育治理研究丛书 高校思想政治教育治理引论［M］.北京：团结出版社，2022.09.

[8] 高瑛，丁虎生著.新时代高校思想政治教育工作体系研究［M］.北京：光明日报出版社，2022.08.

[9] 李枚晏.大学生思想政治教育管理与实践研究［M］.北京：中国华侨出版社，2021.07.

[10] 朱尉著；王涛总主编.新时代高校思想政治教育研究丛书 新时代青年工作理论与实践研究［M］.西安：陕西师范大学出版总社，2022.11.

[11] 张姝.高校大学生素养与思想政治教育工作创新研究［M］.北京：中国华侨出版社，2021.07.

[12] 权麟春著.新时代高校思想政治教育工作质量评价研究［M］.北京：中

国社会科学出版社，2021.03.

[13] 李向东，关淑霞编.思想政治教育研究文库 高职高专学生心理健康教育[M].北京：光明日报出版社，2021.04.

[14] 谈娅.新时代高校思想政治教育创新研究[M].重庆：西南大学出版社，2021.04.

[15] 刘姣.当代大学生思想道德教育创新研究[M].成都：西南财经大学出版社，2020.09.

[16] 邓艳君著.高职思想政治教育滋养工匠精神研究[M].长沙：湖南大学出版社，2020.05.

[17] 高玲.大学生主题教育体系的路径创新[M].西安：西北工业大学出版社，2020.05.

[18] 阳文著.高职院校思想政治教育研究[M].北京：北京工业大学出版社，2020.09.

[19] 谭小雄著.高职辅导员素质能力建设简论[M].长春：吉林大学出版社，2020.06.

[20] 赵水根.高职高专院校思想政治理论课教学改革与创新[M].郑州：郑州大学出版社，2020.07.

[21] 易志军.大学生思想政治教育教程[M].北京：团结出版社，2020.07.

[22] 齐爱花.当代大学生道德素质教育理论与实践研究[M].北京：冶金工业出版社，2020.06.

[23] 陈桂蓉.中国思想道德教育名篇精要研读[M].北京：中央编译出版社，2019.11.

[24] 闫桂伦，贾宁宁.大学生思想政治教育基础[M].北京：经济日报出版社，2019.07.

[25] 余小波.新时代大学教育思想研究[M].长沙：湖南大学出版社，2019.11.

[26] 镇方松.新媒体视域下大学生思想政治教育研究[M].北京：北京理工大学出版社，2018.01.

[27] 陈冬梅著.融媒时代下高校校报发展途径的创新研究[M].长春：吉林出版集团股份有限公司，2019.05.

[28] 杨如恒著.新时代大学生思政教育[M].石家庄：河北人民出版社，2018.05.

[29] 文君，陶好飞主编.新时代高校学生工作的质量提升与机制创新[M].北京：对外经济贸易大学出版社，2018.12.